Erasmus Francisci

Erasmi Francisci Guineischer und amerikanischer Blumen-Pusch

Erasmus Francisci

Erasmi Francisci Guineischer und amerikanischer Blumen-Pusch

ISBN/EAN: 9783743642430

Hergestellt in Europa, USA, Kanada, Australien, Japan

Cover: Foto ©ninafisch / pixelio.de

Weitere Bücher finden Sie auf **www.hansebooks.com**

ERASMI FRANCISCI
Guineischer und Americanischer
Blumen-Pusch:
Welcher
Einen ergetzlichen Geruch mancherley mercklicher Eigenschafften/ wun-
derlicher Thiere/ Vögel/ Fische/ fremder Wei-
sen/ Sitten/ Gebräuche selbiger Länder; u. a. m.
imgleichen aller Könige in Peru und Mexico Geschichten und denckwürdigen Verrichtungen
von sich streuet.
Nebenst beygedrucktem Anhang
der/ hieben zugleich neu-auffgelegten/
Michael Hemmersams sel. Guineisch- und
West-Indianischen Reisebe-
schreibung.

Nürnberg/ In Verlegung Paul Fürstens/
Kunst-und Buchh. seel: Wittib und Erben.

Vorbericht.

Geehrter und Hochwerther Leser.

Aß unsere Sinnen gemeinlich gern den fernen und weit-abgelegenen Dingen sich nähern; geschicht auß mancherley Ursachen: unter welchen/ die Gierde zu wissen wol fast die fürnehmste seyn mag. Denn des Menschen Gedächtniß ist eben so wol/ mit einem Geitz mehrer Erfahrung oder Erkenntniß/ behafftet; als wie offt sein Gemüth/ mit der Begierde des Reichthums: wiewol diese lasterhafft/ jener rühmlich ist; dafern er zum guten Zweck zielet: nemlich zur Belustigung der Gedancken/ Erbauung des Verstandes und Gemühts.

In barbarischen Ländern zwar/ regieren viel Sitten und Gebräuche/ daraus der Schauer/ oder Leser/ wenig Nutzens ziehen kan; wann es nicht vielleicht dieser ist/ daß er daher Anlaß nehmen möchte/ dem lieben GOtt/ mit dem weisen Plato/ zu dancken/ daß er ihn hat wollen/ nicht unter einem wilden/ sondern sittsamen und politem Volck/ lassen geboren werden

werden; und noch vielmehr/ daß seine Gnade ihm die seligmachende Erkenntniß mit getheilet. Aber doch gleichwol wird man/ unter dem häuffigen Unkraut solcher bösen und grausamen Sitten/ auch manche gesunde Tugend-Pflantze/ unter den rauhen Disteln etliche Blumen antreffen/ welche uns Europæer eyfrig machen können/ zu einigen lobwürdigen Eigenschafften/ die man an den Unglaubigen rühmet.

Uberdas weisen uns die Beschreibungen solcher wilder Länder und Nationen/ daß dennoch die Güte der Natur daselbst offt in der schönsten Blühe stehe/ stets ihren Kindern wincke/ ihre Blumen zu brechen/ das ist/ ihre Wunder an belebten und unbelebten Creaturen zu betrachten/ und wann sonsten nichts weiters/ jedoch auffs wenigste eine anmutige Gemühts-Erquickung/ darauß zu schöpffen: welches je allein Sporns genug seyn solte/ unsre Augen denen gar gerne zu gönnen/ die denselben etwas Fremdes zu lesen anbieten.

Mit solcher Hoffnung und Zuversicht wird Dir/ Hochgeehrter Leser/ dieser Guineischer und Americanischer **Blumen-Pusch** freundlich in die Hand gereicht/ und deinem günstigen Anblick gerecommendirt: Sintemal er die merckwürdigste Eigenschafften selbiger Länder und Einwohner/ unter dem Namen der Blumen/ fürstellet. Diesen Blumen-Strauß aber zu binden/ hat die neue Wieder-aufflegung der Guineischen und West-Indischen Reise **Michael Hemmersams** sel: Gelegenheit gegeben: nachdemmal man verspühret/ daß derselbe einem mehrern Bericht

icht/ so wol von den Guineischen/ als insonderheit von den Americanischen Sachen/ ziemlich viel Raums übrig gelassen/ und mehrentheils nur solches berührt hat/ was Er selber/ auff der Reise/ erfahren. Weßwegen ich/ um einen historischen Zusatz/ in dieser Materi/ begrüsset/ und solchen/ vermittelst dieses **Blumen-Pusches**/ mit meiner geringen/ jedoch willfährigen/ Feder zu erstatten/ bemüssiget worden. In welchen Blumen-Straus eines und anders/ so gemeldter Hemmersam vorbey gangen/ oder nur mit wenigem angeregt hat/ eingelesen/ und weiter außgeführt ist: Gleich wie/ im Gegensatz/ dieses Büchlein etliche Dinge auch nur allein namhafft macht/ und daneben weiset/ in welchem Capitel **Hemmersamscher** Reise-Schrifft/ die Erörterung derselben sey zu finden: auff daß dem geneigten Leser/ mit unnöthiger Wiederholung/ kein Eckel und Verdruß werde gemacht.

Es ist aber dieser **Blumen-Pusch**/ in zwey Theile/ unterschieden. Der erste handelt anfangs überhaupt/ von der Landes-Gelegenheit/ in Guinea/ und America; beschreibt folgends unterschiedliche Thiere/ Vögel/ Fische/ und dergleichen: der Zweyte/ von den Städten/ und Einwohnern. Wobey zuletzt eine grundrichtige Erzehlung der Mexicanischen und Peruanischen Könige/ von Anfang biß zu Ende solcher beyder Monarchien/ auß dem Josepho à Costa, PETRO de Cieza, FRANCISCO Lopez de Gomara, FERDINANDO Cortesio, Antonio de la Calancha, und andren/ beygefügt wird.

Gleich

Gleich wie nun solche Geschicht-und Erzehlungs-Blumen/ zu des geehrten Lesers Belustigung/ angesehen: also wünsche ich/ daß derselbe einen annehmlichen Geruch daraus möge empfinden: Freundlich bittend/ Er wolle/ damit sie solchen desto später mögen verlieren/ sie in den schönsten Blumen-Scherben seiner Gunst verpflantzen.

Dafern nun/ an den Blättern dieses Blumen-Strausses/ etliche Räuplein sitzen/ das ist/ einige Druck-Fehler sich ereugnen solten; wie es denn nicht leichtlich daran fehlen wird: wolle ein iedtweder/ den Mangel eines außgebliebenen Wortleins/ oder verwechselter Buchstaben/ durch seinen eigenen Verstand ersetzen/ und sich also/ bey Durchblätterung dieses Blumen-Pusches/ selbsten eine Blume der Freundlichkeit erweisen.

Das I. Capitel.

Inhalt.

egenheit des Grünen Haupts; deß
igreichs Guinea; und
rdten Welt-Theils America.
en schwimmenden Insuln.

Frica / das Land ohne Kälte / daher es auch/ wie einige wollen/ seinen Nahmen führet/ wird ins ge-
mein/ von den heutigen Welt- und
bern/ in vier Haupt-Theile unter-
arunter das erste die Barbarey; das
nidien; das dritte Libyen; das vierd-
der Schwartzen/oder Mohren-Land
jes letzte entweder von dem Strom
her mitten durch selbiges Land fleust/
eicher Weise befeuchtet/ wie der Nil
seinen Nahmen erworben hat; oder
twohner schwartzen Farbe. In die-
nemlich dem Lande der Nigriten/ ist
a begriffen: aus welchem wir/ zum

A theil/

theil/ diesen unsren Blumen-Pusch zusammlen gesonnen.

Denen/ die aus Holland/ oder andren Europæischen Ländern dahin schiffen/ lauffen gemeiniglich erst die Canarische Insuln entgegen/ und hernach Capo verde, oder das **Grün Vorhaupt**: von welchem/ allhie auch ein wenig soll gesagt werden: weil es/ auf der Fahrt nach Guinea/ unserm Europæischen Segeln/ gleichfalls begegnet/ und in den Relationen nechstverwichener Jahren/ vielmals desselbigen gedacht worden.

Ist demnach das **Grüne Haupt** ein Africanisches Vorgebirge/ welchem die Vielheit der grünen Bäume diesen Nahmen gegeben; da es sonst/ wie Albericus Vesputius/ in seiner Schiffahrts-Beschreibung/ gedenckt/ von den Mohren Bisecherem, und von den beyangrentzenden Völckern Mandangam, benahmset wird. Olveyra will/ daß/ bey diesem Haupt/ Mohrenland seinen Anfang nehme. Es ist aber dieses Capo Verde ein sehr grosses Stück Landes/ so sich auf die hundert Meilwegs (jedoch die Meilen zu Stunden gerechnet) erstreckt; nemlich bis an das Vorgebirge Sierra Leæna. Hat/ auf einer Seiten/ zu seiner Grentze/ den Fluß Gamba auf der andern/ den Fluß Senaga.

Jn dieſem Lande ſetzt es / wie Barlæus ſchreibt / zwiſchen dem Könige deſſelben / und den fürnehmſten Herren / vielmals groſſen Streit. Bekommt er die Oberhand / ſo ſind ſeine Rebellen des Todes: Ligen ſie ihm aber ob; ſo muß er Haar laſſen. Was ihm die Herren des Landes / aus gutem Willen / zukommen laſſen / darinn beſteht ſein Reichthum: als / in Pferden / Kühen / Böcken / und Ziegen / wie auch allerhand Hülſen = Früchten / ſo ſie ihm ſchencken. Auſſer dem / hat er nichts zum beſten.

Gegen Abend / ligen zehen Inſuln / mitten im groſſen Meer: welche gleichfalls von der Provintz Capo Verde ihren Nahmen entleihen; weil ſie ihre nechſte Nachbarn ſind. Aloyſius (oder Ludovicus) Cadamuſtus hat dieſelbe / im Jahr 1440. am erſten entdeckt.

Jetzt angeregter Cadamuſtus giebt dem Grünen Haupt ſelbſten das Lob: daß er nirgends in der Welt jemals eine luſtreichere Gegend geſehen / und berichtet / im 35. Capitel ſeiner Schiffarts = Erzehlung (Lateiniſcher Edition) daß die Bäume nicht allein ſehr dick und Schattenreich allda ſtehen; ſondern auch faſt das gantze Jahr durch grünen. Haupt wird es darum geheiſſen: weil es / mit dreyen

Bergen

Guineiſchen und Americaniſchen

Bergen/ als wie gleichſam mit dreyen Köpffen/ ins Meer ſchauet/ darunter der mittelſte ſich allgemach herab nach der See ſencket/ und vielen ſchönen Ländereyen Platz giebt/ ſo von den Schwartzen überall bewohnet werden. Gleich hinter dem Grünen Haupt aber/ geht die Luſt der Natur allererſt recht an. Sintemal das Land allda gantz eben und flach/ und mit unzehlich-vielen Bäumen bewachſen/ die ihre Blätter nicht eher laſſen fallen/ bevor andre friſche herfür gekommen. Sonſt giebt es/ in beſagten Inſuln/ viel Böcke und Ziegen/ imgleichen viel Saltzes: daher ſie von den Niederländern/ die Saltz-Inſulen werden genannt. Man findet ſonderlich/ in der Inſul S. Jago/ eine unglaubliche Menge Schnecken/ die ſo groß/ wie bey uns die Schildkröten.

Unter allen dieſen/ iſt die Inſul Maya die kleineſte; und hat faſt keine andre Einwohner/ als flüchtige Mohren und Sclaven/ die ihren Herren entloffen; oder auch ſolche Portugiſen/ welche/ von wegen einiger Ubelthaten/ aus ihrem Vatterlande dahin verbannet ſind/ und hernach die Gefahr ſtehen müſſen/ ob ſie daſelbſt ſich erhalten/ und lebend bleiben/ oder umkommen.

2. Von dem Grünen Haupt/ gehen her-

, nach

nach die Schiffe weiter/ auf Guinea zu; welches ein Stück deß Westlichen Mohrenlandes ist/ und/ wie Maffejus berichtet/ seinen Nahmen hat/ von der sehr berühmten Stadt Genne, die vormals von den Kauffleuten häuffig besuchet ward; weil sie an dem Haupt-Strom Zanaga gelegen. Dieses Königreich breitet sich gar weit aus/ und ist wol bevölckert/ wider die irrige Meynung der Alten/ welche wähnten/ daß/ mitten unter der brennenden Welt-Schnur/ keine Menschen leben können. Unter solchen Völckern/ erhalten sich die/ welche am Meer wohnen/ vom Fischwerck: die Mittelländische/ von allerhand unreinen Thieren/ als Eydexen/ Schlangen/ und dergleichen Ungeziefer: wiewol sie auch/ an denen Orten/ da ihnen die Lufft günstig ist/ einiger schönen Früchte/ und Milch geniessen. An den See-Gräntzen dieses Landes/ pflegt sonst die Lufft den Europæern sehr ungesund zu seyn/ wegen der übermässigen Hitze/ und vielfältigen Regens: dadurch eine Fäulung und Würme/ in dem Leibe/ werden verursacht.

II. America/ welches uns gleichfalls/ zu diesem Blumen-Püschlein/ etliche Blumen contribuiren soll/ wollen wir mit desto kürtzeren Worten begreiffen/ je grösser und weitläufftiger

ger dieses vierdte Theil des Erdbodems ist. Man hat bißhero dafur gehalten/ America sey um und um allenthalben von dem wilden Meer beflossen: und zwar/ gegen Osten von dem Atlantischem; gegen Süden/ von der engen Magellanischen Fahrt/ wodurch es von denen/ uns noch unbekandten/ Südländern abgeschnitten; gegen Westen/ von dem Mare del Zur, oder stillem Meer: Sein Nordisches Ufer werde vermuthlich/ von dem gefrornem Eys-Meer berührt. Allein die fleissige Schifffahrt der Niederländer hat nunmehr entdecket/ daß America/ von den übrigen Theilen der Welt/ nicht gantz geschieden; sondern vermittelst des Landes Gezo, an Asien hencke/ und aus Sina und Japan ein Weg zu Lande dahin gehe. So vermuthet man starck/ daß/ bey Nobazembla und Grönland/ gleichfalls die Alte und Neue Welt zusammen stossen.

Ein mehrers/ von der Situation des Landes America/ zu reden/ verbeut mir die grosse Weitläufftigkeit/ und Vielheit seiner Länder. Will derhalben/ an statt dessen/ dieses Capitel beschliessen/ mit einem kleinen Discurs/ von den Schwimmenden Insuln.

III. Hierzu veranlasset mich die Reißbeschreibung seeligen Michael Hemmersams wel-

welche im 18. Capitel/ gedenckt: daß/ zwischen der Thomas-Insul und Brasilien/ ein Land solle seyn/ so die Güldne Insul werde genannt/ darum/ weil ein Mensch/ welchen man seines Verbrechens wegen/ an selbiges Land außgesetzt/ nachmals/ da ihn ein andres vorüber seglendes Schiff wiederum aufgenommen/ zween Säcke voll Erdreich von dannen mit herauß gebracht/ welches lauter Gold gewesen: Als aber/ etliche Zeit hernach/ derselbige wiederum dahin gefahren/ in Hoffnung/ solches Güldnen Sandes nicht nur ein paar Säcke; sondern vielmehr eine gantze Schiffladung/ davon zu führen; habe er solcher Insul nicht mehr ansichtig werden können/ und also mit betrogener Hoffnung belastet wiederum davon fahren müssen. Woraus vermuthet werde/ es sey eine Insul/ die auf dem Wasser schwebe/ und vom Winde fortgetrieben werde.

Was er eigentlich vor eine Insul hiedurch verstehe/ kan ich zwar nicht errahten. Unterdessen ist solches nichts neues/ daß sich etliche Insuln/ zu einer Zeit sichtbar erweisen; zur andren nicht. Lintschott schreibt gleichfalls/ von der Insul S. Borondon/ welche den Canarien zur rechten Seiten/ aber bey die hun-

A iiij dert

Guineischen vnd Americanischen

dert Meilwegs von ihnen ligt: daß viel Personen/ bey derselben/ angeländet/ das Land sehr lustig und grün befunden haben/ auch voller Bäume/ allerley Proviant und Lebens-Mitteln: Sie werde bewohnt/ von einem Volck/ so dem Christlichem Glauben zugethan sey/ aber eine gantz unbekandte Sprache rede: Auff diese Insul wären die Hispanier offt/ von den Canarien/ außgefahren; hätten sie aber nicht antreffen können: daher unterschiedliche Meynungen darüber gefallen; indem etliche solche Abwechslung der Sichtbarkeit und Unsichtbarkeit selbiger Insul für Zauberwerck/ oder Teuffels-Gespenst gehalten; Etliche aber gewähnet/ die Insul wäre klein/ und allezeit mit Wolcken bedeckt/ daher sie sich nicht ins Gesicht gebe; Item/ daß der strenge Meer-Strom die Schiffe davon abtriebe: Unterdessen werde dennoch für gewiß gehalten/ daß um die Gegend eine Insul lige/ nach gemeiner Außsage derer/ so darauf gewesen. Inmassen genannter Lintschott im 2. Theil seiner Schiffarten Cap. 5. solches erzehlet.

Es ist aber keine Zauberey/ daß dergleichen Insuln/ zu gewisser Zeit/ erscheinen/ und ein andersmal dem Auge entwichen sind: auch eben keiner Wolcken zuzuschreiben. Was die

rechte

Blumen-Pusches Erster Theil.   9

hte Ursach sey/ warum sich dieselben also un-
weilen herfür thun/ unterweilen verstecken/
er gantz unsichtbar machen/ soll bald hernach
lgen.   Daß viel Insuln schwimmend gefun-
n werden; bezeugen beydes viel alte Scri-
nten/ und die Erfahrung.

Mela erzehlet (lib. 5. c. 5.) daß/ bey dem
nfang des Nil-Stroms in Aegypten ein See
y/ darauf eine Insul zufinden/ die mit dicken
Zäldern bewachsen/ und starcke Gebäu tra-
; aber dennoch auf dem Wasser schwimme/
id vom Winde bald hie/ bald dorthin getrie-
n werde.

Also schreibt Plinius (l. 2. c. 95.) viel von
m See Vadimonis, welcher heutiges Tages
ago di Viterbo, von Andren aber Lago de
ssanello, benahmset wird: wie nemlich auf
mselben/ ein finsterer Wald herum fahre/ und
eder Tages/ noch Nachts/ an einem Ort be-
irre.   Dergleichen meldet/ so wol Plinius/
gedachtem Buch/ als Macrobius (l. 1. Satur.
7.) von dem See Culia.

Herodotus erzehlet Wunderdinge/ von der
nsul auf dem Aegyptischen Wasser-Pfuhl
hemnis: welcher grosse und kleine Wälder/
id dazu das grosse Tempel-Gebäu Apolli-
s/ in seiner Schoß herum wallen ließ.   Also

A b   hat

hat auch die Insul Delos / mit ihren hoh[en]
Bergen / und weiten Feldern / vormals d[as]
Meer durchgewandert. In den Libyschen J[n]-
suln Calaminis haben / bey dem Mithrida[ti]-
schen Blutbade / viel Römer ihr Leben ger[et]-
tet: weil dieselbe beflossene Eyländer sich n[icht]
allein von dem Winde / sondern auch von d[en]
Schiffhaken fortschieben liessen.

Auf dem grossen Tarquinischem See [in]
Italien / schwebten zween lustige Wälder / ba[ld]
in gantz runder / bald in vierecketer / bald in a[n]-
drer Figur. In einer Niderländischen Pr[o]-
vintz / bey Andomar / hat es einen See / dari[n]
eine grosse Baum- und Pusch-reiche In[sel]
fleusst / und so wol das Rindvieh / als [die]
Schäfflein / so daselbst in feister Weide grase[n]
sehr Augen-lustig mit sich hin und wied[er]
trägt. Dergleichen findet man / heutiges T[a]-
ges / viel / nicht allein in Europa; sondern au[ch]
in Asia / Africa / und America.

Nun fragt sich aber; wie es komme / d[aß]
solche Insuln schwimmen? Und zweytens[:]
Daß manche unterweilen sich nicht sehen lasse[n /]
ja auch wol endlich niemals mehr gespüh[ret]
werden?

Die Ursach ihres Fliessens rühret zweife[ls]
ohn her / von der Materi solcher Insuln / we[l]-

leichter ist / als das Wasser selbst. Angemerckt / dieselbe aus hartzichtem Erdreich / schweselhafften Erd-Schollen / so mit Holtz / Binsen / und allerhand Pflantz-Wurtzeln / verengt / bestehet; und derhalben nothwendig oben schweben muß / auch an keinem gewissen Ort ligen bleiben: weil sie der Wind / von einem zum andern schiebet. Denn weil gemeiniglich die Schwimmende Insuln / aus solchen grossen Wasser-Pfützen und Seen entstehen / die voll Hartz / Schwefel / Salpeter / und dergleichen Materi / stecken: so klebet / vermittelst des Hartzes / die unterschiedliche Materi / leichtlich aneinander: wird aber / mit der Zeit / entweder durch stetige Anspielung des See-Wassers / oder durch starcke Regen / unten am Grunde / allgemählich außgeflösset und gehöret / überdas von hefftigen Winden so offt und vielmals angestürmet und erschüttert / biß sie von dem unterstem Grunde endlich abweicht / ihrer leichten Geringheit halben über sich steigt / oben fleusst / und also ein schwimmendes Land giebt.

Es kan auch wol geschehen / daß / durch ein Erdbeben / oder durch andre Zufälle / ein grosses Toph- oder Bimsen-steinichtes Stück Erdreichs / von dem Bodem des Pfuhls / abgerissen /

Guineischen und Americanischen

gerissen/ von dem Wasser empor gehaben / u[nd]
zu einer fahrenden Insul wird.

Nachdem nun der Wind und die Well[en]
spielen / darnach stellen auch diese Insuln [ih]-
ren Tantz an : das ist/ sie fliessen bald hie/ b[ald]
dorthin.   Sie hören aber endlich auch ti[ef]
auf/ sich zu bewegen/ oder verschwinden ga[r/]
in dem sie in vielen Jahren / vielmals a[m]
Ufer/ oder unter sich selbst sich mit einan[der]
stossen / und also allgemach in viel The[ile]
zertrümmert werden / welche dem vest[en]
Lande endlich wieder anhafften.   Oder [es]
geschicht auch wol / daß sie / von den all[zu]
häuffig=wachsenden Kräutern/ Stauden u[nd]
Bäumen / imgleichen von der Menge d[er]
mehr und mehr sich ansetzenden schwefelic[h]-
ten und salpetrischen Materi/ gar zu sehr b[e]-
schweret / und also in Grund zu sincken / g[e]-
zwungen werden.

Ist also kein Wunder/ daß/ so wol in de[m]
Atlantischem/ als andren wilden Seen/ je[tzt]
eine Insul den Schiffen begegnet; und
hernach/ zu andrer Zeit/
keine.

Da

Das II. Capitel.

Inhalt.

[Di]e Art und Fruchtbarkeit des Guineischen Erdbodems. Von dem Ackerbau daselbst; imgleichen von den Palm-Bäumen.
Von der Beschaffenheit des Americanischen Landes.

I.

Aß Guinea / als ein Land / so unter dem dürren Gürtel ligt / von der Sonnen zwar sehr gebrennet/ jedoch [dar]um nicht verbrennet / noch zu einer un[fru]chtbaren Wüsten gemacht werde; bewei[sen] die vielen herrlichen Früchte / so daselbst [wa]chsen. Denn wiewol die Aecker / des [So]mmers/meist kahl und dürre stehn: seynd [je]doch/ des Winters / mit Korn / Getreide / [un]d Früchten / reichlich gesegnet. Sinte[ma]l/im Winter/es daselbst am allerheissesten/ [un]d die Sonne alsdenn den Einwohnern ge[rad] überm Haupt stehet: nemlich im April/ [M]ay- und Brach-Monat. Welche Zeit sie [ab]er deßwegen / für die winterliche halten; [wei]l es alsdenn gewaltig viel regnet/und har[te] schwere Gewitter setzet.

Die

Die Einwohner hüten sich / mit all[em]
Fleiß / daß ihnen der Regen nicht die blo[sse]
Haut bade: weil er ihnen sonst übel beko[mmt]
Wie gemeinlich der Regen / unter der Li[nie]
gar ungesund / und gantz röthlich: also / d[aß]
ein Europæer / so von demselben gantz n[aß]
worden / und sich darauf gleich abkleidet / al[s]
bald ein Fieber / oder andre Kranckheit an d[en]
Halß bekommt. Wie leicht selbiger Reg[en]
auch eine Fäulung möge verursachen: ste[het]
daraus zu mercken: daß / so man die durc[h]
netzte Kleider nicht alsofort an die Son[ne]
aufhenckt / sondern also naß hinwirfft / und [ei]
ne Zeitlang ligen läst / sie dermassen / von de[m]
Regenwasser / mürbe werden gemacht / daß [sie]
mit Stücken von einander fallen / und n[it]
Fingern / wie Baumwolle / sich zerrupff[en]
lassen.

Darum machet sich / wenn es regnet / d[er]
Guineer auf die Seiten; schlägt / um dens[el]
ben abzuhalten / seine Arme uber die Achsel[n]
hat sich auch / zu dem Ende / insgemein m[it]
Palmen-Oel geschmiert: auf daß der Reg[en]
so bald nicht haffte / und ihm eine langwieri[ge]
Kranckheit verursache. Wird er / widrig[en]
Falls / zimlich genässet; so kommt ihn glei[ch]
ein Zittern an / als ob ihn das Fieber schü[t]
telt[e]

te. Da doch gleichwol das Waſſer nicht
t / ſondern vielmehr offt ſo heiß iſt / als obs
Feuer geſotten wäre.

Was der Guineiſche Bodem für Brod=
rn zeuge; davon werde ich hie nicht weit=
fftig handeln: zumal / weil die Heimmer=
iſche Reiſebeſchreibung / im 5. Capitel /
von ſattſamen Bericht ertheilet. Jedoch
ß des Korn=Baues und Säens in etwas
hie Meldung geſchehen. Wenn die Zeit
Feld=Arbeit herbey nahet; ſo gehet das
olck hin aufs Feld / oder in den Wald / um
ien / zur Korn=Saat / bequemen Ort außzu=
hen. Nach Erſehung deſſen / bittet ein
er / vom Könige / (ohne deſſen Vergunſt
uns nicht thun darff / weil keiner was Eiges
s hat) ſolches ſtück Landes dazu aus; begibt
h / nach erlangter Bewilligung / darauf / mit
nen Leibeigenen / hinaus / brennet alle He=
en / Stauden / Bäume / und wilde Kräuter
eder; gräbt hernach die Erde / ſamt den
ohlen / und allem / was zum Düngen dien=
h / eines Schuchs tieff um / und läſſt es acht
er zehen Tage alſo ſtill ligen. Wenn ſolche
eit verfloſſen; lieſet man alles Geſträuch
s der Erden / und wirfft ſelbiges mitten auf
s Feld. Hierauf wird das Land / zum zwey=
ten

ten mal / umgegraben / und endlich der So[men]
men des Millie=Korns hinein gestreuet.

Dem Unkraut / welches / unter dem b[e]
aufgehendem Korn / häuffig mit auswächs[t]
wehren sie zwar nicht: aber / wenn es Man[n]
hoch / und in der Blühe stehet ; richten si[e]
mitten auf dem Acker / ein Hüttlein von Ho[lz]
auf / so mit Riet und Stroh gedeckt ; und [se]
tzen ihre Kinder hinein: um die Vögel abz[u]
treiben / die dem Getreyde sonst gar grosse[n]
Schaden thun.

Das andre Geschlecht ihres Korns aber
nemlich das Mays, wird nicht / gleich dem v[o]
rigen / gesäet ; sondern in die Erde gesteckt
wie / bey uns / die Erbissen. Schiesst geschwin[d]
herfür / und bringt des Jahrs zweymal Fruch[t]
Tragt gar schwere Aehren / welche untersve[i]
len so groß / wie ein kleiner Kürbiß / und obe[n]
Thurn=spitzig zugehen ; und die Körner vo[n]
mancherley Farben / nemlich / weisse / schwa[r]
tze / gelbe / purpur=rothe / und dergleiche[n]
tragen.

Was Guinea sonst für schöne Frucht=Ge[wächse]
wächse / als Limonien / Citronen / von unge[
meiner Grösse / imgleichen allerhand wo[l]
schmeckende Wurtzeln / Injamos, Batatas, un[d]
die lieblich=schmeckende Frucht Ananas ; la[ssen]

allhie unbeschrieben: Wer derselben Ge=
ilt und Nutzen zu wissen verlangt/ der fin=
t/ in meinem Ost= und West=Indianischem
ist=Garten davon außführlichen Bericht.
er Palm=Bäume/ als die wol fast die für=
hmste Früchte den Guineern geben/ will ich
eichwol nur mit wenigem Meldung thun.
hren Wachsthum und Gestalt lieset man
hr/ als in einem Buch: weßwegen ich da=
t mich nicht aufhalten soll; sondern allein
vas/ von dem Nutzen derselben/ schreiben.

Es giebt derselben/ so wol in Ost=Indien/
s in Guinea/ Congo, und andern Africani=
en Ländern/ (fürnemlich aber in America)
ncherley Gattungen. Etliche tragen Dat=
n; etliche Indianische Nüsse; etliche eine
che Frucht/ daraus man Oel/ Wein/ Essig/
d Brod macht. Wenn der Baum oben
rchgeboret wird; so fleusst ein Safft heraus/
elcher anfangs süß ist; hernach saur wird.
nd aus dem inwendigem des Obsts/ so auf ge=
eldtem Baum wächst/ wird ein Oel gepresset/
unserer Butter nicht gar ungleich fällt/ und
wol zur Speise/ als in die Lampen dienet.

Die Niederländische Beschreibung des Kö=
greichs Guinea meldet/ daß daselbst dreyer=
) Arten von Palm=Bäumen wachsen/ dar=

H unter

unter man etliche für Weiblein halte: welch[e]
keinen Wein geben; aber hingegen einen Hau[f]
fen Früchte bringen/in der Grösse unserer E[u]
ropæischen Pflaumen; von Farben/ wie [die]
Pommerantzen; auf den Ecken etwas schwär[z]
lich: Selbige Frucht schäle man/ biß auf d[en]
Kern/ und mache ein Oel daraus/ zum K[o]
chen: wiewol das dickste solches Oels/von d[en]
Guineischen Mohren/ zu einer Leib = Salb[e]
gebraucht/ von den Weibern aber das Ha[ar]
damit angestrichen werde: Der Kern sey
groß/ als eine Welsche Nuß/und gar hart; h[a]
be oben/ an der Spitzen/ drey kleine run[de]
Löchlein: Wenn man denselben aufgeklopff[t]
finde man runde Nüßlein darinnen/ in Gesta[lt]
der Haselnüsse; denen sie doch nicht gleich/so[n]
dern gar höltzig schmecken/ und fast trucken [zu]
essen seyn.

In der Beschreibung des Königreic[hs]
Congo, wird gedacht: Selbiges Oel wer[de]
bereitet/ von dem Marck der Frucht; sey [an]
Farben grünlicht; an der Substantz/wie Bu[t]
ter. Doch muß dieses eine andre Art von Pa[l]
men seyn; ob sie gleich auch Oel gibet: we[il]
danebenst gemeldet wird/ daß die Kernen di[e]
ser Frucht anzusehen/ wie Mandeln/ wiew[ol]
ein wenig herber; in welchen das Marck g[e]

ut zu essen/ gesund/ und gedeylicher Nahrung
y; weßwegen man auch Brod daraus mache:
tem; die Frucht sey/ an ihr selbsten/ gantz
ün/ samt dem Marck; werde so wol roh/ als
braten / zur Speise gebraucht: Der Wein
erde gesamlet / vom obersten Theil des
aums: da sie ein Loch bohren/ aus welchem
n Milchweisser Safft rinne/und etliche Tage
ß bleibe/ hernach ein wenig säurlich/ letztlich
er gar zu Essig werde/ und sich zum Salat
auchen lasse. Es soll den Harn dermassen
wegen/ daß der Orten keine Leute gefunden
erden/ die Noth vom Stein haben; auch
te Räusche setzen/ so man zu viel davon
inckt.

Die zweyte Art der Guineischen Palm=
äume seynd die Datteln=träger: derer Früch=
uns bekandt genug. Die dritte/ der Cocos
er Coccos=Nußbaum: welcher/ unter allen
almen/ der alleredelste. Der Nahm Cocos
ll/ wie Lopetz erinnert/ so viel/ als einen Af=
n/ bedeuten/ und Coccos=Nüsse so viel heis=
n/ als **Affen=Nüsse**: nicht darum/ als
enn sie nur für die Affen wären: vielmehr be=
ugt die Hemmersamische Reißbeschreibung/
aß die Affen diesen Früchten/ weil sie gar zu
och hangen/ nicht beykommen können: son-
B ij   dern

dern deßwegen/ weil die inwendige Schale einem Affen ähnlich sihet.

Obgedachtem Palm-Oel streben die Wölf se/ im Königreich Congo hefftig nach: fasse einen Kübel mit den Zähnen an/ und trage ihn auf dem Rucken hinweg; wie sie/ bey un die Schafe stelen.

Beyläuffig muß ich allhie erwähnen: daß in jetztbesagtem Königreich Congo, aus Palmen-Blättern/ köstliche Tücher gewebt wer den/ so unserem Sammit/ Seiden/ Tobin Damast/ und Atlasch/ oder Italiänischer Brocat, gleich kommen. Dieses letztens wer den zweyerley Arten gemacht: deren die erst den Italianischem/ in der Würde und Preyß weit übertrifft: weßwegen denselben auch nie mand/ ohn der König/ und wem es derselbe er laubt/ tragen darff. Die Stücke dieser aller köstlichsten Sorte haben eine Länge von vie oder funff Spannen; und eine Breite/ von dre oder vier Spannen. Die Stücke von de zweyten Gattung aber/ fallen viel kürtzer un schmäler; nach der Kürtze der Blätter/ dar aus sie werden gewirckt.

Die Tücher/ so auf beyden Seiten der Sammit gleich kommen/ und mit ihren Haa ren musiert werden/ seynd ebenmässiger Größ
werder

erden / mit mancherley Blumen und Figuren / gezieret: und haben nicht allein den Schein / sondern auch den Werth des Italiänischen Sammits/ dem sie gleich gelten. In den Palmen-Damast weben sie allerley Laubwerck; wie man in den Güldnen Stücken sihet. Solche Damast-Stücke seynd hoch und nidrig / gleich den Welschen. Andre geringere und schlechtere Gewand aber machen sie grösser; nemlich sechs Spannen / in der Länge; und fünff in der Breiten. Selbige seynd steiff und dick; aber doch leicht.

Solche Tücher bereiten sie/ aus den Blättern der Palm-Bäumen: welche jährlich/ von ihnen / beschnitten werden; damit sie desto nidriger bleiben mögen; aber daneben fleissig begossen/auf daß die zarten Blätter desto häuffiger herfür brechen. Aus diesen / jedoch zuvor gereinigten/ Blättern / ziehen sie gar reine und subtile Fäden: unter welchen die längsten am meisten geachtet / und zu den grössesten Stücken gebraucht werden.

Ob nun zwar diese Palm-Bäume auch/ ohne Zweiffel/ in Guinea / anzutreffen: liesetman doch nicht/ daß man dergleichen köstliche Gewerbe daselbst daraus wircke: weil die Einwohner zu ungeschickt dazu / und keine so

B iij   künst-

künstliche Arbeit machen: ohnangesehn si[e]
sonst / aus der bey ihnen häuffig wachsende[n]
Baumwollen/ ihre Kattunen/ Hemde und Tücher zu bereiten wissen.

11. Jetzt wollen wir auch ein wenig/ jedoc[h]
überhaupt / von des Americanischen Erdbo[-]
dems Eigenschafften/ reden.

Weil/ in einem grossem / ja allergrössester
Theil der Welt / nicht allenthalben einerle[y]
Temperament der Lufft und Erden: als ste[ht]
leicht zu erachten / daß auch die Fruchtbarke[it]
unterschiedlich falle. Dennoch ist gewiß/ da[ß]
keine Feder gnugsam möge beschreiben di[e]
Glückseligkeit selbiger Länder : etliche weni[g]
Landschafften außgenommen. Denn / in de[n]
übrigen/ regiert allezeit Frühling/ oder Herbs[t]
daher die Gärten / Wälder / Felder / un[d]
Wiesen / ihren grünen Rock nimmermehr a[b]
legen. Alle und jede Monaten geben ihre be[-]
sondre Früchte / auf den Tisch / zum Confect[/]
unter denen / etliche auch das gantze Jah[r]
durch / am Baum zufinden / und immer fris[ch]
zu haben sind.

Das Neue Hispanien kam den Spannier[n]
anfangs / seiner lustigen Gelegenheit halben[/]
nicht anders vor/ als wie ein schönes Paradey[ß/]
Der Lufft wehete ihnen den allerlieblichste[n]

Athe[m]

Blumen-Pusches Erster Theil.   23

them der Blumen und wolriechenden Kräu-
[te]r in die Nasen.   Der Bodem umfieng und
[s]äntzte sie gleichsam / mit seinem hochaufge-
[sch]ossenem Grase.   Die Wälder stunden nicht
[al]lein/ entweder gantz Karmosin-rot von Blu-
[m]en / oder Gold-gelb / oder Schnee-weiß;
[so]ndern boten ihnen auch manche köstliche
[F]rüchte an.

[F]eben/ Kürbissen/ und Kümmerlinge/ las-
[se]n sich allda / in einem Monat / pflantzen und
[ab]schneiden: und die Melonen zwar in solcher
[G]rösse / daß sie kaum ein Mensch tragen kan.
[D]as abgeschnittne Heu wächst in fünff Tagen
[vi]elen hoch wieder. Die Lactuck/ Kresse/ Köhl-
[kr]äuter / und dergleichen / im halben Monat.
[D]ie Weitzen-Aehren wachsen länger und di-
[ck]er / als eines Manns Arm / und beherbergen
[ga]r leicht zwey tausend Körner.   Säet man
[ab]er den Saamen / auf ein wolgebautes / und
[ge]düngtes Land: so steigt die Anzahl der Kör-
[ne]r noch viel höher.   Die Wurtzeln / in den
[W]äldern/ seynd so delicat/ daß das Wild/ so
[d]avon lebt / ein gewünschtes wolriechendes
[F]leisch davon bekommt.

Peru giebt / am Getreid-Wachs / nichts
[n]ach: an Metall geht es jenem weit vor: auf-
[se]r der Gegend / die am Meer ligt: denn sel-
                         B iiij   bige

bige hat einen dürren sandigten Bodem. E giebt darinnen sehr biel Frucht- und Wild-re che Wälder. Das Wild springt nicht allei in den Gepüschen herum; sondern weide auch/in den freyen Feldern und schönsten Th lern/ gantz sicher/ und ohne Furcht. Von H sen / Küniglein / Tauben / Turteltauben Schnepffen / Reb- und Feld-hüner / setzt e eine unglaubliche Menge. Auf den Bergen nisteln biel Papageyen; wohnen biel Löwen Bären und Füchse. Und weil diese/ in de Neuen Welt/ die reichste; so wird sie auch für die alleredelste Probintz unter allen/ ge achtet.

Das Land Brasilien / ob gleich seine Ein wohner sehr rauhe/ wild / und barbarisch; i es doch/ an ihm selbsten / sehr schön und anmu tig/und wegen eines wolgemässigten Lufft treff lich gesund: massen die Leute daselbst ein ho hes/ offtmals hundert-jähriges Alter errei chen. Uberall sihet der Himmel hell und klar Nebel und Wolcken lassen sich gar nicht bli cken; ohn zur Zeit des Regens. Es blitzt ga offt/ ohne Donner: und zwar bey schönem trucknem Wetter. Um die Zeit der Sonnen wende/ lassen sich zwar etliche/ doch gar gelin de Donner hören/ nebenst einem Platz-Regen
Hage

Blumen-Pusches Erster Theil.

...gel fällt fast nimer: und auf den allerhöch-
...n Bergen/ sihet man doch keinen Schnee.

Die Regen-Tropffen fallen sehr groß/ und
...it grossem Ungestüm. Der Tau ist fetter/
...nn der Europæische/ voll Salpeter/ und sehr
...rchdringend/ vorab im Sommer: frißt Ei-
...n und Ertz gar leicht aus.

Etlicher Orten/ hat es viel Wälder und
...üsche: an etlichen/viel ebnes und gutes flach
...nd: an andren/ fettes/ und zum Ackerbau
...quemes Erdreich; welches allzeit grünet/
...d durch viel Regnen angefeuchtet wird.

Unter den Blumen/ führt die berühmte
...ranadillo/ oder Passions-Blume/ den Preiß:
...d macht sich nicht allein mit ihrer Wunder-
...schönen Farbe/ sondern auch lieblichen Oepffel-
...d Birn-Früchten beliebt.

Uber die im Lande selbst gewachsene Frucht-
...äume/ Stauden/ und Pflantzen/ derer sehr
...el sind / haben auch die Portugaller fast alle/
...Europa/ herfürkommende Gewächse dahin
...bracht/ und glücklich verpflantzet. Wein-
...auben kan man/ durchs gantze Jahr abbre-
...en/ in allen Monaten. Gestaltsam deßwe-
...n die Weinstöcke zu unterschiedlichen Zeiten
...schnitten/ und also auch die Trauben zu ver-
...schiedenen Jahrszeiten reiffen: von welchen

B b   man

man einen herrlichen Wein presset/ der mit de
Malvasier streitet.

Die Wälder seynd so dick/ groß/ und ii
sam/ daß die Portugisen vormals auch zu La
de/ nicht ohne Compaß/ reisen dörffen. S
lassen ihr Laub nicht auf einmal fallen; sonde
nach und nach: und indessen wächst wieder u
ein neues hervor: daher die Wälder stets /
ihrem grünen Schmuck/ beharren. Inso
derheit ist dieses mercklich/ daß manche Bä
me erstlich nur den halben Theil der Blätt
verlieren/ und den übrigen so lang an sich ha
ten/ biß die halbe Blösse wieder mit frische
Laub bekleidet ist: dann fällt auch der and
Theil herab/ und räumet den Nachkömmli
gen den Platz.

Die meisten Einkünffte des Landes best
hen/ im Zucker/ und rothen Brasilien-Hol
Zu welchem Ende/ es viel Zucker-Mühlen d
selbst giebt/ in welchen die vor Geld erkauff
Leib-eigene Mohren/ als wie das Vieh/ arbe
ten müssen: mit grossem Vortheil und Gew
der Kauffleute/ die gantze Schiffe voll/ al
Jahr/ nach Europa verhandeln.

Bey diesen dreyen Americanischen Lä
dern/ muß ich es dißmal lassen bewenden. Der
alle und jede durchzufliegen/ würde meiner F
d

nicht müglich seyn: da sie gleich einem Ad=
in den Flügeln steckte.

Das III. Capitel.

Inhalt.

Das Gold-Bergwerck/ in Guinea.
Das Silber-Bergwerck Potosi in Peru.
I. Obristen Herckmanns mühselige Berg-
  wercks-Erforschung in Brasilien.

Nachdem wir die außwendige Gestalt des Landes Guinea/ und dessen Fruchtbarkeit/ mit wenigem/ berührt: bührt uns auch/ von der inwendigen/ etwas reden: fürnemlich aber/ von dem Golde/ :elches das Aas ist/ wozu sich soviel Europœi=)e Adler versammlen. Denn da dieses nicht äre; würden die Portugaller/ Holländer/ hurländer/ Engländer/ Schweden und Dä= n/ soviel Strittigkeiten nicht um Guinea habt haben.

Ein jedweder König in Guinea hat seine sondre Gold-Gruben/ daraus ihm seine Un= rthanen das Gold müssen herfür suchen: n solches den Europæern/ deren Geitz diesen
gelben

gelben Kot in Guinea nunmehr gar theur u[nd]
wehrt gemacht/ gegen andre Wahren zu be[-]
handeln. Sie graben aber solches nicht a[l-]
lein in den Bergwercken: sondern finden d[es-]
sen auch viel/ in den Flüssen und Bächen/ u[n-]
ter dem Sande/ so unten von den Bergen a[b-]
geflösset worden.

Allda wird es/ bald in Körnlein/ wie E[rb-]
bissen/ auch wol wie Bonen/ oder wie e[in]
Daumen dick/ gefunden; bald wie ein San[d]
oder abgefeylter Kupffer-Staub. Die Stu[ck-]
lein fallen gantz uneben/ wie zerbrochene K[o-]
rallen; dazu gemeinlich noch unsauber/ u[nd]
mit andrer Materi vermischt. Das klei[n]
Sand-Gold wird/ in denselbigen Flüsse[n]
rein gewaschen/ daraus es/ samt dem Sand[e]
mit einem Löffel geschöpfft wird. Es kost[et]
die Mohren viel Mühe und Arbeit/ ja vie[l-]
mals Leib und Leben/ aus den Bergen so[l-]
ches heraus zubringen: also gar/ daß ihr[er]
nicht wenige drüber umkommen und ve[r-]
schmachten.

Das Gold an ihm selbst/ ist von unter[-]
schiedlichem Werth; wird ihnen auch unter[-]
schiedlich bezahlt: sintemal eines reiner/ da[nn]
das andre/ und manches vom Staube nic[ht]
gnugsam gesäubert ist. Wiewol der Unterschei[d]
zu[m]

n theil daher rühret / daß eine Gold-Ader
...ser und Gold-reicher / denn die andre.
...enn je tieffer die Ader gegraben wird; je
...lechter und geringer wird allgemach das
...old: und ist das unterste allezeit mit Silber
...hr vermengt/ weder das oberste.

Die alte Niederländische Beschreibung setzt
...Werth des reinesten und ungeschmeltzten
...olds (denn so ungeschmoltzen/ wie es aus der
...den herfür kommt/ wird es/ nach außgebla-
...em Sande/ wegen der Mohren Betrieg-
...keit/ für das beste gehalten) an der Wür-
...und Höhe/ zu 22. und 23. Karat/ in der
...arck. Das geschmeltzte aber/ daraus Oh-
...Ringe / Arm-bänder/ und dergleichen/
...n gemacht seyn/ fällt/ am Werth/ um ein
...tes schlechter/ nemlich um etliche Granen
...f die Marck/ gegen dem ungeschmeltzten
...rechnen.

Sie wissen es/ auf allerhand Art/ listig
...verfälschen: Darum einer/ der mit ih-
...n will handeln/ und nicht betrogen wer-
...n/ wol Achtung geben muß. Die Armrin-
.../ und andre Sachen/ verfälschen sie/ mit
...ien und rothem Kupffer. Unter die Mün-
.../ mischen sie gern Messing. Aber/ durch
...cheidewasser/ wird solcher Betrug offenbar.
Dem

Dem reinesten ungeschmolzenem Golde g[eben] sie gleichfalls einen betrieglichen Zu[satz] von Messing: welchen sie/ mit einer Feile zu kleinem Staub machen / und hernach u[n]ter das Gold mischen. Welche Verfälschu[ng] man anfangs nicht leichtlich hat können m[er]cken: sintemal sie den Feilstaub so gar subt[il] rein und klein gemacht / als das Gold imm[er] mehr hat seyn mögen.

2. Ob das Land Guinea auch Edelgest[ei]ne gebe; davon finde ich keine Nachrich[t] ohn allein diese/ daß die Guineische Mohr[en] der Perlen/ Diamanten/ Rubinen/ Smara[g]den/ und dergleichen Steinen/ keine Kun[d]schafft haben. Woraus fast zu schliessen/ müssen bey ihnen/ derselben auch nicht viel g[e]funden werden. Denn wenn solche Stei[ne] daselbst in der Erden verborgen wären; hätt[en] die Portugaller und Niederländer, den Ei[n]wohnern längst Anlaß gegeben/ ihnen nachz[u]graben/ und sie gleich dem Golde/ zu verhan[d]len. Jedoch ist dieses nur eine starcke Mut[h]massung/ und kein gewisser Schluß. De[nn] der Unverstand/ die Verdrossenheit/ und A[cht]losigkeit mancher Einwohner lässt manch[e] Schätze/ in der Erden / verborgen stecke[n] Gleichwie unsere alte Teutschen/ weder de[m] Silbe[r]

lber/ noch Golde/ nachgruben; weil sie
ht wusten/ daß in Teutschland solche Metall=
ern vorhanden.

Man liefet gleichwol/ daß/ in andren A=
anischen Ländern/ allerhand Edle Gesteine
raben werden: fürnehmlich in dem Königs
he Congo. Von welchem Lobez schrei=
: daß daselbsten gantze Berge von Jaspis/
hem und weissem Marmelstein zu finden/
man zu Rom nenne Marmel aus Numi=
n. Imgleichen schöne und köstliche Hya=
then=Gruben. Welche Hyacinthen/ wie
ern/ in den andren Steinen/ sich eräugnen/
uffentweise neben einander wachsen/ wie die
rner in einem Granat=Apffel/ und wann
n sie heraus nimmt/ in viel kleine Steinlein
) zertheilen.

11. Unter allen Reichen der Welt/ ist wol
nes/ welches dem Americanischem König=
ch Peru/ am Uberfluß von köstlichem Me=
l/ vergleichlich; vorab/ an Gold/ Silber/
d Quecksilber. Denn selbiges Land steckt
r theuren rothen und blassen Wurtzeln allent=
lben voll/ und ist dergestalt mit Ertz gleich=
n besäet/ daß man fast alle Tage ein frisches
ergwerck antrifft. Wie gewaltig reich es an
olde seyn müsse/ mag man/ unter andren/

hieraus

hieraus abnehmen / daß die alte Heydnis[ch]
Käyser in Peru nicht allein alles ihr Taf[el]
Geschirr / sondern auch alles Geräth / Stüh[le]
Sänfften / Bilder / und andres dergleiche[n]
aus reinem Golde haben machen lassen.
ihrer etliche liessen ihre Käyserliche Burg [mit]
klarem Golde als wie mit Ziegel=Steine[n]
überziehen: nicht aus Mangel andrer Ma[te]ri; sondern aus Käyserlicher Pracht. So w[ar]
auch der Sonnen=Tempel zu Cusco, mit f[ei]nem Golde / gedeckt. In ihren Käyserlich[en]
Lust=Gärten / stunden gantze Lust=Wäldle[in]
von Ertz / darinn die Bäume künstlich b[on]
Gold und Silber gemacht / die Blumen gleich[=]
falls aus Golde oder Silber / und mit viele[n]
Perlen / Edelgesteinen / und wunderschöne[n]
Feder=Püschen geschmückt waren.

Die Indianische Geschicht=Bücher me[l]den / daß West=Indien zwar mehr Goldes a[ls]
Silbers gebe; außbenommen das Welt=b[e]rühmte Gebirge Potosi in Peru: welches ei[n]
Silberbergwerck ist / und die Spannische Flo[t]ten mehr mit Silber / dann Gold / befrachte[t]
Jetztberührtes Gebirge ligt am äussersten E[n]de der brennenden Schnur (Zonæ torridæ)
in der Peruanischen Landschafft Charcas. I[st]
sehr gähe / und fast wie ein Gezelt anzusehen[.]
we[=]

l er oben sich gantz zuspitzet/ unten aber/auf
gantze Meilwegs erbreitet.   Sechszehen
dert vier und zwantzig Hispanischer Ruten
d es/ von dem obersten Gipffel des Ber-
/ biß an den Bodem.   Unten aber stoſſt
ein anderer kleiner Berg daran/ mit
echten und losen Minen/ wie mans nen-
: an welchem die Spannier einen Flecken
auet/der zwo Meilen im Umkreiß/und den
rgrössesten Handel in gantz Peru hat.

&s gehen durch dieses Gebirge/ vier
upt-Adern: die von der Ost-Seiten sich
Norden und Süden erstrecken.   Ihre
sseste Breite hält sechs Schuhe; die aller-
näleste eine Spann.   Aus diesen fürnehm-
Silber-Aesten/ entspriessen wiederum an-
starcke Zweige/ will sagen/ andre grosse
ern: und hat jedwede ihre besondre Mi-
/ und werden nach den Besitzern genannt/
en sie zugetheilet sind.   Die grösseste Mi-
hält achtzig Vacas, oder Spannische Ru-
n.   Etlicher Orten seynd sie 24. anderswo
auch wol 180. ja wol gar auf die zweyhun-
t Klaffter tieff.   Zu Behuff solcher grossen
tieffen Minen/ seynd Gräben oder Löcher/
en auf einer Seiten des Berges/ gemacht/
che Socabones genannt werden/ und
               C   zwerchs

zwerchs hindurch gehen / biß an die inwend[ige]
Ader. Ohnangesehn nun diese Minen so t[ieff]
si.id: muß man doch noch sechsmal so viel u[nter]
gehen/ biß man auf die rechte Wurtzel des B[er]
ges kommt. Die Höhe der Tieffe/ wo der S[oca]
cabon die Ader berührt / biß in die Höhe [der]
Minen / macht hundert fünff und drey[ßig]
Klaffter. Alle diese Tieffe muß hinab ge[stie]
gen seyn/ so man die Minen bearbeiten will.

Da steht nun leicht die Rechnung zu m[a]
chen / was für eine grausame Mühe und [Ar]
beit dazu gehöre / biß man solches theure E[rtz]
geweyde aus dem innersten Bauch der Er[den]
herfür bringe. Welche Mühseligkeit deß[we]
gen noch unseliger / elender / und widerwe[rti]
ger ist/ weil die Metall=Gräber ihre Arbeit[in]
steter Finsterniß/ allda berrichten müssen/ n[icht]
wissende/ ob es Tag oder Nacht sey. So
kommt ihnen auch die schwere Lufft und K[älte]
nicht zum besten; also gar/ daß die/ so aller[erst]
ankommen / gleichsam Seekranck da[selbst]
werden.

Sonst wird die Arbeit / von den Bergl[eu]
ten/ in gewisse Zeiten/ abgetheilet; und m[üs]
sen etliche des Tags / etliche des Nachts/ [ar]
beiten. Wie blut=schwer nun solche Ar[beit]
falle/ läßt sich daher leicht abnehmen /

sches Erster Theil.

bon wegen seiner Härtig=
it eisernen Instrumenten
hdem es solcher Gestalt /
herabgeschlagen; so trägt
:n die Leitern hinauf.

seynd zusammen gefloch=
n Seilen/von gedrehetem
:reppen=weise an Stäben
einer unverhindert hinab
er andre auffsteiget. Jed=
Klaffter lang: und wo sie
ine andre an/ die gleiche
findet sich da/ wo eine
/ eine Ruhe=Banck von
:ern gar viele sind; damit
:e. Drey und drey steigen
Der vörderste trägt ein
denes Liecht / welches so
dieser armen Leute ihre
rleuchtung ist. Man muß
l/ wol anhalten / und nur
/ damit die abscheuliche
Schrecken einjage / und
rsache.

:s Bergwerck viel Leute:
e der Minen offt gähling
C ij   ein=

einfallen/ und die Bergknappen lebendig [be]
graben: Andrer Gefahr zugeschweigen.

Das Ertz desselbigen hat anfangs ma[n]-
cherley Farbe; und wissens die Bergleute nu[r]
an den Grüpfflein/ Adern/ und etlichen andr[en]
Zeichen/ zu unterscheiden. Was für stattli[che]
Außbeute es aber gebe; bedarff keiner Erze[h]-
lung: die Spannische Silber-Flotten erw[ei]-
sen es jährlich zur Gnüge; wiewol/ bey Krieg[s]
zeiten/ das Peruanische Silber viel Buhl[er]
hat/ und manchesmal andren zu theil wir[d/]
die es nicht haben graben lassen. Denn die[s]
ist das rechte Aurum fulminans, das Do[n]-
ner- (oder vielmehr Silber-) Gold/ welch[es]
zu Lande und Wasser/ nun viel Jahre her/
manchen Schlag gegeben.

Auffer diesem/ welches das allerberühr[m]-
teste ist/ giebt es noch viel andre Gold-Gr[u]-
ben in Peru. Wiewol/ in den Flüssen und i[m]
Sande/ gleichfalls viel Goldes gefunden wir[d.]

Die Insul Hispaniola hat vorzeiten au[ch]
sehr viel Goldes den Spanniern geliefert: s[ie]
aber jetzo etwas sparsamer außtheilen. And[re]
Americanische Länder haben ebner massen vi[el]
Metallen-Gruben; fürnehmlich das La[nd]
Guajana/ und andre mehr. Das Gold ab[er]
in Peru/ und in der Chilischen Provintz Mar-
quin[a]

Blumen-Pusches Erster Theil.

...ina, wird für das allerköstlichste geschätzt/ ...il es das allerhöchste Alloy/ nemlich drey ...d zwantzig und ein halb Karat/ auch unter-...eilen wol höher.

III. In Brasilien/ hat man bißher noch ...nig von Ertz- und Metall-Gruben ver-...mmen: die Erde ist daselbst auswendig rei-...er/ dann inwendig. Dennoch gleichwol ...nd etliche in den Gedancken gestanden/ es ...rffte in einer und andren Landschafft noch ...ol Bergwercke setzen: weßwegen sie grosse ...d mühsame Reisen auf sich genommen/ sel-...ge zu suchen.

Der erste/ so sich dessen/ in dem jetzigem ...eculo, oder Welt-Alter/ unterfangen/ ist ...west **Emanuel Roderigo**/ Burggraf in ...r Brasilianischen Provintz Parayba (wel-...er/ auf Anordnung/ Don George Lopez, ...s damaligen Gubernatorn/ bey die 150. ...eilen/ ins Land hinein gereiset/ und fünff ...onaten darüber zugebracht) ohnangesehn ...nur auf 3. Monaten/ Proviant mit sich ge-...mmen/ und die übrige Zeit mit Schlangen/ ...atzen/ und wildem Honig/sich behelffen müs-...t. Weil demselben viel hohe und gähe Ber-...begegneten: kunnte er zu Pferde nicht fort-...mmen: muste absteigen/ und diese beschwer-

liche Reise zu Fuß verrichten. Unter viel a[n]
dre Verdrüßlichkeiten solcher güldnen W[all]
fahrt/ mischete sich auch diese ein/daß/weit d[as]
Land selbiger Gegend gar dürr und truck[en]
war/ der reisende Mann/ vor Durst schier be[r]
schmachtete. Denn / sehr weit im Land[e]
traff man allererst einen breiten Wasser-Fl[uß]
an. Jedoch fanden sie gleichwol/ im flach[en]
Felde / etliche gegrabene Bornen/ oben ett[wa]
eines Werck-Schuhes breit/ und einer El[len]
tieff/ darinn süsses frisches Wasser quellet[e]
und selbige Bornen waren/mit Gesträuch u[nd]
her bewachsen/ und bedeckt. Zween sein[er]
Gefährten starben/ vor unerträglichem Dur[st.]
Nachdem er also/ einen geraumen Weg/[mit]
Hunger und Kummer/ fortgezogen : hat i[hn]
endlich der Mangel an Lebens-Mitteln zu[r]
ruck getrieben: ist also mit nichts/als Verdr[uß]
und Müdigkeit beladen/ wieder heimgekehr[t.]

2. Ob nun gleich diese vergebliche Unte[r]
fahung des Roderigo den Niederländern/ se[i]
nen Nachbarn/ nicht unbekandt war : sta[nd]
doch einen/ mit Nahmen Elias Herckman[n]
etliche Zeiten hernach/ der Kitzel/ sein H[eil]
auch einmal zuversuchen/ ob er der West-J[n]
dianischen Compagnie/in Brasilien/noch meh[r]
Reichthümer außforschen könnte/ und einig[e]

tes Bergwerck entdecken. Beschloß der=
lben/ nach erlangter Bewilligung des Für=
ns zu Nassau/ und des Hohen Rahts da=
bst/ eine/ wiewol gefährliche/Reise zu thun/
rch solche Oerter / dahin er weder Wege
ch Stege wuste: und zog/ im Jahr 1641.
chdem er sich/ mit vorgedachtem Roderigo
terredet/ auch zu Friedrichsstadt sich mit ei=
gen Wegweisern / imgleichen mit Arten/
eilen/ und Hippen/ um die Dornen und He=
en damit aus dem Wege zu räumen/ Item/
it Vorrath an Meel und Kriegszeug verse=
en hatte/ danebenst eine Anzahl Soldaten
nd Brasilianer/ und vor dieselbe Schuhe und
Strümpffe/ wider die rauhen Berge und Thä=
er/ deßgleichen auf alle Fälle Artzeneyen/ und
nderlich einen guten Theriac mitgenommen/
on vorgenannter Friedrichs=Stadt ab/ nach
em Strom Tenhaha zu: da ihn dann unter=
egs die Portugisische Herren der Zucker=
Mühlen beherbergeten; wiewol einer freund=
cher/ als der andre.

Als sie von dannen weiter / in die Land=
hafft Pacatonua gerathen/ und langs einem
iessendem Bächlein her marschirten/ setzte ih=
en der Geitz eine artliche Brill auf. Sie sa=
en/ im Vorüberziehen/ einen Gold=gleissen=

E iiij   ver=

den Sand schimmern / und wurden gleich d[a]
durch in den Wahn gesetzt / unser HErr GO[tt]
hätte ihnen schon daselbst einen gewissen Sch[atz]
bescheret. Machten sich derhalben hurtig dr[ü]
ber / gruben lustig / und fanden zwar / ung[e]
fähr einen Schuh tieff in der Erden / solch[es]
glänzenden vermeynten Gold=Sandes no[ch]
mehr: welches nicht anders schimmerte / a[ls]
ob es vom Golde abgeschabet wäre. Aber d[a]
es zur Feuer=Probe kam; flog alle ihre Freud[e]
in den Rauch auf.

Bey diesem betrieglichem Gold=Bach fan[d]
sich die gantze Gesellschafft noch 40. Soldaten[,]
und 36. Brasilianer/ starck. Dreyzehen Sol[-]
daten / und 24. Brasilianer / waren Leibs[=]
Schwachheit / zum Theil auch Uberdruss[es]
halben/ schon vom Hauffen gewichen / und zu[=]
ruck geblieben. Auch zogen etliche Brasilia[=]
nische Weiber mit; um ihren Männern auf[=]
zuwarten/ und zu dienen. Das Geräht führte[n]
man nach/ auf sieben gemieteten Karren.

Gegen Abend / verblieben sie / in einem
Dorff/ nachdem sie/ bey dem Strom Wartha[,]
des Mittags zuvor außgeruhet hatten. Allhie
ward vor da[s] Volck / eine Kuhe / und für den
Obristen He[rr]mann ein Kalb geschlachtet/
welcher selbig[e] Nacht unter Tach / die an=
dern

aber unterm Himmel lagen: Nachdem
sich/ wie auch ihre Zug=Pferde/ da-
erquicket hatten/ zogen sie fort/ bald über
und eben Land/ bald durch Wälde und
räuche: kamen auch über einige Bäche
Wässerlein/ die schier gar außgetrocknet
en/ daran sie leichtlich mercken konten/
es ihnen endlich am Getränck mangeln
rde. An selben Ort sahen sie am Wasser-
rohm/ Pœsapayba genannt/ etliche hohe
ume stehen/ die in der Mitten so groß und
/ wie ein grosses Weinfaß/ unten aber nach
Wurtzel/ wie auch oben nach der Cron und
Zweygen und Aesten zu/ gantz schmal wa-
/ welches den Niederländern wunderbar-
vorkam. Wer eine völligere Beschrei-
g dieses seltsam=gestalteten Baums ver-
t; der schlage auf das 825. Blat meines
ianischen Lust=Gartens/ da er mit Wor-
ind Kupffer recht abgebildet ist.

Um die Mittagszeit begegnete ihnen/ bey
m Portugisischem Fuhrwerck/ der Strom
ngongoapi. Und weil es an allen Seiten
ck und dicht mit Sträuchen und Gestäu-
bewachsen und unter einander/ von der
ur selbst/ beflochten war/ daß man nir-
s hin kommen konte; So ward der Weg

E ij   mit

mit Arten und Beilen aufgehauen und geb[ahn]net / durch welchen sie an ein Gebirge kam[en]
da der Obriste alles sein Volck des Abends [zu]
Gaste hatte / damit er sie / so gut er konte / [in]
gutem Willen erhielte.

Folgenden Tags wanderten sie wieder h[ef]tig fort / durch wilde / rauhe / und bergi[gte]
Oerter: da beklagten sich die gedingte F[uhr]leute / daß man sie zu weit mit nehme: lie[ßen]
sich aber mit guten Worten stillen / biß n[ach]
etwa anderthalb Meilen wegs durch [den]
Wald durchgebrochen / auch über den F[luß]
Karnuhu, in ein eben und flach Land / gek[om]men war / von dannen man das Gebirge [des]
Landes Copoaba, sehen konte: Weil aber [die]
Berge gar zu hoch und abschössig waren / [hinauf]
auf zu kommen / so wiesen ihnen die Brasi[lia]ner einen Weg / der zwar etwas um / aber [für]
Pferd und Karren bequem war / welcher [sie]
wieder in einen Wald brachte / da die Brasi[lia]ner / in etlichen holen Bäumen / sehr viel [Ho]nigs funden. Als sie durch denselben W[ald]
waren / kamen sie an den Fluß Schivaubu[ra]
und empfunden allda / aus denen daherum [ste]henden Gesträuchen / einen so lieblichen G[e]ruch / daß sie musten etwas daselbst sich a[uf]halten / damit sie desselben Geruchs desto m[ehr]
genie[ssen]

nieſſen könnten. Von dannen ſchickten ſie
che ihres Volcks voran/ und lieſſen den
eg durch Hecken und Sträuche bahnen/und
nen alſo an einen weiten Sumpff und Mo-
t/ und folgends in das ebene Land/ Araru-
aja, welches eben gantz in vollem Brande
nd/ weil das darauf ſtehende Heydekraut
r angeſteckt worden; und ward davor ge-
lten/ es hätten die Barbaren des Orts daſſel-
gethan/ damit ſich die Niederländer davor
ſetzen ſolten: dieſelbe aber brachten in Eyl
hauffen Zweige und Reißholtz zuſammen/
d dämpffeten das Feuer ſo weit/ daß ſich die
g=Pferde nicht etwa davor ſcheuen und
ßreiſſen möchten.

Hiernechſt traffen ſie wiederum Wälder/
d einen Strom an: blieben/ an demſelben/
en gantzen Tag über/ ſtill ligen: biß vor die
raſilianer/ durch den Wald/ einen Weg hät-
gemacht. An ſelbigem Ort/ ſahe man
ltzerne Ruthen oder Stöcke/ die aus der Er-
herfür gewachſen waren/ deren etliche nie-
ig an der Erde wuchſen: etliche aber ſich an
nechſte Bäume hiengen/ und an denſelben/
e bey uns das Eppich/ oder Epheu/ hinauf-
igen; wenn ſie aber gekrümmet/ und in die
rde geſteckt wurden/ oder von ſich ſelbſt hinein

ein wuchsen/ so richteten sie sich mit der Zeit
eben demselben Ort wieder auf/ und kan
herfür/ nicht etwa als ein Zweig eines and[ern]
Baums/ sondern nicht anders/ als wenn es [ein]
besonderer Baum wäre/ der aus seiner eige[nen]
Wurtzel auffwüchse. Wenn man dieselbe B[äu]-
me auffschnitte/ oder auffritzete/ so floß ein p[ur]-
purfarbner Safft heraus/ eben wie ein Bl[ut/]
so stracks zusammen geronnen/als wie ein T[ie]-
gel-Leym: und war/ wie die Barbaren vor[ga]-
ben/ gar gesund und gut/ die Wunden da[r]-
zu curiren und zu heilen. Von dannen zo[gen]
sie biß unten an einen Berg/ durch lau[ter]
Schilff- und Rohrgewächs/ und war ihn[en]
nicht wenig bange/ es möchten etwa die [im]
Gebirg wohnende Barbaren/ aus Feindsel[ig]-
keit/ gemeldtes Geröhr und Schilff anzü[n]-
den: Denn wofern solches geschehen wäre/
hätte kein einziger Mensch von Herckman[s]
Volck davon kommen können/ sondern sie h[ät]-
ten alle verbrennen müssen.

Darauf kamen sie an die gähe und ho[hen]
Berge; weßwegen man Pferde/ Karren/ u[nd]
Fuhrleute/ wieder muste lassen zuruckgehe[n/]
weil man sich derselben nicht länger kunnte g[e]-
brauchen. Der übrige Hauff aber/ welch[er]
vom Gehen dieses aller müde/ legte sich auf d[ie]
Erd[e]

…e/ zur Ruhe / und nahm etwas an Speise
…ch. Hernach reiseten noch etliche / die
…t kunnten folgen / wieder zurück / nach
…ayba: die andren stiegen den Berg hinan;
…cher einen wunderlichen Nahmen hat/ der
…Brasilianischer Sprach so viel heisst / als :
…er hat sich der Teuffel umgeschaut.
…nn die Wilden fabuliren: der Teuffel sey
…mals selbigen Berg hinan gestiegen / und
…e sich allda / aus Verwunderung über der
…altigen Höhe desselben/ umgesehen. Oben
…der Spitze dieses Berges/ richteten sie eine
…ule auf / daran der West=Indianischen
…mpagnie Wapen war gehauen.

…Von diesem Mal an / wolte Herckmann
…h besser dran: aber sie fanden allenthalben
…ssen Widerstand / von ungebähnten dicken
…äldern/ und hohen unersteiglichen Hügeln/
…ß sie sich etwas mehr Nordwerts / nach den
…chen Feldern/ wenden musten.

…Jndem sie also / durch das ebene Land /
…t zogen/ kamen sie an zween Mühl=Steine/
…lche über alle Masse groß / aber doch recht
…lkömmlich rund waren. In der Breite hat=
…in jedweder sechszehen Werckschuhe / und
…e so grosse Dicke/ daß ein Mann/ mit seinen
…ssersten Fingern / kaum die Helffte des

Steins

Steins kunnte erreichen: ob er sich gleich a[uf]
richtete/ und so hoch/ als ihm möglich/ a[us]
streckte. Dieser Steine lag einer auf d[em]
andren/ und zwar der grössere auf dem klei[ne]
ren. Mitten aus der Breite des gröss[en]
Steins/ war eine Staude/ so man auf Br[a]
sianisch Karawata nennet/ herfür gewachse[n]
worüber die Niederländer sich sehr verwu[n]
derten. Warum aber die Wilden diese u[n]
geheure Steine solcher Gestalt aufgerichte[t]
und über einander gelegt hätten; kunnte m[an]
nicht errathen.

Folgends kamen sie an die Wohnung
der Petiguaren: fanden daselbst schöne/ m[it]
vielen gesunden Wasser-Quellen und Bäch[en]
durchflossene Thäler. Hernach musten sie d[en]
Weg/ durch einen Wald bahnen/ und ei[ne]
Weile im Koth gehen/ biß an die Knie. Nac[h]
dem sie da/ mit grosser Arbeit/ heraus gekr[o]
chen; musten sie einen hohen Berg/ auf Hä[n]
den und Füssen/ hinan klettern: stunden eth[an]
mit den Füssen/ auf einem Stein; hielten si[ch]
mit den Händen/ an einem andern: huben s[ich]
an demselben empor/ und stiegen also gleichsa[m]
von einer Staffel zur andern/ biß sie auf d[en]
Berg kamen/ worüber sie einen gantzen T[ag]
mit Sorge und Mühe zubrachten. Da s[ie]
nu[n]

Blumen-Pusches Erster Theil. 47

über den Berg / und auf der andern Seite
en an denselben gelangten / da fiel der eine
Müdigkeit da / der ander dort hin / etwas
zuruhen / an einem kleinen fliessenden Was-
da sie gnugsam süsses Wassers zu trincken
ten.

Des Morgens frühe nahmen sie auf etli-
Tage lang nothdürfftige Speise mit sich /
sen den übrigen Vorrath an einem beque-
n Ort in Verwahrung stehen / gaben sich
der auf die Reise / zogen abermals über viel
rge und Thal: kriegten wiederum viel
rmässig grosse durch Menschen Arbeit zu-
nmen getragene / und auf einander gelegte
teine / zu sehen: da es doch unglaublich und
müglich schiene / daß durch einige Menschli-
Krafft und Macht so schrecklich grosse
tücke hätten dahin geführt oder fortgebracht
rden können. Dieselbe Steine hatten in
er Zusammenfügung eine Gestalt wie et-
n ein Altar: dergleichen man auch etlicher
ssen im Niederlande in der Landschafft
rent / findet.

Sie kamen ferner an den Fluß Tambajuha,
m sie einen neuen Nahmen gaben / und hies-
ihn den Mußkus oder Biesem-Fluß: weil
daselbst viel Crocodillen und Schlangen
auf-

auffhalten/ die eben einen |
der Mußcus oder Bifem a
ſich geben.   Allhier begur
Erdreich gar anders / als
ſie bißhero kommen waren
außzuſehen: Denn / da
ſchwartz/ und braun/ gewe
nun gelb/fett und lehmhaff
fruchtbar; und weil es we
ſäet war / ſo trug es an
nichts denn Diſteln/ Dorn

Bald darauf traffen ſ
Waſſerbach an/ der auf Q
guaba, oder Pferde-tranc
dieſem die Portugiſen/ al
geführet/ ihre Pferde im
träncket hatten.   In dem
2. hohe runde Klippen/glei
ne geweſen wären: die ein
birge abgeſondert/ und ma
rings herum gehen: die a
Seite dem Gebirg gleichſ
ſen/ und gieng oben/ wie
Alſo daß es anzuſehen war/
Werck zu Leyden in Holla
Stadt/ am Rhein-Fluß/
von einem Kriegs-Oberſten

t Nahmen Engisto, aufgerichtet worden.
an könte aber an obgemeldeten 2. runden
hürnen / oder vielmehr Klippen/ leichtlich
ercken / daß sie nicht von Menschlicher
nst/ sondern von der Natur selbst/ also da=
1 gesetzt waren.

Folgends stiegen sie einen Berg hinauf/
lcher höher war denn alle Berge / darüber
kommen waren / also daß sie von demselben
rab gemeldte andere Berge unter ihnen li=
1 sahen / wiewol sie / weil die Lufft etwas
nckel war/mit ihrem Gesicht nicht gar weit
chen konten.   Als aber des Herckmanns
rasilianer biß an jetzt erwehnte Lande ge=
nmen waren/ da ward etlichen unter ihnen
r den sehr bösen und beschwerlichen Wegen/
noch vor der Hand seyn würden / gar ban=
/ und brachten dieselbe Sorge auch unter ih=
Mitgesellen / gegen welche sie sich heimlich
rlauten liessen / sie wüsten nun keinen Weg
er Steg mehr : sondern besorgten/ ob sie
ich noch/ etwas Meels bey sich hätten/ so
irde es ihnen doch am Getränck mangeln :
erowegen würde der beste Rath seyn/ daß
n nur wieder umkehrete. Dieses Murmeln
d Klagen kam auch unter die Soldaten/
ch so weit/daß sie/ mit Fluchen und Schel=
         D   ten/

ten/ öffentlich sagten: Sie wären des v
drießlichen Reisens müde: man führte
durch finstre Wälde/ hohe Berge und tie
Thäler/ da sie nicht wüsten/ wo sie wäre
und gleichwol hätten sie weder Ehre n
Nutzen davon.

Aber der Obrister Herckmann ermah
sie/ mit behertzten/ und zugleich freundlich
Worten/ zu standhaffter Gedult/ und gewo
ihnen damit dergestalt das Hertz ab/ daß
willige Folge/ in allen Sachen/ versprach
wenn man sie nur würde/ mit Axten/ kru
men Hauern/ und scharffen Hippen/ verseh
Hierauf befahl er ihnen/ gleich nach angeb
chenem Tag-Liecht/ sich reißfertig zu mach
welches dann/ mit desto frischern Muth
schahe/ weil Geitz und Ehrgeitz die Wegt
ser waren/ und den ungangbaren Weg bah
halffen.

Dazumal ward/ zum allerersten/ ein t
des Thierlein/ so in Brasilianischer Spra
Tatou, von den Europæern aber Armadil
benahmset wird/ gefangen. Von demsel
schreibt Franciscus Ximenes: Es sey ein Th
gar seltsamer Art; von Leibe nicht grösser/
ein kleines Hündlein: habe aber einen gro
Schwantz: es habe Beine wie ein Igel:

vorl

Blumen-Pusches Erster Theil. 51

dere Füsse haben 4. Zehe oder Klauen: und
hindern Füsse 5. Es habe gleichfalls ein
[S]hnautze wie ein Igel / aber länger und
[schm]äler / und knörpelhaffte kahle Ohren: der
[gan]tze Leib (außgenommen unten am Bauch /
[und] am Halse) sey gleichsam mit blechernen
[Pla]tten oder Schilden / eben als wenn es ge-
[har]nischt wäre / behengt / welche gleichwol mit
[sole]hen Gelencken aneinander gefüget / daß es
[sich] / wie es nur will / auf alle Seiten / kehren
[und] wenden könne / dieselbe sind beinern:
[wen]n man die klein zu Pulver gestossen / und in
[de]m gesottenen Salbey-Wasser ein Drach-
[ma] davon einnimmt / so verursacht es einen
[Sc]hweiß / und ist sonderlich gut wider die
[Kr]anckheit / so man die Frantzosen / oder Span-
[sc]he Pocken nennet. Item / wenn man das
[letz]te Beinlein / ohn eines / des Schwantzes /
[an] derselbe eben am Leibe des Thierleins hen-
[get] / gantz klein zu Pulver / und in Rosen-Essig
[Pi]llen daraus machet / und dieselbe in die Oh-
[ren] thut / so hilfft es über die massen wol / wi-
[der] eine solche Taubheit / die aus einer warmen
[ode]r hitzigen Ursach herrühret. Imgleichen /
[we]nn man besagte beinerne Pläflein / oder
[Sc]hildlein pulverisirt / und mit Wasser einen
[Tei]g davon machet / so ziehen sie einen Dorn

D ij aus /

aus/ der etwa an einem oder andern Glied [
Ort des Leibes stecket.

Denselben Tag hat es starck geregnet/ [
des Nachts war es so kalt / wie es in Niet[
land im November zu seyn pfleget. Sie ste[
ten damals eine Caninen-Jagt an/ fiengen a[
nichtes. An dem Ort richteten sie wieder [
eine Denck-Seule auf/ mit der West-Ir[
schen Societät Wappen/ zu einem immerw[
rendem Gedächtnüß derselben.

Sie verfolgten ihren Weg weiter n[
Süden und Westen / zogen unten um die [
hen Berge her : kamen über viel Wasserbäc[
sahen viel stehender See/ viel Gefilde/ [
Waldes/ viel Schilff und Geröhr/ viel ü[
alle masse grosse Steine/ die von der Na[
selbst dahin gesetzet waren/ und sich gleicht[
ansehen liessen/ als wenn es hohe von M[
schen Händen aufgeführete Pyramiden u[
spitze Seulen/ gewesen wären. Sie muß[
aber so langsam reisen / daß sie des Tages ü[
2. oder 3. Meylen nicht fort kamen. Bißw[
len traffen sie so treffliche hohe Felsen an / [
man kaum ohne Schwindel hinab in den [
grund sehen kunte. Die Wälder waren [
so dick/ und die Zweige der Bäume so dicht u[
tereinander geflochten/ daß man des Ta[
Lie[

...cht kaum sehen/ und bey Tage/ eben als
...nn es bey Nacht gewesen wäre/ offt keinen
...wissen Tritt thun/ oder den rechten Fuß=
...d halten konte: Worin ihnen fürnehmlich
... Brasilianer/ die sich auf Erforschung und
...ahnung der Wege sehr wol verstunden/treff=
...h zustatten kamen.

Da sie nun endlich dahin/ wo die Tapuyer,
...er Menschenfresser/ ihre rechte Wohnungen
...ben/ angelanget waren/ fürchteten sie sich
...r denselbigen/ und machten dieselbe Nacht
...t abgehauenen kleinen Bäumen und Busch=
...rck/ gleichsam eine Schantze/ vor einen un-
...rsehenen Anfall/ um sich her. Folgenden
...orgen brachen sie wieder auf/ und kamen an
...en Ort/ da es ein übelgeschmacktes/ roth/
...d trübes Wasser gab. Und bald darauf
...nden sie gar kein Wasser mehr/ weder gutes
...ch böses.

Endlich erreichten sie zwar wieder Was-
...: aber es war saltz wie See=Wasser/ da fien=
...n sie wieder an zu zancken mit dem Obersten.
...r aber sprach ihnen ernstlich zu/ und gebott/
...solten fortziehen/ und ihm folgen wohin er
... führen würde: bald drauf gab er ihnen gu-
...Worte/ und ermahnete sie/ sie solten doch
...t ihm/ so gut er es selbst hätte/ vor lieb neh=

D iij   men/

men/ und sich mehr nach seinem Exempel/ d
nach seinen Worten richten/ auch mit ihm/
rechtschaffene Leute entweder redlich sterb
oder glücklich davon kommen. Nun liessen
sich zwar in etwas stillen: murmelten denn
unter sich/ dergestalt/ daß gnugsam zu spü
war/ was massen ihnen der Gehorsam ni
von Hertzen gienge/ sondern daß sie sich th
aus Scham/ theils aus Furcht/ und also
zwungener Weise/ etwas schmiegen und b
gen musten. Sie zogen fort über Ström
Berge/ Thäler/ Felder/ Wälder/ die Que
die Länge/ bald in Süden/ dann in Westen.

Zu letzt aber begunten die Soldaten ab
mal von der Rückreise zu reden/ und baten/
sie doch der Obriste nunmehr erlassen wolt
ward ihnen aber abgeschlagen. Bald hern
kamen sie auf einen sehr hohen Berg/ sahen
weit und breit von demselben um/ und wurd
des Gebirgs der Landschafft Copaoba gewa
Hatten aber noch wol 9. oder 10. Meilen
hin: und waren dabeneben alle miteinand
vor grossen Durst/ dermassen abgemattet/ d
sie nicht weiter fort konten noch wolten/ sond
stracks/ mit Lieb und Leyd/ wieder zu rück
kehren sich gäntzlich vornahmen.

Der Obriste betrachtete diese Beschaffe
he

t/hörte das Schelten und Fluchen/sahe daß
 gantze Hauffe verbittert war/ und besorgte/
 möchte was ärgers drauß entstehen: Mach-
derwegen aus der Noth eine Tugend / und
b seinen Willen zu der Wiederkehr/ als dem
tzigen Mittel mehrerem Unheil vorzukom-
n. Und der Berg/ auf welchem sie sich des-
 also entschlossen/ ward von ihnen zum Ge-
chtnüß der Kehrberg genannt.

In dem sie sich nun auf die Rückreise begeben
tten/ und wieder an den Strom/ Arassoahu,
men/ wurden sie gewahr/ daß mitten aus dem
runde des Stroms etliche Bäume hoch über
s Wasser aufgewachsen / auf deren obersten
ipfeln/ und Zweygen noch von dem Binsen/
raß uñ Moß hieng/ welches die ergossene Ho-
Wasser/ wenn sie wieder ablauffen/ zu hinter-
ssen pflegen/ woraus man nicht uneben urthei-
te / daß bißweilen auch derselbe Strom sich
lcher gestalt ergiessen/ und das Wasser so hoch
achsen müsse / daß es biß an gemeldte oberste
ipfel besagter Bäume reichete. Auf der gan-
n Reise habē sie Ratzen/ Mäuse/ und Schlan-
n gnug zur Speise gehabt/ aber gantz keine
ehe oder wilde Schwein. Von obertwehnten
hierlein/ Armadillen genañt/ haben sie nur 3.
er 4. gefangen. Wie sie dañ auch etliche Tage
 D iiij nach-

nacheinander gar keine Vögel in der Lufft
hen fliegen.

In dem sie nun eben den Weg zurück [zu]
gen / den sie kommen waren / kamen sie an d[en]
Ort / da ihre Pferde und Wagen / oder Karr[en]
ihrer warteten / die sie auch noch daselbst steh[en]
und warten liessen: und nahmen von dann[en]
ihren Weg nach Norden / und nach der Bra[si]
lianischen Wüsten / welche vor ihnen lag /
Meynung / und zu dem Ende / daß sie au[ch]
dasselbe Land / und was daran zu thun / und [ob]
einige Nutzbarkeit daraus zu holen wäre / b[e]
sichtigen möchten. Denn der Oberste besorg[
te / wofern er gantz unverrichteter Sachen / un[d]
ohne einige Belohnung der Mühe und de[r]
Zeit / wieder nach Hauß kommen solte / so wü[r]
den seine Mißgönner seiner gnugsam spotte[n]
Zog derwegen abermal über rauhe und unbe[
wohnete Berge und Hügel / biß sie durch die
Schilfft- und Rohr-gewächs an den Ort ka[
men / da die beyde Wasserströme / Arassoa
und Marignia, in einander fliessen / da sie Bäu[
me gesehen / die lauter Rohr waren: und de[r]
Strom der jetzt angeregter zweyer zusamme[n]
geflossener Wasserflüsse hatte in derselben Ge[
gend so vielfältige Krümmen / daß sie wol 7
mal über denselben kommen müsten. In

:tziehen sahen sie unten an einem Berge et=
e zerbrochene Steine ligen/ die einen blin=
den Glantz von sich gaben: da meynten
es möchte vielleicht eine Art Metall seyn:
ren derhalben stracks hinter her/ und pro=
ten die Steine mit allem Fleiß/ ob sie nicht
a Gold oder Silber in sich hielten: Aber
unden sich betrogen.

Einsmals hatten sie ungefehr einen Baum
ezündet: da kamen aus demselben zwey
chlangen heraus gesprungen/ die sie alsbald
Stücken hieben/ und ins Feuer wurffen.
chdem sie nun lang gnug über Berg und
al aufs neue herum geschweifet waren/ und
Land allenthalben in einerley/ und zwar
her Beschaffenheit gefunden/ daß sie dessen/
sie suchten/ nichts zu hoffen hätten; kehre=
sie wieder zuruck nach dem Berge/ da ihr
dkasten/ nemlich ihre Pferde und Wagen
den. Aber man hielt ins gemein davor/
der außgesprengte Ruf/ von berühreten
gwercke/ nur ein bloß Gedicht/ un allein zu
Ende auf die Bahn gebracht worden wäre/
man den frommen Niederländern eine Na=
achen/ und sie vor die lang=Weile auf eine
te und vergebliche Reise sprengen und be=
ren wollen. Hierauf begaben sie sich nun

D b   endlich

endlich / mit allem ihrem Plunder / in recht
Ernst / auf die Ruckreise nach Brasilien / n(
men aber wieder einen gantz ungebaneten W(
da sie im Fortzuge / einiger Berge und Jh(
gewahr worden / welche sich von ferne an(
hen lieſſen / als wann sie hin und wieder (
viel gläsernen Platten belegt wären / dar(
die Sonne schiene / und mit ihren Strahl(
dieselbe sehr gläntzend und blinckend mach(
Viel wolten davor halten / das wären (
Cryſtall-Berge / davon etliche geschriebe(
da doch die Brasilianer von keinem Cryſt(
wiſſen.

Zuletzt seynd diese Metall-durstige Wa(
dersleute / nach einer zwey-monatlichen W(
fahrt / nemlich / vom 3. September / biß a(
den 4. November / in der Moritz-Stadt / b(
nichts leichter / als von Gold und Silber / i(
übrigen aber matt und müde gnug / wied(
angelangt. Wie fein wäre es / da wir u(
unsere ewige Seligkeit uns nur halb so ern(
lich bemüheten / als um den leidigen Mar(
mon! Ich schlieſſe diese Erzehlung / m(
den Worten deſſelbigen Authoris / nemli(
Barlæi, aus deſſen Brasilianischen Geschic(
ten / ich sie kurtz zuſammen gezogen. D(
Wahn / welchen die Leute vom Gel(
habe(

ben / machet / daß sie sich gleichsam ermeßlicher und unglaublicher Dinge terstehen / es sey dem Gewinn / aufs ste / da er / ihrer Meinung nach / ver= rgen ligt / nachzugraben und nachzu= chen; oder auch denselben / wenn sie nur antreffen / alsobald aufs begier= ste zu verschlucken / und sich doch noch gleich nach mehrerm umzusehen. Sie ben keine vergnügliche Ergetzlichkeit / Gegenwärtigem / und noch viel weni= r am Zukünfftigem: Dahero sie / mit len beyden / übel zufrieden / und dem= ch solcher Gestalt stets unglücklich seyn üssen.

Das IV. Capitel.
Inhalt.
Von etlichen wilden und zahmen Thieren / in Guinea. In America.

I.

MIt Vieh und wilden Thieren / ist das Land Guinea / häuffig gnug versehen. Unter solchen sind Och=
sen /

sen / Kühe / Schafe / Hunde / Elephanten /
gerthiere / Leoparden / Igel / Füchse / Hirs[che]
Rehe / Hasen / wilde Schweine / Meerkatz[en]
Affen / Civetkatzen / und dergleichen. W[el-]
che ich unbeschrieben lasse; weil ihre Na[men]
und Gestalt / aus manchen andren Büche[rn]
bekandt gnug. Von einem und andren / w[ol-]
len wir nur allhie insonderheit / etwas reden.

1. Ihre Hunde haben spitzere Mäule[r/]
weder die unsrige: können nicht bellen / n[ur]
heulen: beissen auch niemanden / dafern m[an]
sie nicht ängstiget; da sie offt / aus Furcht / a[uff]
den Menschen zufahren / ihm einen Biß in d[en]
Fuß versetzen / und hernach davon lauffe[n.]
Seynd von allerley Farben; als schwartz[/]
weiß / gelb / braun / und dergleichen. Werd[en]
zur Speise gebraucht / und deßwegen / an vi[e-]
len Orten / wie Schafe / bey grossen Hauff[en]
zu Marckte getrieben / und verkaufft / u[nd]
Ekia, oder Cabra de Matto, das ist / ein Wal[d-]
Schaf / genannt. Will ein Guineer den A[del]
kauffen / so muß er / am allererſten / einen ſolch[en]
Hund ſpendiren.

2. Ihre Ochsen und Kühe fallen / glei[ch]
wie sonst / in vielen andren Africanischen O[r-]
ten / sehr klein / und nicht grösser / dann / be[y]
uns / die Kälber. Geben auch kaum so vi[el]
Milch

p 77.

Blumen-Pusches Erster Theil. 61

lch / als die junge Kälber mögen trincken:
er man sie nicht melcket.

In der Niederländischen Beschreibung
Landes Guinea/ liesct man/daß es eine Art
he in Guinea gebe / denen die Hörner
rchs stehen. Aber Marchgrabius nennet
hes Thier einen Widder: und schreibt / es
nicht grösser / als unsere Widder: habe ei=
dicken Widder-Kopff / dessen Hindertheil
r herfür gehe / dann an den hiesigen: her=
hangende Ohren / einen Schwantz so biß
das Kniegelenck hinunter schweifft: kleine
derwerts / biß an die Augen gekrümmete /
gleichsam gedrehete / Hörner : am untern
eil des Halses / eine Mähne / von langen
aren ; am übrigen Leibe aber/ kurtze Bocks=
r Ziegen-Haare ; und gantz keine Wolle:
en schwartzen Kopff / und schwartze Ohren.
r Schwantz ist / halben Theils / schwartz ;
übrige Helffte weiß. Beym Nacken fallen
Haare gleichfalls weiß : gleichwie auch die
dern Ober-Beine/ biß an die Knie ; die Un=
Helffte und Füsse schwartz ; die Hinter-Bei=
aber gantz überall schwartz / so wol als der
eil des Leibs bey dem Schwantz. An den
iten/ sihet man schwartze Flecken. Es hat
e Beine und Bocks-Füsse/ mit gespaltenen
warzen Klauen. Jedoch

Jedoch seynd diese Schafe unterschied
gescheckt; gleichwie bey uns. Und findet
ein Geschlecht von Schafen/ welches ei
Bein=dicken fetten Schwantz hat; aber
ten am Halse keine Mähne/ wie das vori
Diese seynd grösser/ als die unsrige/ und ha
einen Schlund/ wie ein Ochs.

4. Die Guineischen Säue seynd t
unsrigen fast gleich gebildet: ohn/ daß sie k
nen so erhobenen Kopff haben. Ihre Oh
sitzen lang und sehr spitzig. Der Schwa
reicht ihnen/ biß auf die Knorren der Füß
aber gantz bloß und Haar=loß. Der gan
Leib ist/ mit kurtzen röthlichen und glä
tzenden Haaren/ bewachsen; keines weg
mit Borsten/ die sie auch nicht einmal a
dem Rucken haben; wie zwar/ in der N
derländischen Beschreibung das Kupfer fälsc
lich weiset; sondern nur allein/ nach de
Schwantz zu/ auf dem Rucken/ und um d
Halß/ ein wenig längere Haare. Gestaltsa
Marchgravius berichtet.

II. Von den Americanischen Thieren
wollen wir unterschiedliche herbey führen
doch nicht alle. Denn alle würden nicht
in einem grossen Haupt=walde/ viel wen
ge

unter diesem Blumen=Pusch / Raum
en.

Ohn die gemeine Europæische / finden
in Brasilien Reheböcke / ohne Hörner /
hmens Cuguasu-été: und eine andre Art/
Hörnern / so etwas kleiner / denn die er-
Ihre Haare gläntzen / ligen glatt am
e / seynd weiß und tunckel eingesprengt:
us an den noch jungen: denn die weisse
ken pflegen sich / mit Zunehmung ihres
ers / zu verlieren. Jedweder Fuß hat
Huff=Klauen / und über denselben ein
r kleinere / welche über einander sitzen.
r Schwantz ist kurtz / wie andrer Rehebö-
l. Haben grosse schwartze Augen / und
te Nase=löcher: ein mittelmässiges Ge-
t/ von dreyen Zweigen oder Spitzen / so
färbig / und rauch=härig / auch jährlich
ihnen abgeworffen wird. Ihre Jungen
zen sie nicht gar sechs Monat. Lassen sich
leicht zähmen. Sie wiederkäuen die
ichte/ und Zweyge/ so von ihnen ziemlichen
haden leiden.
Ihr Fleisch ist köstliches Geschmacks/ und
triments/ und giebt unsren Rehen nichts
or. In ihrem Magen/ findt man den Be-
r=Stein: der zwar nicht allerdings so
berühmt/

berühmt/ als der Orientalische;
den Einwohnern/ für vielerley
gifftige Kranckheiten/ dienlich
achtet wird. Solchen Stein b
kommen/ macht offt den Jägern
als das Wild selbst. Denn/ w
nem Pfeil/ angeschossen ist; so fle
davon/ bricht und speyet/ mit al
Stein zum Munde heraus: und
Weidmann nicht genaue Ac
gibt/ wird er dessen nimmermehr

2. Gemeldte Americanische
ne trifft man noch köstlicher und
bey den Peruanischen Thieren V
welchen Acosta/ im vierdten B
Indianischen Natural-Historie
richt ertheilet. Unter den tref
gen/ so man in Peru hat/ sind die
Schafe. Wiewol diese zahm/ j
und eine Art Hirsche/jedoch ohne
bige Vicunas werden/ an keinen
gantzen Welt/gefunden/ ohn alle
Chili. Seynd grösser denn Gei
gen/ und kleiner dann Kälber/ ihr
nahe eines Löwen/ aber ein wen
haben auch keine Hörner/ wie d
Hirsche haben. Sie halten sich

Blumen-Pusches Erster Theil. 65

g und allerkältesten Orten/ so Punas genen-
werden/ das Eiß/ und der Schnee hindert
gar nichts/ viel mehr könte man sagen/ es
e ihnen eine Erquickung. Sie lauffen mit
uffen/ und sind sehr schnell. Wann sie rei-
den Leuten oder Vieh begegnen/ begeben sie
stracks auf die Flucht/ als die sehr forcht-
t sind/ und wann sie fliehen/ jagen sie ihre
ngen vor ihnen her/ man kan nicht wissen/
sie sich mehren/ darum hatten die Könige
es verbotten/ die Vicunas zu jagen/ es wä-
dann/ daß sie es befohlen hatten auf ihre
te.

Etliche klagen/ nachdem die Spannier in
dien kommen/ hab man die Jagten der Vi-
nas zu fleissig getrieben/ dardurch ihrer we-
worden. Wann sie die Jagt anstellen/
nlen sich ihrer auf drey oder vier tausend
mmen/ umgeben ein groß Stück am Ge-
e/ treiben also das Wild von allen Orten
mmen/ nehmen darnach drey oder vier hun-
/ oder so viel sie wollen/ und lassen die an-
wieder lauffen/ sonderlich die Weiblein/
daß sie sich mehren mögen.
Diese Thiere pflegen sie auch zu scheren/
welchen Haaren sie Mäntel und Decken
hen/ welche in grossem Werth sind/ dann

E es

es ist Wolle/ wie reine Seiden/ und sehr dau[...]
hafft/ sintemal sie von der Natur gefärbet/ u[...]
nicht gesotten wird: Diese Kleidungen si[...]
kühl/ und bekommen gar wol in grosser Hi[...]
dienen auch wider die Entzündung der Nier[...]
und werden an vielen Orten für gesund geh[...]
ten/ denn sie temperiren übermässige Hi[...]
Deßgleichen thut auch die Wolle in den B[...]
ten: und ist von vielen Leuten der Gesundh[...]
halber mit grossem Nutzen gebrauchet. U[...]
das will man sagen/ es widerstehe diese W[...]
dem Zipperlein/ wann man Decken da[...]
machet.

Das Fleisch der Vicunas ist nicht gut [...]
essen: wiewol es die Indianer dennoch ess[...]
und im Rauch dürren.

Für die Augen-Schmertzen aber/ m[...]
man kein besseres Artzney-Mittel finden: [...]
solches Acosta/ mit eigener Erfahrung/ [...]
zeuget.

Das allerbeste (schreibt er ferner) an t[...]
sen Thieren/ sind die Bezoar-Steine. [...]
deren Kräfften und Tugenden/ ich/ in d[...]
grossen Lust-Garten/ allbereit außführlich[...]
handelt habe; gleichwie auch von dersel[...]
mancherley Grösse. Dieses stehet allein [...]
noch zu gedencken/ daß P. Alonso d' Oua[...]

reibet/ er habe einen Bezoar-Stein/ von die-
Thieren/ mit sich in Italien gebracht/ der
y und dreyssig Untzen gewogen.

3. Die Peruanische und Chilische Scha-
welche vor genannt worden/ seynd zweyer-
Art/ und in etlichen Eigenschafften einan-
gleich; in etlichen aber ungleich. Die
der ersten Gattung werden Camel-Scha-
enahmset/ und schaffen den Einwohnern
altig-grossen Nutzen. Denn wiewol man
elten/ zur Speise/ schlachtet: tragen sie
h/ an stat der Pferde und Esel/ den Leuten
Waaren: nutzen aber noch vielmehr/ mit
er köstlichen Wolle: die vom unterschiedli-
m Werth; nachdem sie nemlich an Farben/
rtheit/ und Länge/ unterschieden.

Diese Gattung/ so man/ im Lande/ Paco
sst/ ist grösser denn die andre/ und hat/ an
vordern Füssen/ vier zertheilte; an den
tern/ nur zwo gespaltene Klauen: trägt/
Leibe/ eine lange und zottichte Wolle/ so
die beste wird geachtet. Im übrigen/
nmt dieses Thier/ mit dem hernachfolgen-
n/ mehrentheils überein. Es wirfft seinen
peichel/ auf die jenige/ so ihm Uberlast an-
in/ oder es vexiren wollen. P. Alonso d'O-
glie setzt/ in seiner Historischen Erzehlung

E ij   von

von dem Reiche Chili; man halte ins gem[ein]
dafür/ welcher Ort des Menschlichen Leib[s]
von solchem Speichel sey berührt/ da werde [es]
krätzig.

An Gestalt kommen selbige Schafe [den]
Camelen gleich: außbenommen/ daß sie kein[en]
Höcker haben. Sonst aber seynd sie viel gr[öß]ser/ als die Europæischen Schafe/ und gem[ein]lich eine Spannische Ele hoch: haben ein[en]
langen/ runden Halß/ gespaltenen Rache[n]
durch welchen sie/ wie gemeldt/ einen Schau[m]
oder Speichel/ heraußspützen/ wider die/ [wel]che ihnen Leid zufügen. Ihr Fleisch ist e[in]
wenig truckner/ als unserer Schafen. D[ie]
zahmen sind meistentheils weiß oder schwar[tz]
unterweilen auch wol Asch=grau: die Wil[den]
aber/ so im Gebirge sich halten/ Feuerfärbi[g]
oder Löwen=gelblich; und/ von der Natu[r]
mit einer langen/ leichten/ glänzenden Wol[le]
bekleidet/ so der Spannischen/ am Werth
weit vorgeht. Denn da/ in Spannien/ ei[ne]
Schafs=Haut um ein Real (laut der Nach[t]richt besagten Spañischen Authoris) verkauf[t]
wird; muß man diese um einen Ducaten/ od[er]
Goldgülden/ bezahlen.

Aus dieser Wollen/ wirckt man Tücher/
deren Glantz dem Schammlott gar nah[e]
komm[t]

unt. Weiter / so bohren sie solchen Ca-
Schafen die Ohren durch / und knüpffen
ile in die Löcher/ um damit dieselbe im Zu-
zu halten / und nach Belieben zu wenden /
hin man will.

Die zweyte Gattung hat keine lange Zo-
Wolle; sondern nur leichte und kurtze /
wird / von Andrea Matthiolo / in einem
einischem Sendbriefe / also beschrieben /
folget:

Dieses Thier sihet theils einem Camel/
ls einem Hirschen / gleich. Seine gantze
es-Länge / von dem Nacken biß zum
hwantz / hält sechs Schuhe: die Höhe
r/ vom Rücken / biß auf die Fußsolen / nur
Schuhe: die Länge des Halses / von den
hultern biß an den Nacken / zween. Mit
Kopff/ Halse/ Maul/ fürnemlich mit dem
alt der obern Leffzen / wie auch mit dem
burts-Gliede præsentirt es ein Camel:
wol der Kopff etwas ablänglichter fällt.
ine Ohren treffen zu/ mit den Hirschen; die
gen/ mit den Ochsen. In dem obern Kinn-
en/ sitzen vor keine Zähne; sondern allein
Stock der Backen-Zähne / wie man/
en Klau-spaltenden Thieren / ingemein
et. Der Rucken erhebt sich allgemählich

E iij   in

in etwas. Die Schultern stehen/ gegen d
Halse/ zu/ ein wenig eingedruckt; die Sei
hingegen herfür. Der Bauch ist breit;
Hüfften hoch; der Schwantz kurtz/ und un
fähr ein Spann lang. In solchem allen/
set es dem Hirschen nach; gleichwie auch i
den Schienbeinen/ insonderheit mit den hint
sten. Die Füsse sind gespalten: die Klauen
hen spitzig zu; verlieren sich aber/bey dem U
strich des Fusses/ welcher/ an stat dessen / e
dicke Haut hat: massen auch die Fußsole
gleichwie an den Camelen / nicht mit Näg
oder Klauen/sondern mit Haut gefüttert sin

Es hat eine grosse Brust: unter welch
gleichsam ein Kugel herfür gehet/ wie an t
Camelen; welches kugelichte Fleisch fast
nem Geschwür sich beråhnlichet/ und w
nicht was vor einen Außwurff allgemach t
sich fliessen lässt. Der Halß/ Nacken/
Brust/ und vordern Schienbeine sind wei
der übrige Leib etwas röthlich / oder b
schwartzen aufs rothe abschössig: das äusse
Theil des Mundes schwartz; die vordere
ne aber/ von den Knien an/ weißlecht.

Ist ein zahmes und heimliches Thier;
aber keine Kälte leiden. Thut keinem Le
schlägt oder bedrengt mans aber; so we

hs / gleich dem vorigen / mit seinem Spei=
el. Sonst ist es über alle massen geil: also
r / daß / wann es kein Weiblein seines Ge=
lechts um sich findet / die Ziegen mit Ge=
lt von ihm / zur Vermischung / bezwungen
rden.

Ich will hinzuthun / was Acosta, von die=
Schaf= und Hirsch=Camelen / schreibet:
il darinnen fürnehmlich angedeutet wird
r Nutz und Gewinn / so man von ihnen hat.
erselbe setzet / im 41. Capitel / des 4. Buchs
ner Natürlichen Erzehlungen von West=
ndien / hievon folgenden Bericht:

Das Reich Peru hat von keinem Ding
össern Nutzen / als vom Viehe / sonderlich
er von dem / welches wir Schaf / sie aber Ila-
a heissen / und wann mans recht betrachtet /
ist es das allernützlichste Vieh / denn es kostet
cht viel. Sie bekommen von diesem Viehe
ost und Kleider / wie die Europæer von den
chafen. Und zwar einen weit grössern Nu=
n geben sie den Indianern / dieweil sie ihnen
les herbey tragen / was sie bedörffen: zu dem
s unvonnöthen / daß sie diese ihre Pferde und
äuler mit Eysen beschlagen lassen / sind kei=
r Sättel und Zäume benöthiget / deßglei=
en keines Habern / denn sie lassen sich mit dem

E iiij Grase

Grase begnügen: daraus zu sehen/ wie G[Ott]
die Indier beydes mit Schafen/ und auch m[it]
Last-Pferden versorget habe: Und weil in I[n]-
dien ein arm Volck ist/ hat sie GOtt groß[er]
Unkosten überhaben/und bescheret ihrem Vi[eh]
Graß und Weyde gnug auf dem Gebirg[e.]
Dieser Schafe/ oder Ilamas sind zweyerl[ey]
Geschlechte: Eine Art sind die Pacos od[er]
Wollentragende Schafe: der andern Art si[nd]
die/ welche wenig Wolle haben/ und diese sin[d]
besser zur Arbeit/ denn sie können die Bürde[n]
wol tragen. Sie sind grösser denn Schafe
und kleiner denn Kälber/ haben lange Häls[e]
wie die Camelen/ welches nothwendig ist/ dan[n]
weil sie hoch sind/ und einen erhabenen Lei[b]
haben/ stehen ihnen die langen Hälse wol an[.]
Von Farben sind sie unterschiedlich/ etlich[e]
gantz schwartz/etliche grau/ etliche spränglicht[.]
Die Indianer nennen sie Mocomoro. Di[e]
Völcker in diesem Lande gaben in ihren O[p-]
pfern grosse Achtung auf die Farben/ weil sol[-]
che auf die Zeiten und unterschiedliche Wir[-]
ckungen muste gerichtet seyn. Das Fleisch
dieser Thiere ist gut/ ob es gleich zähe und har[t]
ist. Die Lämmer sind wol die delicatesten zu[r]
Speise/ werden aber wenig geschlachtet. De[r]
beste Nutz ist die Wolle davon / daraus sie Tü[-]
che[r]

bereiten / und dann daß sie eine Last tra-
Die Indianer wissen die Wolle zu be-
und Tuch daraus zu machen / mit wel-
sie sich kleiden: solch Tuch ist aber grob /
Hauasca von ihnen benahmset / das aber
und rein Tuch ist / heissen sie Cumbi, von
sie Tischtücher / Decken / Tapezereyen
gewirckte Tücher machen / die lange Zeit
sollen / und so schön glänzen / als ob es
ide wäre. Sie haben eine besondere Art
weben / daß sie auf beyden Seiten alle
rck weben / so sie wollen / also / daß man an
gem Ort des gantzen Stücks den Faden
End desselben unterscheiden kan. Die
nige Inges hatten kunstreiche Leute so diß
webe wirckten / die vornehmsten wohnten
er Provincien Capachica, beym grossen
e Titicaca. Sie färben diese Cumbi mit
erlichen Farben von Kräutern / welche sich
wol dazu schicken. Alle Indianer / ja
die Weiber auf dem Gebirge können
allein grobe Arbeit / sondern auch das rei-
Tuch machen / den Werckzeug haben sie in
Häusern / derhalben dörffen sie kein Tuch
ffen / oder andren machen lassen. Das
isch von diesen Thieren / dürren sie im
uch / welches sich nachmal lange hält / und

E b   viel

biel verbrauchet wird. Sie halten auch
che Schafe zu dem Ende / daß sie ihnen al
Hand Wahren tragen müssen / thun deren
grosse Menge zusammen/ also/ daß offt 400
1000. zusammen kommen / welche mit We
Coca, Mays, Chunno, Quecksilber und
derer Wahr/ es sey nun was es wolle / belal
hinziehen. Imgleichen tragen sie die Barr
oder Silber=Platten / von Potosi biß Ari
welches 70. Meyl=weges sind / vor Zei
brachten sie solche nach Arequipa, welch
150. Meyl sind. Man hat sich offt verwu
dert/ daß diese Schafe wol mit zwey tause
Barras oder Platten beladen gegangen / wel
auf drey hundert tausend Ducaten werth sin
und doch keinen andern Warter bey sich
habt/ denn nur etliche wenig Indianer/welc
sie geführet/ ihnen den Weg gewiesen / und
auf=und abgeladen: zum höchsten ist nie
mehr als ein eintziger Spannier dabey gewese
Sie schlaffen des Nachtes unter dem frey
Himmel / und haben niemand weiter bey si
als jetzt erzählt: dennoch hats an dem Silb
niemals etwas ermangelt: so frey und sich
war es in Peru zu reisen. Ein jedes Sch
trägt gemeinlich vier oder sechs Arroben G
wichts/ und so die Reise weit ist/ gehen sie nic
D(

Tages über vier Meyl. Die Schäffer
r haben ihre bekandte Ruhe = Plätz / da sie
eyden und Waſſer finden/ da ſie die Schafe
laden/ und ihre Zelt aufrichten/ Feuer an-
chen/ kochen/ und machen ihnen die Reiſe
Nutz: wiewol es ſonſt an ſich ſelbſt ein lang-
iliges Reiſen iſt.

Wann aber die Reiſe nur einen Tag weh-
/ kan ein ſolches Schaf wol 8. oder mehr
roben tragen/ und gehet den gantzen Tag
t voller Laſt auf acht oder zehen Meyl. All
 Vieh lebt gern an kalten Orten/ und ge-
et wol auf dem Gebirge: Im flachen Fel-
ſterben ſie vor Hitze. Ja ſie kommen offt-
ls mit Reiff und Eiß bedeckt/ dennoch ſind
 geſund und wol zu paß. Die ſchlecht-haa-
en Schafe haben ein liebliches und anmuti-
s Geſicht/ bleiben offt auf dem Wege ſtille
hen/ heben den Halß empor/ ſehen einen mit
oſſer Verwunderung eine lange Zeit an/
d geben kein Zeichen von ſich/ ob ſie ſich
euen oder förchten/ alſo daß man ihrer lachen
uß/ wann man ihre Stätigkeit anſihet.
leichwol laſſen ſie ſich auch leichtlich erſchre-
en/ lauffen geſchwinde mit ihrer Laſt auf die
chſte Stein-Felſen/ und geſchicht offt/ wann
an nicht zu ihnen kommen kan/ daß man ſie

mit

mit einem Rohr herab schiessen muß / auf t
man nicht das Silber verliere so sie trag
Die Pacos werden bißweilen so grimmig / t
sie mit ihrer Last auf die Erden fallen/ und f
ehe zu Stücken zerschlagen lassen / ehe sie a
stehen/ solch einen bittern Zorn haben sie. T
her hat man in Peru ein gemein Sprichw
von denen gemacht / so sich nicht wollen reg
ren lassen: der ist empaciert, das ist/er ist d
Pacos gleich / womit ihnen ihre Halßstarri
keit aufgerücket wird.   Derwegen thun t
Indianer nichts anders/ denn daß sie sich b
die Pacos niedersetzen und ruhen / ihnen liebk
sen/ und sich freundlich gegen sie stellen/ biß
von sich selbst wieder auffstehen : Müssen al
offt drey gantzer Stunde ihnen außwarte
Sie sind einem Gebrechen unterworffen / we
ches der Reudigkeit ehnlich/und wird Carach
genannt/ davon sie offtmals sterben.   Hierz
haben die Alten diese Artzeney erdacht/ daß s
das Schaf lebendig verscharren / damit es a
dere nicht auch anstecke und verunreinig
Denn es ist ein Mangel/ der um sich frisse
Wann ein Indianer dieser Schafe zween hat
so bedunckt ihm / er sey ein reicher Mann
Ein solches Schaf gilt ins gemein sechs/ sie
ben / oder mehr geläuterte Pesos, jedes Stüc
nac

h der Zeit und Ort / da es außgeben
d.

. Auf der Insul Mount-Mansell, die
. Meylen von Virginien ligt/ lebt das selt=
e Thier Mosse: welches so groß / als der
ssesste Ochs seyn kan; aber einen Kopff hat/
 ein Hirsch / und ein gar breites Gewigt
t/ auch daßelbe alle Jahr abwirfft. Es
 einen/ nach der übrigen Leibes=Propor=
/ gar ranen oder schmalen Halß/ mit langen
iren/ die zugleich den gantzen Ruckgrad/
an den Schwantz/ bedecken; auch sonsten
Leibe ein zimlich=dickes Haar/ so den Satt=
 trefflich wol dienen solte: eine grosse run=
Kehl am Kinn: Füsse/ so den Ochsen=Füs=
gleich; aber lange Beine/ und einen
hwantz/ so etwas länger/ als der Hirschen
t. Sein braun=schwartzes Fell giebt gu=
tarcke Kleider; sein Fleisch gute Speise/
 hat einen lieblichen Geschmack.

Die Anwohner besuchen selbige Insul/
Jahr/ einmal/ und zünden überall daselbst
iel Feuers an/ biß die gantze Insul mit
ier allerthalben umringet; jagen darauf
e Thiere ins Meer/ folgen ihnen/ mit ihren
chen/ nach/ und erschiessen sie/ mit ihren
ilen/ im Wasser. Wie die Neu=Engellän=
he Beschreibung erzählet.   5. Die

5. Die Americanische Stachel-Sch[weine]
ne seynd unterschiedlicher Art. Denn etlic[he]
stecken ihre Stacheln/ in der Haut/ gantz b[...]
Etlichen aber/ wie die Pfeile in dem Köch[er]
also/ daß sie dieselbe loß schiessen können/ [auf]
den jenigen/ der sie verfolget. Die Brasi[lia-]
nische schiessen ihre Federn oder Stacheln ni[cht]
weg; wie die Africanische und Mexicanisc[he]
Man nennet dieses Thier/ in Brasilien/ Cu[an-]
du. Ist so groß/ wie ein grosser Affe: hat/ [wie]
die Igeln/ kein Härlein/ an seinem Leibe/
sondern scharffe gelblichte Stacheln/ wel[che]
von der Haut an / biß auf die Helffte schwä[rtz-]
lich/ hernach biß an die Spitze weißlecht fall[en.]
Der Kopff ist gleichfalls bestachelt; ausge[-]
nommen/ die Ohren/ und der Mund. Um [die]
Naselöcher/ sitzen viel Haare/ wie ein Katz[en]
Bart: Die Augen ziemlich herfür/ und glä[n-]
tzen wie ein Carfunckel. Der rundlich-lan[ge]
Schwantz ist/ von seinem Anfang/ biß z[ur]
Helffte/ mit Stacheln bepflantzt; die letz[te]
Helffte aber nackt/ und hat gar dünn-sitzen[de]
Säu-Borsten.

Des Tags schläfft es; läufft des Nach[ts]
herum/ blässt/ schnaubet und gruntzet/ wie [die]
Schweine. Es steigt auch die Bäume hina[n]
jedoch gar langsam: sintemal es keinen Da[umen]

Blumen-Pusches Erster Theil. 79

/ an den Zehen/ hat. Im Wiederabstei-
wickelt es den Schwantz um den Baum;
sich/ solcher Gestalt/ für dem Fall/ zu be-
ren. Nicht allein die Früchte/ sondern
Hüner und Tauben/ leiden grossen Scha-
/ von ihm: wiewol offt zu seinem eigenem
aden: Denn/ wann es sich also wol auß-
ttert/ und fein feist geworden/ können die
er seiner desto leichter habhafft werden.

Sein Fleisch ist sehr weiß/ fett/ gar lieblich
ssen/ und wird/ so wol gebraten/ als gesot-
oder auch Pasteten-Weise/ für eine Deli-
sse / aufgetragen. Die jenige Art von
chel-Schweinen / so ein Gelaut oder
imme geben/ wie die Hunde/ seynd bey wei-
so gut nicht/ als diese/ die/ mit ihrem Rüs-
nd Gruntzen/ den Säuen nachaffen/ und
iel delicaters Fleisch haben.

Die grosse Art der Stachel-Schweine
sich/ in Brasilien/ nicht viel sehen: aber/
eu-Hispanien und Mexico / desto häuffi-
Ist dem vorigen/ in vielen Stücken/
h: trägt hole scharffe Stacheln/ die einer
annen lang/ darunter einige weisse Haare
nischet sind ; ohn allein auf dem Kopff
t. Dieses scheusst seine Stacheln von sich/
die Hunde/ oder Menschen/ so ihm nachsetzen.

setzen. Und solche bleiben so best/ in der W[unde]
de stecken/ daß man sie/ in keinerley Weise/ [we]
der mit Gewalt / noch Geschicklichkeit / [heraus]
heraus ziehen: weil sie / aus einer natürli[chen]
Krafft / immer tieffer ins Fleisch hinein d[rin]
gen / biß gar ans Eingeweide; also / daß [das]
Getroffene endlich schwinden und sterben m[uß.]

Es seynd solche Stacheln weiß- und brä[un]
lich; die Spitzen aber schwartz / und Nade[l]
spitzig. Diese Art hat eine Hundes-Schn[au]
tze; doch etwas eingebogener; und läßt [sich]
zähmen.

Ausser dem/ giebt es noch eine andre G[at]
tung/ so beym Ximenes Tlaquatzin gena[nt]
wird/ und fast / in den meisten Eigenschafft[en]
mit jenem übereinkommt: ohn allein/ daß [die]
se einen längern/ schmalern/ und geruntzel[ten]
Schwantz hat; über das so boßhafft und [ge]
frässig ist / daß man sie nicht leichtlich halt[en]
noch zähmen kan.

Wie schädlich nun solche Stacheln/ d[em]
verletzten Fleisch sind: so heilsam sind sie h[in]
gegen/ für gewisse Kranckheiten. Denn/ [wie]
vorangeregter Ximenes zeuget / schaffen [sie]
grosse Hülffe / wider den Kopff-Schmertze[n.]
Man setzt sie etwan an die Stirn/ oder Wa[n]
gen: da bleiben und hafften sie dann gantz be[ständig]

en auch nicht eher herab/ als/ biß sie/ gleich
Blut-Igeln/ die Blut-Gefässe/ aus wel-
n der Schmertz entstanden/ gäntzlich auß-
höpfft/ und der Schmertz verschwunden.
man neun solcher Stacheln zerstosst/ und
til pulvert/ und in Wein eintrinckt; bricht
hes den Nieren- und Blasen-Stein; rei-
aber auch zur Unkeuschheit. Für die rothe
hr/ nimmt man ungefähr so viel/ als ein
intlein/ ein.

Mercklich ist/ daß dieses Schwein sich al-
ings dem Löwen widersetzen darff. Wie
n Jacob Saar/ in seiner Reißbeschreibung
det: es habe sich/ auf der Insul beym Ca-
d' Esperance, ein Löw an dasselbe gemacht:
en dem es sich gewehrt/ und ihm mit seiner
er dermassen/ in die lincke Brust/ nahe ans
tz/ gestossen/ daß er sich zu tode bluten müs-
/ und man hernach diese Kämpffer beyde
beysammen gefunden. Selbige Federn
r Stacheln aber sollen/ des Orts/ eines
huhes lang/ und so hart seyn/ daß man da-
ein Holtz durchboren könne.

. Es giebt/ in Brasilien/ ein Thier/ so
wie eine Katze/ länglichter Gestalt/ und
m Iltis/ oder grossen Wiesel/ ähnlich; von
Wilden/ Biaratacáca oder Maritacáca ge-
F   nannt.

nannt. Selbiges hat ein
ne wie die Hasen; auch
Bart; bläulichte Aug=
rundliche Ohren; an den
Zehe; an den hintern fün
gen Nägeln; einen lang
Schwantz/ den es unterw
und/ wie ein Fuchs/ sein
zotichten Leib damit deck
Leib sihet schier/ von Far
Neben den Seiten des
weisser Strich/ so ein artl

Es ist ein schnelles
sich seiner Haut. Lebt vo
gel=Eyern. Am allerbeg
tet es dem Amber Griß
len es/ bey der Nacht/ offt
herum streinet. Welche
net: indem es gleichwol
ringsten erzörnet/ einen
der unleidlich stincket/ u
Geruch etlicher massen
unhöfflichen Athems un
wird dieses Thier/ beydes
andren Thieren/ sehr ge
weil es/ durch diesen gar
ruch/ seinen Verfolgern

Blumen-Pusches Erster Theil. 83

auch mehr Schaden dadurch zufügt / we=
andre/ mit gifftigen Klauen/ oder Zähnen/
waffnete Thiere. Denn der Gestanck ist so
tig/ daß die Leute grosses Hauptweh/ Er=
chen des Magens / davon bekommen / und
Ohnmacht fallen; etliche auch wol gar
ben.

Ja! was noch mehr zu verwundern; es
dieser Stäncker / mit einem einigem Hin=
Hauch/ nicht allein weit und breit die Lufft/
dern auch so gar die grossen Steine / die
ehr und Waffen der Soldaten/ die Kleider
Haare / dermassen anstecken und verstän=
rn/ daß man / mit der allerschärffsten Lau=
und einer zwantzig-tägigen Bleiche / den
stanck nicht heraus bringen kan.

Solches bezeuget ein gelehrter und erfahr=
Niederländischer Medicus: welcher etli=
seiner Landsleute gekannt / die Haar und
rt wegscheren/ das Hembd gar wegwerffen/
ihre Wohnung gantz verlassen müssen:
il man/ biß auf diesen Tag/ noch kein Mittel/
der solches Ubel erfinden können.

Welche aber / unter den Wilden / etwas
schlagener sind / die brauchen diese Gegen=
t: sie nehmen den Wind zum Vortheil /
nn derselbe starck wehet / und vorwärts ge=

F ij   het;

het; jagen alsdenn dem S[...]
dennackt nach/ und mache[...]
seine vergifftete von hinte[...]
thern) verschossene Stanc[...]
vergeblich in die weite Lu[...]
endlich alles Gestancks le[...]
sie es endlich fangen/ zal[...]
heim/ wie ein Eichhörnlein[...]

 Sonst wird dieses list[...]
wol/ mit aufgestelleten F[...]
mit Pfeilen erschossen: w[...]
schlagen/ und sich gleiche[...]
als wie unsre Füchse. J[...]
schädlich/ und einig allein[...]
scheulich/ daß sein Wasser[...]
Wind so garstig stinckt: d[...]
in Mexico/ das Fleisch fü[...]
und gegessen wird / überɔ[...]
giebt/ wie von unsren Füc[...]

 7. Die wilden Säue[...]
chen unsren Boggern/ od[...]
beydes an Grösse und Gri[...]
sen kaum so groß/ als wie[...]
men. Ihre Ohren/ Haa[...]
dem Rucken/ seynd gleichf[...]
und schwartz/ doch mit [...]
sprengt. Sie haben keine[...]

isch wird sehr gelobt / und viel besser / denn
Europæischen zahmen Säue geschätzt. Sie
en ein zartes und gutes Speck.
Auf dem Rucken / gehet ein theils fleischern /
ils krospelichtes Gewächs herfür; so man
gemein / aber irrig / für ihren Nabel auß-
bt. Sie erbosen sich hefftig / und halten
g Zorn. Denn wenn eine verwundt wor-
/ schreyet sie unzehlich-viel andre zusam-
n; um ihre Feinde / entweder die Forster /
r Tiger / mit denen sie in ewiger Feindschafft
en / Hauffen-weise anzufallen. Daher offt
Weidmänner gedrungen werden / sich auf
en Baum zu salviren. Um solchen Baum
mlet sich. alsdenn die gantze wilde Heerde:
en Führer / vor Grimm / mit seinem Gebiß
)affen wolte ich lieber schreiben; wenn sie
gleichen Hauern gewaffnet wären / wie die
ige Bogger) einen und andren Hieb dem
amm des Baums versetzt / daß die Spähne
on fliegen. Indem er also / wider den
um seine Rache außläßt / auch der übrige
uffe tapffer dazu schnarchet und gruntzet:
en die Jäger / mit einem Schwein-Spieß /
Rohr / von oben herab / und fällen / in gu-
Sicherheit / ein Stück nach dem andern.
rauf die andren doch nichts geben / noch sich

F iij   von

von sammen zutrennen begehren/ ehe ihnen
Hunger/ oder die Langweil solches befiehlt.

8. Die Brasilianische Wasser=Sau C
pybara ist einer zweyjährigen zahmen Sau
licher massen gleich/beydes an Figur/ und ?
tur. Hat kurtze Füsse und Klauen; jedoch f
Schweins=Füsse gebildet. Aber mit d
Kopff sondert sie sich/ von den Träber=Säu
ab: angemerckt/ derselbe viel dicker/ dazu
den Rüssel Haare/ und kleine Oertein h
Sie ist ohne Schwantz. Zween grosse kru
me Zähne sitzen ihr gantz herfür / auf
denen/ in jedwederm Kinnbacken/ noch b
und zwantzig andre. Ihre Mastung s
Kräuter und Früchte. Sie wandern/ l
Nachtzeit/ herum / und sucht ihre Nahrun
schwimmt durch grosse und kleine Flüsse: u
giebt/zu Nachts/ein so schreckliches Geschr
daß die Europæer/so es noch nie gehört hab
davor erschrecken.

Sie gehen/ an den Ufern / bey gant
Trifften/ umher: können zwar nicht wol la
fen; aber desto besser schwimmen/ und la
unterm Wasser bleiben; wenn ihnen die
ger aufpassen. Nichts destoweniger wer
sie/ mit Büchsen und Pfeilen/bey hauffen w
geschossen: und haben ein sehr gutes Fleis

nehmlich zum Braten. Jedoch weil es we̅=
dem wilden noch zahmen Schweinfleisch
ich thut: tractirt man fürnehme Gäste/nur
dem Kopff dieser Wasser-Sau.

Wir müssen aber/ von den Säuen/ so man
einem Blumen=Pusch nicht übrig lange
en darff/ deßgleichen von andren Thieren
nal aufhören zu reden; damit auch des
ssen und kleinen Ungeziefers/ in Guinea
America/ könne gedacht werden.

Das V. Capitel.

Inhalt.

Guineische Schlangen.
Brasilianische und Mexicanische/ unter=
schiedlicher Gattung.
Geflügelte Schlangen/ oder Drachen/ in
Guinea/ und America.

I.

Die reisende Leute/ in Guinea/ wer=
den sehr gefährt von den Schlan=
gen/ die daselbst/ von mancherley
ttung und Grösse/ sich aufhalten. Diesel=
seynd zwar nicht so gifftig/ wie die unsri=

ge; ja theils gar ohne Gifft: aber hingeg
desto gefrässiger; fressen die Leute; und w
den gefressen. Die gemeinste Art strecket si
in die Länge/ auf zwantzig/ auch wol fünff u
zwantzig Spannen/und auch fünff in die Br
te. Denn wiewol man noch viel grössere z
weilen antrifft/ nemlich zu dreyssig Schuhe
giebt es doch derer keine solche Menge/wie d
andren.

Solche ungeheure Schlangen leben /
wol im Wasser/ als auf dem Lande. Bleibe
offt auf dem Lande ligen / als ob sie schlieffe
wenn sie sich nemlich dick gefressen: werde
aber vielmals darüber / von den Schwartz
ertappt/ umgebracht/ und gefressen: sintem
die Mohren dieses Landes ihr Fleisch höher
als Hüner-Fleisch / halten. Die Niederlän
dische Schiffarts-Relation meldet / ihr R
chen sey so gross/daß sie Hüner und Gänse kö
nen verschlingen. Aber Pigafetta sperret i
nen den Rachen (und zwar nicht unglaubhaff
viel weiter auf: sintemal er/ in Beschreibun
des Königreichs Congo, erzählet: daß sie e
nen Hirschen/ oder andres Thier / von selbig
Grösse/ auf einmal hinab schlingen können
die meiste Zeit/ im Wasser sich auffhalten; abe
der Nahrung halben / offt aufs Land begeben

Bäume hinan steigen / und allda / in der
e / auf das umher weidende Vieh lauren /
elbiges ihnen so nahe kommt / daß sie sich
en drauf schwingen: da sie denn gähling
nter schiessen / das arme Vieh umschlin-
/ und so wol mit ihrer schweren Last / als
dem Gebiß / dergestalt drucken und abmat-
biß es todt danider fällt. Hierauf schleif-
ie es / an einen einsamen Ort / und fressens
bst / mit Haut und Haar / Hörnern und
ien. Nach solcher Uberladung des Ma-
/ entschlaffen sie denn / wie vor erwehnt /
h einem besoffenen Menschen; bleiben al-
r / fünff / oder sechs Tage ligen / in so tieff-
schlummerter Sicherheit / daß ihnen auch
in Kind das Leben nehmen solte.

Zu gewissen Zeiten / ziehen diese grosse
langen ihren Balg / oder Haut / aus: un-
eilen auch wol vor der Zeit; wenn sie sich
ich überfressen haben / und alsdenn die
t / durch allzuweite Außdehnung runtze-
worden. Gestaltsam die Leute einen sol-
Balg / mit Fleiß suchen / um selbigen / zur
ächtniß und Verwundrung der Grösse /
hencken. Noch viel fleissiger aber suchen
ie Schlangen selbst / um des Fleisches wil-
können aber derselben kaum anders mächtig

tig werden / ohn auf zweyerley Weise : E[t]-
lich/ wenn/ angezeigter massen/ die Schlan[gen]
schlaffen : Hernach ; wenn irgend/ von gro[sser]
Hitze / ein Wald sich entzündet hat : zu [wel]-
cher Zeit alsdenn alle/ die sich von ihren [Was]-
ser-Pfühlen / zu weit entfernet / und in [den]
Forst vertieffet / halb gebraten gefunden [wer]-
den / und den Einwohnern ein Wolleben [ma]-
chen: welche allerley andre gebratene S[pei]-
sen gern dafür stehen lassen.

II. Diese Art von Wasser-Schlan[gen]
hält sich gleichfalls / in den Americanisch[en]
Seen/ auf/ und wird / von den Brasiliane[rn]
Sucuriju geheissen. In der Bahia de to[dos]
los Sanctos, nahe bey einem Brasilianisch[en]
Dorff / hat dieser Wasser-Schlangen / ein[e]
unter denen am Ufer spielenden Knaben/ ei[nen]
erwischt / und verschlungen. Als solches se[ine]
Gespielen / die andren Knaben / mit Sch[rec]-
cken/ gesehen / seynd sie eilends hingeloffe[n]
haben andre erwachsene Leute zusammen [ge]-
ruffen: welche darauf/ mit Messern/ ins W[as]-
ser gesprungen/ die Bestie angetroffen/ verw[un]-
det/ und erstochen ; auch da sich dieselbe hi[n]-
auf in die Höhe begeben / ihr den Bauch a[uf]-
geschnitten/ und den Buben schier gantz unb[e]-
letzt wieder herausßgezogen. Welches da[nn]
de[r]

leichter geschehen können; weil diese
...langen ihren Raub nicht sonderlich viel
...n oder zerbeissen; sondern/ mit einem star-
...in sich Saugen/ hinab schlucken.

. Amorepinima ist eine andre viel klei-
: Wasser-Schlange/ in Brasilien/ ungefähr
... Schuhe lang/ von Haut Erd-färbig; je-
...) am Bauch gelb/ und sonst überall bräun-
gefleckt. Für ihren Biß/ oder Stich fürch-
... sich die Einwohner zwar nicht sonders viel:
... er nicht gar gifftig/ und leichtlich/ vermit-
... einiger Kräuter/ geheilet wird.

;. Manima, die dritte Gattung der Waß-
... Schlangen/ steckt in einer sehr zierlich ge-
...ngten Haut/ welche/ mit ihrem schönem
...tem Glantz/ den berühmten und zier-rei-
...n Schlangen des Nil-Stroms leichtlich
...egt. Und findet sich dieses insonderheit/ an
... daß/ wenn sie in den Seen an der Sonnen
... / ihre Strahlen mit so wunderschönem
...antz spielen/ daß sie auf die dabey stehende
...enschen und Bäume einen Wiederschein ge-
... / gleich einem Regenbogen im Wasser.

4. Tareiboia, die vierdte Gattung/ ist
...tter-gelb/ sechs Spannen lang/ und frißt
...n Hüner: darum sie der Landmann mehr
...uet/ weder ihres Giffts halben.

5. Un-

5. Unter den Land-Schlangen nimmt
Cobra de Veado, wie sie von den Portugi[sen]
in Brasilien/ genannt wird/ mit ihrer Grö[sse]
den Preiß weg/ und kan eben die Kunst/ [wel]-
che obgedachte Wasserschlangen; nemlich g[an]-
tze Hirsche zu verschlingen. Daher dem Pli[nio]
leicht zu glauben/ was er von der Schlan[ge]
Boa schreibet/ die/ bey Regierungs-Zei[ten]
Käisers Claudii/ ein Kind verschlungen hat[.]

Diese grosse Land-Schlangen werden/ [in]
America/ unterweilen 18. jemaln 24. Sch[uh]
lang/ gefunden. Seynd gar zierlich A[sch]-
grau und Kästen-braun gescheckt/ und üb[er]
das mit schwartzen aneinander gleichsam gek[et]-
teten und vergliederten Flecken geziert/ in [de]-
rer Mittel-Punct weisse Flecklein her[für]
scheinen.

Sie haben nicht so viel Gifft/ wie and[re]
daher/ so wol die Niederländer/ als Sch[war]-
tzen/ ihr Fleisch zur Speise geniessen. Di[ese]
Schlange/ wenn sie hungrig ist/ springt a[us]
den Hecken und Gepüschen herfür/ steuret s[ich]
auf das äusserste ihres Schwantzes/ welche[s]
als wie mit zweyen Vogel-Klauen oder N[ä]-
geln/ gerüstet ist/ richtet sich also erschreckli[ch]
empor/ und kämpffet hart/ so wol mit den Me[n]-
schen/ als wilden Thieren: zischet auch he[f]-
tig

Blumen-Pusches Erster Theil.   93

wenn man sie erzörnet. Unterweilen wirfft
ch hinterlistig / von einem Baum herab /
den Wandersmann / beschlängelt und be=
kt denselben so hart / daß sie ihn offt / mit
lossen Umfahung allein erdruckt/oder ihm
ihren Schwantz ins Geseß aufs allertieff=
nd härteste hinein schlägt / und also den
aus macht.

Wie schreck-und schädlich nun diese Schlan=
leich den Hirschen und Rehen fällt : wird
och / von den Ameissen / umgebracht / als
mit einem gantzen Schwarm / derselben
Maul fliegen / und sie ersticken : dahinge=
solche Ameissen/von einer gar kleinen Ot=
Nahmens Ibiiara, in die Flucht getrieben
den.

Solches könnte kein unebenes Sinnbild
n : daß die Wollust/ durch Arbeitsamkeit/
dtet werde.

. Unter den allerschädlichsten Schlan=
in Brasilien/ ist die **Korall-Schlange/**
sie von den Portugallern benahmset wird;
e sonst/in einländischer Sprach Ibiboboca
t.   Sie ist zween Schuhe lang / einen
nns-Daumen dick. Ihr Hintertheil spitzet
zu/ wie ein Schuh-Pfrieme. Der Bauch
weiß / und glänzet : der Ruck/ und die

Seiten/

Seiten/ seynd bunt: der Kopff dick: die[...]
gen häßlich/ und ligen tieff: der Rachen [...]
und mit Zähnen besetzt. Ihre Schüp[...]
wechseln/ sonderlich am Kopff/ gar zierlich[...]
mit weissen/ schwartzen/ und rothen Tüpf[...]
Aber wie weit ihre Schönheit/ also weit ü[...]
trifft auch ihr Gifft die andren. Denn ihr[...]
ist gantz tödtlich: ob er gleich nur allgemä[...]
den Tod wircket. Jedoch kan man diesem
bor kommen / durch Aufflegung eines P[...]
sters/ so aus ihrem eigenem Kopff zuger[...]
worden.

 Sie verbirgt sich / neben den Ameis=[...]
len: verfolgt selbige Thierlein/ wenn sie au[...]
Fütterung außgehen/ und zerstreuet sie.

 7. Die Elen=lange/ und Daumen=d[...]
Schlange Boiobi ist Lauch=grün / und gl[...]
tzend: hat einen weiten Mund / und schwa[...]
Zunge: schleicht gern / in den Häusern / [...]
um; schadet auch niemanden/ der sie mit [...]
den lässt. Will sie aber einer beriren; so r[...]
tet sie sich auf/ und erwischt dem Menschen[...]
Hand / versetzt ihm einen so gifftigen Biß/ [...]
auch die allerbewehrteste Gifft=Mittel ka[...]
dafür helffen.

 8. Die Schlange Caninana, welche o[...]
gefähr acht Spañen lang/ einen gelben Bau[...]

zierlich = grünen Rucken / wird nicht für
ers gifftig geachtet. Lebt/ von Eyern/
Vögeln/ und von allerhand Ungeziefer/
h in Häusern pflegt zu enthalten. Man
sie so zahm machen/ daß sie dem Menschen
kreucht/ und von ihm / ohn alle Verle-
y/ sich in die Hand nehmen lässt. Die A-
ner und Americaner (denn man findet sie
yden Welt-Theilen) schneiden den Kopff
Schwantz ab/ und essen den Leib. Beisst
ber jemanden; welches doch nicht leicht-
geschicht: so schlägt man nur/ von dem fri-
n Gewächs Ananas, Pflaster-weise/ etwas
: oder/ wofern solches noch nicht gnug
; schröpfft man den Ort / wo der Biß gehen / und setzt einen jungen lebendigen Ha-
drauf.

. Guon, eine mächtig = grosse Himmel-
ie Schlange / thut sonst keinen Schaden /
daß sie sehr auf den Raub geht/ und eine
te Schwelgerinn/ beydes der Eyer und
gel ist. Massen sie ja so schnell und hurtig
den Gipffel eines Baums hinauf schiesst/
schwümme sie im Wasser : nemlich die Vo-
= Nester zu bisitiren.

10. Jarara, ist ein Ottern-Geschlecht/un-
chiedlicher Gattungen / Grösse und Farben:

ben: unter denen die gröſ
Zwerch-Hände lang /
will / ihre gröſſere / ſonſ
deckte/ Zähne herfür ſtöſſ
der ſtärckſte Gifft verborg
Saffer-gelber Safft/ der
Menſchen/ innerhalb vier
den/ aus dem Mittel räun

Eine andre Art die
kaum länger / als eine hal
ſchädlich: wiederum ein
ſechs Schuhe lang. Sie
ſem / und zwar ſo ſtarck /
davon wehe thut. Ver
ruchs aber / können die L
kundig ſind/ ihnen deſto lei
ſichtig außweichen/ oder de
len uns dieſe wolriechen
Gleichniß vor/ der böſen L
die zwar / mit ihrer Ann
lieblich reitzen; aber endli
dem Gewiſſen/ einen tödtli

11. Tzicatlinan, oder
ter / eine Mexicaniſche Sc
Nahmen daher; weil ſie ſi
gehöleten Löchern der Am
und wenn dieſe Thierlein /

Blumen-Pusches Erster Theil.

Jahrs / herfür gehen / ihnen nachfolget. ... soll die allerschönste / unter allen Schlangen ... iges Landes / und weder Menschen noch ... ieren schädlich seyn. Antonius Herrera ... reibt / sie sey roth / mit schwartzen Strichen ... erschieden / da weisse Flecklein mit unter-... len. Andre setzen / daß rothe und weisse ...erch-Striche einander abwechseln. Sie ist ... y Spannen lang/und nicht dicker/dann der ...nste Finger.

Franciscus Hernandez gedenckt noch einer ...ren Art / die er Quauhczicatlinan nennet. ...eselbe ist ein Spann lang / asch-grau ge-...kt/ am Bauch aber blau/mit schwärtzlichen/ ...-farben und weißlechten Zwerch-Stri-...n gemahlt. Die Mexicaner spielen mit die-...frommen Schlangen / und thun sie / zur ...rtzweil/ um den Halß.

12. Macacoatl, die **Mexicanische Hirsch-schlange**/ ist unterweilen so dick / wie ein ...nsch/ neunzehen oder zwantzig Schuhe ... / mit schwartz-braunen und gelben Fle-...i gescheckirt. Hat einen Kopff / wie ein ...sch: daher ihr auch der Nahm vielleicht ge-...en; wofern er nur nicht vielmehr/ von den ...nern/ welche ihr/ wenn sie alt wird / wach-...ollen/ herrührt.

G   Noch

Noch eine andre Gattung giebt es /
gleichfalls einen Hirsch-Kopff haben/und au[ch]
wie ein Hirsch / zahm werden; aber klei[n]
sind.

13. Die Mexicanische Schlange Ag[uaco]-
sen, so nur zwo Spannen lang/ giebt einen
chen tödtlichen Stich / daß der Verletzte [in]
einer halben Stunde/ muß des Todes seyn/[und]
alles Fleisch / um die Wunde herum / verf[ault]
und abfällt.

14. Die Mexicanische Schlangen-[Kö]-
stinn Hoacoatl, ist vier oder fünff Schuhe la[ng]
und so dick / als wie etwan ein Mensch [seyn]
mag: hat einen hohen Rucken; einen Ott[er]-
Kopff; bleichen Bauch; an den Seiten/w[ie]
glänzende Schuppen / mit schwartzen bre[iten]
Strichen ordentlich abgetheilt. Der Ru[cken]
sihet schwartz-braun; aber recht auf dem R[ucken]-
grad/mit gelben Creutz-Strichen bezeichn[et].

Es giebt mancherley Gattungen d[er]
Schlangen; die einander/ an Eigenschafft[en]
nicht gar ungleich / und alle tödtlich stec[hen].
Kommt ihnen einer zu nahe / oder erzörnet
so drehen und winden sie sich in einen Kr[eis]
krummen den Kopff gar ungleich und seltsa[m]
jedoch mit solcher Behutsamkeit/ daß sie a[l]-
len Ecken/ auf ihren Feind / ein wacher[es]

Blumen-Pusches Erster Theil.

ge / und fertige Rache / schiessen lassen.
...r von ihnen gebissen; der muß das verletzte
...ied in die Erde stecken / und so lang damit
...cken/ biß der Schmertz aufhört / oder die
...nckheit gäntzlich curirt worden: wiewol
...daneben dennoch auch andre Hülff-Mit-
...gebraucht.

Sie fahren schnell über die Steine her:
...r flaches ebenes Land aber / welches fast
...derlich ist / nicht so geschwind: weßwegen
...etliche Mexicaner vorgesetzten Nahmen
...acoatl, das ist/ Wind-Schlange gegeben:
...onst ihr gemeiner Nahm so lang/ und unsrer
...tschen Zunge / so beschwerlich außzuspre-
... / daß ich ihn darum nicht nahmkündig
...hen mag. Ihre Augen sind schwartz/und
...telmässiger Grösse. In dem obern Kinn-
...en/ sitzen zween Augen-Zähne / daraus sie
...Gifft werffen/ wie aus Röhrlein: ange-
...ckt selbige Zähne gantz hohl sind. Sonst
...ten / an beyden Seiten des Mundes / in
...selben oberen Kinnbacken / noch fünff klei-
...Zähne / die man nicht wol sehen kan / wenn
...en Mund aufthun. Sie führen stets einen
...mmen/ und gleichsam geflochtenen Gang.

Wer von ihnen getroffen / dem fallen/ hin
...wieder überall am Leibe / viel Löcher ein:

G ij wenn

wenn vier und zwantzig Stunden / ohne
gen-Mittel / vorbey sind; so fällt er gar ir
Züge / und muß des Todes seyn.   Dessen
geachtet weiß sie der Mexicaner fein beh
beym Schwantz zu erhaschen / und gantz si
also zu halten: wie hefftig sie den Halß
drehen / mit ihren Schellen rasseln / und
Leib wunderlich wicklen / um ihrem Fä
eins zu versetzen.

Wie boßhafft sie aber auch sind: so
man sie doch zähmen / und im Hause aufer
hen. Einige wollen / daß sie / ein gantzes Ja
ohne Speiß und Tranck / leben können.

An dem äusserstem Theil ihres Schw
tzes / wachsen alle Jahr neue Schellen / wel
wie die Gelencke am Ruckgrad zusammen
fügt: daran man erkennen kan / wie alt
seyn.   Wenn sie beleidigt werden / und sich
bosen: schütteln oder rasseln sie / mit solchen
ren Klapper-Schellen / und richten den H
auf / daß die umstehende Menschen sich für
ten: denen dennoch gleichwol / von ihnen / k
Leid geschicht; dafern man sie nur nicht druc
oder ferner reitzet.

Pigafetta gedenckt gleichfalls / in der
schreibung des Africanischen Königreichs Co
go (denn daselbst giebt es dieser Art Schl

Blumen-Pusches Erster Theil.

auch/ und vermuthlich eben so wol in Gui-
) dieser **Klapper-Schlangen**; indem er
chtet: daß sie Kugeln auf ihren Schwän-
haben/ wie Schellen/ die man von wei-
höret: und vermeynt/ die Natur habe ih-
solche Schellen gegeben/ den Menschen
urch zu warnen/ sich für dieser gifftigen
rletzerinn/ zu hüten. Item; man habe es
ucht/ und befunden/ daß diese klapprende
geln/ so wol als der Kopff/ eine außerlesene
tzeney/ wider Fieber/ Kälte/ und Hertz-zit-
l/ gebe. Welches die Mexicanische Scri-
ten mehr bekräfftigen/ als schwächen; wañ
nelden/ daß ein solchen Schlangen-Kopff/
m bösen Halß heimsamlich angehenckt wer-
ja! daß allerdings die Febricitanten/ sich
/ von solchen Schell-Schlangen/ lassen
hen/ nachdem sie zuvor zwo Untzen von
nschen-Mist (mit Gunst zu melden) in ei-
i dazu dienlichem Wasser eingetruncken/
r auch das Kraut Picietl käuen/ und auf
Biß legen.

Mit den Gifft-spritzenden Aug-Zähnen
n und stechen die Mexicaner den Halß und
cken/ um das Hauptweh damit zu bertrei-
: das Fett schmieren sie an die Lenden/ und
re Gliedmassen des Leibes/ für Schmer-

G iij   tzen

ten und Geschwulst. Das Fleisch fressen
viel lieber / als Hüner=Fleisch / welchem
auch / ihrer Meynung nach / am Geschm
weit überlegen.

Am meisten muß man sich hierüber v
wundern: daß/ wenn man diese so starcke u
gefährliche Schlange / nur in einem leir
Tuch/ wie dünn und zart selbiges auch ist/ e
wickelt/ sie ihre wilde Boßheit und Grimm
gar fahren lässt/ daß sie auch ein kleiner Bu
ohne Scheu und Schaden/tragen solte/ wol
er wolte.

In Brasilien aber/ wird sich dieses G
schlecht der Klapper=Schlangen/ nicht so l
ge lassen zerren/ wie in Neu=Hispanien / u
Mexico: sondern auch wol/ ohne gegebene U
sach/so wol das Vieh/als den Menschen üb
fallen/ dafern er sich nicht in acht nimmt. S
wird daselbst Boisininga benahmset: h
sich so wol/an den Land=Wegen/als an unw
samen Oertern/ auf; und kreucht oder sche
vielmehr so plötzlich daher/ als ob sie flöge.

Piso schreibt: sie sey daselbst (in Brasil
nemlich) eines Arms dick/ und unterwei
fünff Schuhe lang; habe eine gespaltene Z
ge; lange scharffe Zähne/ tunckel=gelbe F
be/ und am Bauch grössere Schuppen / d
an

Blumen-Pusches, Erster Theil. 103

dre Schlangen: Das Klapperwerck an dem
chwantz wachse ihr jährlich dergestalt zu/
ß die Schellen einer zehen-jährigen Schlan-
ı zween Finger lang/ einen halben breit/von
tter/ durchscheinender/ und truckner Ma-
i: imgleichen/ daß sie nicht allein/ wie Her-
ndez und andre/ von der Mexicanischen
reiben/ mit dem Munde und Gebiß den
lenschen verletze; sondern viel gefährlicher
ch mit der alleräussersten Spitzen solches
lapperwercks am Schwantze: welche Spi-
n sie den Leuten in das Geseß bore/ und die-
be dadurch zur Stunde umbringe: dahin-
gen das Gifft/ so aus ihren Zähnen kommt/
el langsamer den Todt wircke.

Aus der Wunden/ fleusst alsobald ein blu-
zes Eyter; das Fleisch erschwartzet; und
s Apostem/ so davon auffährt/ frißt immer
:iter.

15. Etliche Schlangen/ als die Brasilia-
sche Curucucu, und Curucuringa, seynd so
ftig/ erregen eine solche Hitze und Entzün-
ng/ durch ihren Biß/ daß dem Gebissenem
obald das Blut/ zur Nasen/ Ohren/ aus den
ägeln an Händen und Füssen/ ja auch aus
n Augen/ und geheileten Geschwüren her-
rinnet; und der Verwundte (fürnehmlich

G iiij   von

von dem Biß der Ibiracóa) auf der Stelle st[er]
ben muß; dafern nicht die Artzeney ihm eili[g]
hülfflich zuspringt: und geht es dennoch sch[wer]
damit zu/ daß man ihm das Leben rettet; we[nn]
gleich die stärckste Remedien gebraucht w[er]
den. Unter welchen das alleräusserste ist/
man aus dem zerknirschtem Kopff der Schla[n]
gen/ mit einigen Kräutern/ und Limonie[n]
Safft/ bereitet. Die erstgenannte Curuc[u]
weiche neun/ unterweilen auch wol zwö[lff]
Schuhe lang/ thut zwar niemanden Leid;
man sie nicht erzörnet; sondern fleucht vi[el]
mehr die Leute: aber/ wenn man sie zerre[izt]
wickelt sie sich in einen Kreiß/ thut darauf u[n]
versehens/ auf ihren Feind/ einen Schuß/ u[nd]
einen grimmigen Biß über den andren/ als[ob]
sie wütig wäre: hat auch schrecklich-gro[sse]
Zähne/ und ihr Gifft mehrentheils im Hau[pt]
Weßwegen die Brasilianer/ wann sie di[e]
Schlange gefangen/ und fressen wollen; i[hr]
alsofort den Kopff abschneiden/ und denselb[en]
in die Erde verscharren.

16. Nierembergius erzählet/ aus eine[m]
Schreiben Patris Josephi Adei/ von An[no]
1628. daß unfern von Tuna Puma, (soll vi[el]
leicht die Stadt Tunia, im West-Indisch[en]
Königreich Neu-Granato/ seyn) in eine[m]
Wald

Blumen-Pusches Erster Theil.   105

...lde / ein weit-begriffener Ort sey / darin=
...zu der Zeit eine Schlange etliche Jahr
...einander gesehen worden / die viel dicker
...esen als ein Ochs / und erschrecklich lang /
...se Schildkröten und Hirsche verschlungen;
...thalben / da sie herdurch gekrochen / den
...g gleichsam verbrannt / also daß das Gras
...lbst bey anderthalb Elen breit verdorret

Ein Soldat habe etliche mal seine Mu=
ten auff sie gelöset; aber vergeblich: sinte=
die Kugeln gleicher gestalt / von ihrem ge=
..ischtem Leibe / zurückgeprellet / als ob man
wider einen harten Felsen / verschossen hät=
Denn diese Pantzer-Schlangen seynd /
Schalen / oder Stahl-vesten Schuppen /
..ner Hand gleich / überzogen / und bleiben
..rch leichtlich Schuß-frey: man wolte
..ein Stück auf sie loßbrennen.

Selbige Art von Schlangen entdeckt sich
..selbst / durch ihren lieblich-starcken Ge=
..: massen die Maulthiere und Esel dieselbe
..weitem riechen / und alsdenn mit keinen
..eichen weiter fortzubringen sind.   Deß=
..hen fliehen die Hunde stracks zurück / so
..sie nur den Außwurff der Schlangen ge=
..en: welches gemeinlich ein Hauffen un=
..aute Beine und Knochen seynd / von den

G b   einge=

eingeschlungenen Thieren; die doch nicht st
cken/ sondern wie lauter Biesem riechen.

17. Die Americanische Landschafft C
appa nähret ein Geschlecht von Ottern/ so d
faulen Holtz gleich sihet/ und durch vier N
löcher einen Pestilentz-gifftigen Athem blä
Jhrer etlicher Biß tödtet ein Pferd/ in ei
Tage: und fleusst dem gebissenem Vieh/ o
Menschen/ alsobald das Blut/ durch
Glied-Fugen und Gelencke/ heraus: und
ihre Zähne kostet/ der muß auch den S
schmecken. Mit dem zunehmendem Mo
nimmt ihre Boßheit und Zorn etwas ab;
abnehmenden aber/ zu.

Etliche haben bleiche Häut/ mit schw
tzen Strichen/ und weissen Flecken: wenn
selbe beissen/ so fällt das Fleisch Stück-w
herab. Bey andren/ wohnet ein so schar
durchdringendes Gifft/ daß/ wenn man
nur/ mit einem Knüttel/ berührt; selbi
augenblicklich dem Menschen biß an den A
dringet. Andre seynd so wunderlich gena
rirt/ daß/ wenn sie zu Morgens beissen/ der G
bissene viel Bluts speyet/ und stirbet; wo
Biß aber/ gegen Abend geschicht/ derse
nicht tödtlich sey. Daraus leichtlich ab
nehmen/ ihr Gifft werde/ mit der Sonn

…igen / verstärckt; mit ihrem Niedergang/
…hwächt.

8. Die Amphisbæna oder zweyköpffige
…lange lässt sich/ in America/ gleichfalls an=
…en. Ob sie aber würcklich zween Köpffe
…e / wird / von den Scribenten/ gestritten.
…nciscus Hernandez/ Grevinus/ March=
…ius/ und Piso / halten dafür/ sie habe nur
…n Kopff; Plinius schreibt ihr zween zu;
… auch einige jüngere Authores beyfallen.
…stoteles tritt gleichsam ins Mittel/ wann
… in seinem Buch/ de Generatione Anima=
…n, schreibt; die Ursach/ daß man unterwei=
…eine zweyköpffige Schlange gesehn/ sey an=
… nichts/ als eine Mißgeburt/ und geschehe
…es auf gleiche Weise/ als wenn die Natur/
… andren Thieren/ eine Wunder=Geburt/
… zweyen Häuptern/ herfürbringe.

…Hernandez nennet sie/ auf Mexicanisch/
…quizcoatl: spricht/ sie sey anderthalb
…ann lang/ und so dick/ wie der kleinste Fin=
…; silber=farbig/ glänzend/ und gleichsam
…chscheinend: gehe/ an beyden Enden/ so
… hinten/ als vor sich: habe aber doch nur
…n Kopff.

Nierenbergius lässt sich vernehmen: er
…ube gänzlich/ daß es etliche zweyköpffige
Schlan=

Schlangen gebe: sintemal er/ zu Madri[d]
dem sehr flessigem Natur=Forscher Cor[nio]
la, verstanden/ daß derselbe eine Schlan[ge]
funden/ die ohn allen Zweiffel zween [Köpffe]
gehabt/ und von ihm sehr genau betr[achtet]
worden sey. Hingegen aber zweiffelt er/[ob]
wahr sey/ daß etliche zweyköpffige S[chlan]
gen/aus einem Munde Gifft; aus dem a[ndern]
Gegen=Gifft geben.

Herrera bezeuget gleichfalls/ man fin[de in]
Chiappa, Schlangen mit zween Köpffe[n/]
so schnell den Menschen vergifften/ daß [nicht]
allein derjenige/ so von ihnen gestochen/ so[ndern]
auch/ wer nur/ mit dem Fuß/ die Stät[te]
rührt/ darüber sie gekrochen/ sterben müs[se.]

Marchgrabius nennet sie/ auf Bre[silia]
nisch/ Ibyara, und spricht/ es sey eine B[lind]
schleiche: von welcher man ins gemein a[ngeb]
be/ sie habe zween Köpffe; wiewol fälsch[lich.]
Solcher Jrrthum sey aber daher geflossen[/ daß]
sie so wol mit dem Schwantz/ als mit [dem]
Munde steche/ und man nicht leichtlich [den]
Schwantz vom Kopff könne unterschei[den/ weil]
angemerckt beyde von gleicher Gestalt [und]
Grösse seyen. Sie ist/ schreibt er/ eines S[chu]
hes lang/ und zween Finger breit drüber/ [des]
des kleineren Fingers dick; ihre Farbe w[ie]

scheinend wie ein Glaß/ mit Ringlein und
lichen braunen oder Kupffer-farbnen Stri-
bezeichnet. Sie hat überaus subtile und
m sichtbare Aeuglein/ die in der Haut han-
/ wie kleine/ mit der Nadel gepunctirte
fflein. Unweit von dem Ende des Schwan-
/ sitzt ihr der Außgang des Excrements;
htwie andren Schlangen.
Sie hält sich/ unter der Erden/ wird im
iben mit aufgegraben; uñ lebt von Ameis-

Die Portugisen wollen/ daß wider ihre
rletzung/ gar kein Rath noch Mittel haff-
Wozu aber Guilielmus Piso dennoch an-
sagt: der/ im übrigen/ mit dem March-
oto/ gäntzlich überein kommt.
Nichts desto weniger halte ich die Frage
vor unaufgelöst: weil die Amphisbæna
t einerley Gattung/ und noch nicht aller-
s bewiesen ist/ daß diese Brasilianische
ndschleiche in solches Geschlecht gehöre.
ibt derhalben noch im Zweiffel hangen/ ob
yköpffige Schlangen seyen/ oder nicht.

9. In Mexico/ findt man ein gar subti-
Schlänglein/ so nicht viel über vier Dau-
lang/ und so dick/ als eine Schwanen-
er; in einem so geringem Leibchen aber/
noch einen so starcken Gifft verbirgt/ daß
der/

der/ so von ihr verletzt/ den gewissen Todt
Halse hat. Der Bauch ist roth/ und sch[w]
getipffelt: der Rucken gelb/aber mit eben []
gleichen Tipffeln gepunctirt.

20. Bey den Quanahuacensern/ wir[t]
ne Art Schlangen außgebrütet/ welche [l]
und schmal/ einen bläulich-gelben Bauch/[]
schwartzbraunen Rucken hat. Etliche [E]
wohner geben ihr den Nahmen Micoatl, [das]
ist/ **Pfeil-Schlange:** weil sie einem P[feil]
fast ähnlich gebildet. Maßen sie denn au[ch]
aus dem Geschlecht der **Schuß-** oder **Pf[eil-]**
Schlangen zu seyn/scheinet; wenn man i[hre]
Natur und Eigenschafften ansihet: ob sie z[war]
in der Dicke/ jenem nicht gleich kommt. [Sie]
kreucht gerade herein/und krümmet sich ni[cht]
wie andre: hanget an den Bäumen / [und]
trachtet den Leuten/ mit ihrem Gifft/ ei[nig]
allein nach den Augen. Gestaltsam man
deßwegen ins gemein den Nahmen Texmi[mo-]
ni, das ist/ **die Anfliegerinn der Auge[n]**
giebt.

Eine solche Schlange ist die leichtfer[tige]
und unzüchtige Liebe: welche gleichfalls [für-]
nehmlich nach den Augen zielet/und durch [die-]
se das Hertz vergifftet.

21. Tleoa ist/ beym Hernandez/ [eine]

Blumen-Pusches Erster Theil.   111

ige Schlange / anderthalb Spann lang /
einen Finger dick; weiß / schwartz / gelb /
Erd=färbig / untereinander geschuppt.
Kopff gleich unsern Ottern: der Schwantz
et sich / beym Ende / gar kurtz ab / nemlich
ein paar Finger breit / und endigt sich mit
ellen oder Klappern. Ihr Biß tödtet / und
inet / wie Feuer; daher sie auch **die Feuri-**
eißt. Man findt aber derselben mehr / als
rley Gattung.

2. Beym Herrera / lieset man / von
hlangen / die acht Schuhe lang / und Blut=
) seynd; aber zu Nachts / einer Feuer=
mmen gleich scheinen. Hernandez mel=
daß die Mexicanische Schlange Cumcoad
chfalls / bey Nachtzeit / einen Feuer=glän-
den Schein gebe; aber vier Elen lang / ei=
Arms dick / und ihr Biß tödtlich sey.

3. Derselbige Hernandez gedenckt auch
starcken Schlangen Temacuilcahuilia:
ches so viel bedeutet / als eine / die mit Fünf=
streiten kan. Dieselbe fällt auf die Wan-
leute an / und setzt ihnen / mit so gewaltiger
drängniß zu / daß der Mensch / dem sie ein=
sich um den Halß geschlungen / entweder
en und erdrosselt werden / oder sie selbst zer=
ngen und bersten muß. Darum diejenige /

so

so dieses Ungeziefer kennen / ihr listiger A(nschlag)
einen Baum / oder sonst etwas anders /
werffen / daran sie sich selbsten / in Meynu(ng)
es sey ein Mensch / so hart drucket / und s(pan)
net / biß ihr der Leib / wie eine überspan(nte)
Bogen-Senne / mitten voneinander reißt.

24. Unter bißher erzählten Americ(ani)
schen Schlangen / werden unterschiedl(iche)
Schlangen / ob sie gleich sonst von boßha(fter)
und sehr gifftiger Art / dennoch zahm und g(e)
heimlich. Inmassen denn offt angezog(ener)
Hernandez bezeugt / er habe selber gesehen /
die West-Indianer etliche grüne Ha(uß)
Schlangen unterhalten haben: welche (sie)
noch gantz jung / und nur so groß / als ein D(au)
men / vom Felde gebracht; da sie doch hern(ach)
sehr lang gewachsen / und so dick / wie ei(nes)
Menschen Hüffte / geworden. Ihre Höle o(der)
Behausung ist ein Vas / mit Stroh außges(pick)
tert: darinn sie gemeinlich ruhen und lebe(n)
biß es Essens Zeit; alsdenn aus ihrem La(ger)
herfür gehn / und entweder ihrem Herrn freu(nd)
lich an die Schultern hinauf steigen / welc(hes)
dieses so gefährlichen Thiers schmeichle(nde)
Umfahung / mit liebkosenden Worten und G(e)
berden / annimmt; oder auch auf der Erd(en)
durch vielfältige Kreyß-schliessungen ein gr(oßes)

Blumen-Pusches Erster Theil. 113

‹ab formiren/ und also essen/ was man ih=
ürsetzt/ ohne Beleidigung einiges Hauß-
sens.

5. Ehe wir weiter gehen; will ich die=
Schlangen-Beschreibungen anhencken die
e: Ob es recht Teutsch sey geredt/ wenn
spricht/ oder schreibt: **Die Schlange**
t: Die meiste Teutsche Scribenten/ so
zierliche Feder führen/ verwerffen solches/
wollen/ man solle sagen: **Die Schlange**
t: Gestaltsam/ noch allererst nur vor etli=
Jahren/ der selige Herr Johannes Rist/
nen lustigen Monat-Gesprächen/ erin=
/ und bestetiget hat.
Aber wenn man die Eigenschafften der
langen recht betrachtet: so erscheinets/
olche Red-Art keines weges zu verwerffen
sondern eben so wol passiren könne/als ob
ráche: **Die Schlange beisst.** Denn ob
viel Schlangen beissen: so stechen ihrer
fast noch mehr: manche beissen und ste=
auch; aber also/ daß der Stich viel tödt=
: fällt/ weder der Biß: wie oben/ mit dem
npel der Brasilianischen Klapper- und et=
: anderer Schlangen/ erwiesen ist.
Von denen/ die nur allein beissen/ kan
' eigentlich zu reden/ nicht sagen; daß sie
H   stechen.

stechen. Von denen / die nur stechen /
übel geredt/ daß sie beissen. Von denen
welche so wol beissen/ als stechen/ redet man
füglich beydes. Ohne dergleichen sonder
Natur-Betrachtung aber / ist ins gemein
des gantz recht geredt: stechen und bei
Wie denn beydes auch / in unserer Teuts
Bibel / darinn man das feineste und rei
Teutsch findet / ohn Unterscheid / von
Schlangen und Ottern/ gesagt wird. Al
Buch der Schöpffung / Cap. 3. v. 15.
wirst ihn in die Fersen stechen. In
Sprüchen Sal. Cap. 23. v. 32. wird be
gesetzt: Aber darnach beisset er / wie
Schlange; und sticht / wie eine Ot
Der Prediger Salomonis/spricht/ im 10.
pitel / v. 8. Wer den Zaun zureisset;
wird eine Schlange stechen. Amos /
Prophet / gebraucht sich gleichfalls d
Worts/ Cap. 5. v. 19. Und eine Schla
steche ihn.

Ist demnach beydes recht geredt / un
nes so gut/ als das andre: ausbenommen/
man von einer Schlangen insonderheit
delt/ welche nur allein beisst.

III. Ohnangesehn wir uns / bey
Schlangen/ ziemlich lang aufgehalten ha

hes Erster Theil.   115

ch / von den geflügelten
achen / noch etwas hinzu-

Art von Schlangen / oder
/ welche Flügel und
s Maul / und viel Zähne
is Vieh leichtlich nieder-
e sie denn so gar / an die
Erb-Feinde / sich wagen /
ihre Geschwindigkeit / zu
Farbe ist blau / mit grün
ahrung allerhand rohes
on zehen Elen. Etliche
Göttliche Ehre an: gleich
tzen / in dem Reich Con-
diese Drachen gleichfalls
viel kleiner. Angesehn /
hilippus Pigafetta schrei-
o, solche geflügelte Dra-
Schaf / seyn / zween Füsse
t / so wie Schuppen anzu-
selten daselbst zu finden /
des Landes erzogen / nach
Volck / mit mercklichem
fürgestellet werden / als
des Opffers / so ihnen deß-

H ij   2. In

2. In America/ giebt es gar viel geflü[gel]ter Drachen / so von den Einwohnern / geb[ra]ten / und gefressen werden. Für welche d[ie] gleichwol die Spannier von Hertzen ersch[ro]cken; als sie dieselbe / in den Hütten der J[n]dianer / zum ersten mal erblickt haben: da [sie] gelegen/ an den Füssen gefesselt / und ihre [Ra]chen mit Stricken zugebunden / damit sie d[en] Menschen keinen Schaden thun solte[n] gleichwie man den Bären/ Hunden/ Pferde[n] und andren wilden Thieren / ein Gebiß an[zu]legen pfleget. Solcher Verstrickung un[ge]achtet/ hatte doch kein Spannier das Hertz/ [sie] anzurühren/ wegen ihrer grausamen Gestalt.

Americus Vesputius / unter welchem d[a]mals die Spannier den Zug in Indien g[e]than/ schreibt/ in seiner ersten Schiffarts-E[r]zählung: daß solche geflügelte Schlangen oder Drachen / so groß / wie ein Rehe-böc[k]lein/ gewest / lange/ und mit starcken Klaue[n] bewachsene Füsse gehabt; eine sprecklich[e] Haut/ einen Mund und Kopff / wie eine recht[e] Schlange: von der Nasen/ biß zum Ende d[es] Schwantzes seyn / über dem Rucken / gleich[-]sam Borsten (oder vielmehr dicke erhoben[e] Schuppen) gesessen: Massen/ in der Latein[i]schen Edition, das Wörtlein Seta gebrauch[t] wird

Blumen-Pusches Erster Theil. 117

d. Daher ich der Meynung bin/ diese A=
...canische Flügel=Drachen müssen einer an=
...n Art/ als die Guineische und Congiani=
... seyn.

3. Dem Leser zu Gefallen/ will ich noch
...che andre/ aber gifftige/ Flügel=Drachen
...zusetzen/ die man/ unterschiedlicher Orten
...Europa/ gesehen. Im November des 1660
...hrs hat ein Metzger zu Rom/ (andre schrei=
... damals/ es wäre ein Jäger gewest) als er
... an die Meer=grentzende Lands=Gegend/
...den Vogel=fang/ hinaus begeben/ an stat
...Wasser=Vögel einen Drachen angetrof=
... / in der Grösse eines grossen Geyers/ und
...l er denselben/ für einen Vogel/ angesehen/
...Birsch=Rohr auf ihn gelöset; auch den
...achen/ in einen Flügel/ getroffen.

Worüber dieser sich dergestalt entrüstet
/ daß er alsofort/ mit schnellen theils Lauf=
/ theils Fliegen/ gantz rachgierig auf den
...zer angangen. Welcher ihn aber gleich/
... einem frischen Schuß/ empfangen/ und
...t in die Gurgel getroffen/ davon er zur
...unde gefallen/ und todt ligen blieben: den=
...). aber nicht ungerochen. Sintemal sein
...sendes Blut den Obsieger/ mit einem so
...ifftetem Hauch angesteckt/ daß derselbe/ so

H iij   bald

bald er wieder heim in sein Hauß gekomm[en]
sich übel befunden/ gelegt/ und noch diese[lbe]
Nacht über gestorben: da denn der gr[üne]
Gifft/ über dem gantzen Leichnam/ auß[ge]
fahren.

Vor seinem Ende/ hat einer/ von ihm/ [die]
Gegend und Stätte des Kampffs erforsch[et/]
nachmals sich/ folgenden Tags/ hinaus be[ge]ben/ und den Drachen/ jedoch schon angefa[ult]
befunden; aber gleichwol/ zum Wahrzeich[en/]
den Kopff des Drachens mit sich/ in die St[adt]
Rom gebracht. Woselbst die Natur-Gele[hr]ten erkannt/ daß es eines rechten wahrhaffti[gen]
Drachens Haupt/ so mit einer gedoppe[lten]
Reihe Zähnen gewaffnet war/ und einen [Ra]chen hatte/ wie die Schlangen. Im übri[gen]
ist er zwey-füssig gewest: welche Füsse a[ber]
gantz wunderförmig und abentheurlich ges[ehen]
und aller krospelicht/ gleich wie die Gän[se]
Füsse.

4. Ehe das Land Underwalden/ in [der]
Schweitz/ noch recht überall/ mit Einwo[h]nern/ besetzt worden/ hat/ in einer sehr gro[ssen]
Berg-Hölen/ nahe bey dem Dorff Wyl
(oder Weiler) ein Drach sein Lager gehab[t/]
und so wol Menschen als Vieh so gro[ssen]
Schaden gethan/ daß die Einwohner dadu[rch]
genöthi[gt]

Blumen-Pusches Erster Theil. 119

nöthigt worden/ selbiges Dorff zu verlassen: ſolches denn hernach darüber/ in seinem Nahmen/ ein Zusatz bekommen und behalten/ daß Oede-Weiler genannt worden.

Um selbige Zeit hatte ein edler/ streitbarer/ und großmütiger Mann/ (wie ihn Cysat titulirt; denn Stumpfius nennet ihn einen Landmann) durch ein begangenes Unglück/ ſeines Vatterlandes verluſtig gemacht/ und muſte in der Fremde leben: weil daheim die Rache der Gerechtigkeit seiner wartete/ und Blut um Blut forderte. Als dieser/ Nahmens **Winckelried**/ aus dem Gerücht vernommen/ was besagter Drach für Schaden und Unheil ſtifftete; hat er sich/ gegen der Obrigkeit/ erboten/ dafern sie ihm Lands-Huldigung ertheilen/ und seine Mißhandlung verzeihen wolte/ den Drachen umzubringen. Der Magistrat ließ ihm den Vorschlag gefallen/ und versprach/ was er begehrte.

Hierauf hat sich dieser küne Rittersmann/ ſich der forchtſamen Hölen begeben/ und die grauſame Bestie/ mit seinem Gewehr/ welches ein Spieß und grosses Schwerdt gewesen/ zum Kampff außgefordert. Vorher aber hatte er ein Dorn-Püschlein voll langer Stacheln an den Spieß gesteckt. Als nun der

H iiij Drach

Drach/ mit Flügel=schneller Gewalt/ auf i[hn]
angesetzt: hat jener ihm den Dorn=Strau[ch]
in den aufgesperrten Rachen/ so vest und ti[ef]
hineingestoffen/ daß er seines Widersachers [ver]
vergessen muste/ und sich bemühen/ einen
rauhen stachlichten Bissen wieder von sich
bringen. Unterdessen vergaß dennoch der R[it]
ter seines Vortheils nicht; sondern verse[tzte]
dem Drachen da/ wo die Haut demselben a[m]
weichsten war/ mit dem Schwerdt etlic[he]
Streiche/ daß er umfiel/ und den Streit/ sam[t]
dem Leben/ aufgabe.

Der Uberwinder schwang hierauf/ fro[h]
lockender und triumphirender Weise/ se[in]
Schwerdt/ etliche mal/ in die Höhe. Ab[er]
solche Freude währte nicht lang: Denn hier[ü]
ber floß ihm das/ am Schwerdt sitzende Dra
chen=Blut auf die blosse Haut/ und vergiftet
ihm dieselbe dermassen/ daß er bald hernach ge[=]
storben. Massen Cysatus, am 168. Blat sei[=]
ner Schweitzerischen Städt=Beschreibung,
deßgleichen Stumpfius/ im 7. Buch sein[er]
Schweitzer=Chronic/ Cap. 2. solchen Stre[it]
erzehlen.

Jetztgenannter Cysat schreibt gleichfall[s]
dieses: daß ein Bauer/ bey der Heu=Erndte/ ei[=]
nen ungeheuren Drachen/ auß dem Pilatus[=]
Berge[n]

Blumen-Pusches Erster Theil.

ge / nach einem andren gegen über ligen-
Berge / fliegen gesehn / und vor Schrecken
r darüber in Ohnmacht gefallen wäre.
och habe selbiger Graßschneider in acht
mmen / daß der Drach einen Safft von sich
ssen: welchen jener / nachdem er wiederum
r Kräfften und Sinnen sich erholet / auf
Wiesen / in Gestalt eines gelieferten oder
ndenen Bluts / gefunden; auch innerhalb
es Saffts einen bunten Stein / den man /
biß auf diesen Tag / als ein unschätzbares
nod / zu Lucern in der Schweitz / aufhebt:
er ein köstliches wolbewehrtes Mittel / wi-
lle gifftige und pestilentzialische Seuchen.

Diesem wollen wir schließlich beyfügen
n Vorfälle / so Herr Pater Kircherus / aus
n Christoff Schorers / eines fürnehmen
Beamten von Solothurn / Schreiben /
let. Als besagter Amtmann / im Jahr
). bey Nacht / den klaren hellgestirnten
mel beschauet; ist / aus der Hölen eines
en Felsens obgenannten Pilat-Berges /
läntzender Drach herfür / und nach einer
en Berg-Hölen zu / so gegen über neben
See / zu finden / und Flue heißt / geflogen /
überaus schneller Bewegung der Flügel.
ar sehr groß / hatte einen langē Schwantz /

H b   imglei-

ingleichen einen lang=herfürgestreckten H
einen Schlangen=förmigen Kopff/ und ei
Rachen voll Säg=Zähne.

Unter währendem Flugg/ speyete
streuete er etliche Funcken von sich/ wel
nicht anders anzusehen war/als wenn die F
cken von dem Ambos der Schmiede h
springen. Anfangs zwar meynte der A
mann/es wäre irgend ein Meteoron, oder
türliches in der Lufft spielendes Feuer: aber
fleissige und genaue Beobachtung aller
jeder Umstände versicherte ihn/ es müste
rechter leiblicher Drach gewesen seyn: an
merckt/ solches die Augenscheinliche Be
gung/ so wol auch die Gestalt der Gli
gnugsam bewiesen.

Eben derselbige Herr Schorer hat/
benst einem Jäger/ Nahmens **Paul Schu**
perlin/ im Jahr 1654. um Jacobi/als sie d
selbigen Berg Flue hinangestiegen/ und d
Wilde nachgespührt/ unversehns ein and
nicht vermutetes Wild angetroffen/ am E
gang einer sehr grossen Speluncken: neml
einen Drachen/ dessen Kopff/ wie die Schl
gen=Köpffe gebildet/ Halß und Schwantz b
gleicher Länge waren. Er hatte vier Füss
die länger/ als ein Schuch/ anzusehn/ u
giei

ig auf selbigen umher: war/ über den gan-
Leib/ mit Schuppen bedeckt/ und mit vie-
grauen/ weissen/ und gelben Flecken/ ge-
ckelt. Sein Kopff sahe einem Pferds-
pff nicht ungleich. Alsbald er aber ihrer
chtig worden; hat er sich mit grossem Ge-
sch und Schütteln seiner Schuppen/ in die
le hinein begeben.

Wolte aber jemand diese Drachen fressen;
 solten sie viel übler bekommen/ weder ob-
riebene Americanische den West-India-
n/ welche/ wie viel andre grosse Schlangen
iger Gegend/ohn allen Schaden sich lassen
zehren; wenn man Kopff und Schwantz
on thut. Wiewol dennoch Petrus de Vi-
ria/ beym Bisselio/ seinen Gesellen einen
ssen Schlangen-Kopff zum besten gegeben/
ihnen nichts geschadet hat. Sonst meldet
Niederländische Beschreibung des Landes
inea: man habe/ andrer Orten/ geflügelte
rachen/ von hundert Schuhen gefunden/
elche so hoch empor geflogen/ daß sie die/
in der Lufft schwebende/ Vögel er-
greiffen können.

Das

Das VI. Capitel.

Inhalt.

I. Guineische und Americanische Crocodi[len]
unterschiedlicher Art.
II. Eydexen/ in Guinea/ Brasilien/ und
dren Americanischen Ländern.

I.

AUsser so mancherley Schlangen [und]
Drachen/ müssen sich die Einwoh[ner]
des Landes Guinea auch/ für den C[ro-]
codilen/ förchten/ derer es allda viel gi[bt.]
Denn ob zwar die Guineische Reiß-besch[rei-]
bung Michael Hemmersams/ im 15. Cap[itel]
zweyter Aufflage/ dieselbe so fromm außgie[bt/]
als ob sie keinem Leid thäten/ der sie nicht
leidigte: weiset doch die Niederländische [Be-]
schreibung ein anders aus/ vermeldend/ daß
daselbst nicht allein das Vieh wegführen; s[on-]
dern auch wol Menschen angreiffen u[nd]
fressen.

Jetzt gedachter Hemmersam schreibt ihn[en]
die Länge eines Mannes zu; aber die Sch[iff-]
farts-Relation der Niederländer eine unglei[ch]
grössere: nemlich/ daß man vielmals welc[he]
antreffe/ die zwey und zwantzig Schuhe lan[g]

Blumen-Busches Erster Theil. 125

...re starck-geschuppte Haut dienet ihnen für
...n Schild / welcher den Spiessen und Ku-
...n keinen Durchbruch verstattet. Gleich-
... haben sie sehr zarte Hälse: verbergen zwar
...wegen das erhaschte Vieh / unterm Was-
... bringens aber / wenn sie es fressen wollen /
...der heraus / aufs Land: aus Forcht / daß
...n/ unterm Gefräß/ nicht irgend das Was-
...zugleich in den Schlund hinab lauffe / dar-
...ie müsten ersticken. Wiewol ich vermey-
...es geschehe vielmehr darum / weil sie im
...sser sehr übel; auf dem Lande aber / sehr
...rff sehen. Unten am Bauch / seynd sie
...chfalls gar weich / und allda leicht zu er-
...jen.

Ihre Eyer seynd nur so groß/ als ein Gäns-
Ey. Nierembergius schreibt: daß sie sech-
Tage tragen/ alsdenn auch sechzig Eyer le-
/ und dieselbe / in eben so viel Tagen / aus-
...ten. Welches / ohne Zweifel / von diesen
...icanischen und Asiatischen Crocodilen /
...s verstanden werden: angemerckt/ dieselbe
...sser/ weder die Americanische/ und also auch
...muthlich mehr Eyer legen: inmassen uns
...folgende Satz entdecken wird.

. Der Brasilianische Crocodil lässt sich/
den Guineischen / ziemlich vergleichen;
ausser-

ausserhalb der Grösse: denn dieser ist kla
und wächst selten über 6. oder 7. Schuhe l
legt auch nicht über zwantzig oder dre
Eyer/ welche er/ im Neumond/ in Sand
scharret; im alten aber/ da sie schon leben
wieder außgräbt. Sie fallen ein wenig g
ser/ als Hännen-Eyer: werden so wol/von
Niederländern als Brasilianern gesucht/
verzehrt; wie ungleichen das Crocodi
Fleisch selbst. Hingegen haben sich die Schw
mer oder Badende fürzusehen/ daß sie
nicht in den Rachen gedeyen: welchen er
Wasser gar weit/ jedoch listiger Weise/
ihnen auffsperret/ und mit seinen sehr schar
Zähnen ihnen grausame Wunden beisst:
wol dieselbe/ mit seinem eigenem Fett/ am
lichsten wieder zu heilen.

Nichts desto weniger jagen ihm beyde
Gebissene und Ungebissene unverdrossen
eyfrig nach/ eben um seines so heilsa
Schmaltzes willen; zum theil aber auch we
der Testiculn oder (S. V.) Hoden/ die wie
Apotheck riechen/ und deßhalben theur be
werden. So berichtet auch Petrus Ma
(lib. 4. Ocean. Dec. 3. p. 51. in fol.) von
Americanischen Crocodilen/ in der Landsch
Xaguaguarà: daß sie/ in der Flucht/ einen

Blumen-Pusches Erster Theil. 127

) hinter sich gelassen/ der anmutiger als Bi-
oder Zibet: Meldet gleichfalls dabey/ von
Nilotischen Crocodilinnen in Africa habe
ihm dergleichen gesagt; insonderheit von
Schmaltz derselben/ welcher den köstlich-
Arabischen Specereyen Trutz bieten solle.

Aber/ wieder auf die Brasilianische Cro-
len zukommen: so haben selbige einen wei-
Rachen/ welcher weit über die Augen kan
zerissen werden.   Den obern Kinnbacken
nen sie bewegen; den untern aber nicht.
en keine Zunge; sondern nur eine Perga-
-gleiche Haut/ so die Gestalt einer Zun-
nachbildet; ob sie selbige Haut gleich nicht
nen empor heben. Ihre Augen sind groß/
d; und die Aug-äpffel schwartz. Der obere
ß und Rucken ist voller grosser Puckeln/ so
Schuppen geziert.   Auf der letzten Helffte
Schwantzes/ stechen gerad übersich starcke
ßfedern/ biß zum Ende: womit sich das
ier/ im Schwimmen/ regiert/ als wie mit
em Steuer-Ruder.

Wenn dieser Crocodil/ am Raube/ sich ge-
igt hat:(welchen er nicht/ wie die Guinei-
e/ nur auf dem Lande/ verzehrt/ wiewol sol-
s nicht allein obangezogene Guineische Be-
reibung; sondern auch à Costa, im 3. Buch/
Cap.

Cap. 15. von den Americanischen derglei[chen]
außgiebt) springt er herfür / aus dem St[rom]
streckt sich / langs dem Ufer / in der Son[nen]
und thut seinen Schlund weit auf. Da fle[uget]
alsdenn ein kleines Vöglein hinzu / und r[eini]
get der schlummernden Bestien die Zähne/[von]
denen noch daran klebenden übrigen Bißl[ein]
fast auf gleiche Weise/ wie Plinius von der [A]
fricanischen Crocodilen erzehlt.   Jnden[en]
aber also faullentzet und schläfft; wird sie [offt]
von den Wilden/ übel aufgeweckt/ und am [end]
lichsten umgebracht. Wie hievon Piso / i[m]
Buch der West=Jndischen Natural=Histo[rie]
mit mehrern zu lesen.

Lerius gedenckt/im 10.Capitel seiner [Bra]
silianischen Erzehlung : man dörffe sich/[vor]
etliche Crocodilen daselbst / so gar nichts be[sor]
gen/ daß der Wilden Häuser derselben offt [voll]
sind/ und die jungen Knaben / mit ihnen / [ohne]
Schaden mögen spielen : Jedoch sey ihm/ [von]
etlichen alten Brasilianern/ angezeigt : daß [sie]
sich/ für einer andren Art von Crocodilen/ [wol]
fürzusehen hätten/ wenn sie über Feld müste[n]
und sich derselben/ mit ihren Pfeilen / kaum [er]
wehren könnten : weil diese / so bald sie nur [ei]
nen Menschen vermerckten / gleich aus de[m]
Rohr herfür wischten / und denselben ung[e]
stümlich anfielen.   3.

Blumen-Pusches Erster Theil. 129

3. In manchen andren Americanischen
[Län]dern aber/ zeuget die Natur viel grössere
[Cr]ocodilen/ denen weder die Guineische/ noch
[Eg]yptische/ zu vergleichen. Gomara schreibt
[(ca]p. 197.) es sey/ bey Panama/ ein Crocodil
[getö]dtet worden/ welcher hundert Schuhe in
[der] Länge/ und in seinem Magen viel Stein-
[lein] gehabt.

[W]as jetzt berührte Steinlein antrifft; erstat-
[tet] Fr. Ximenes davon weitere Nachricht: daß
[näm]lich der Crocodil/ wenn ihm andre Speise
[gebr]icht/ kleine Steinlein einschlucke/ welche
[ma]n jemaln/ in seinem Magen/ halb verdauet
[find]et: und das Pulver solcher Steine soll
[treff]lich gut seyn/ wider den Nieren-Stein.

[ ]Nicolaus Monardus (Cap. 3. Simpl. Med.
[Lib]t.) schreibt: Man finde/ bey etlichen Cro-
[codi]len/ gantze Körbe voll solcher Steine; und
[wer]den dieselbe/ von den Spanniern und In-
[woh]nern/ fleissig aufgehoben/ zur Artzeney wi-
[der] das viertägige Fieber. Er selbst hat zween
[des]elben einem Jungfräulein/ so von gemeld-
[tem] Fieber geplagt worden/ an die Schläffe
[geh]enckt; und in acht genommen/ daß die Fie-
[ber-]Hitze hierauf mercklich nachgelassen.

[ ]Der grossen Americanischen Crocodilen
[Ey]er haben/ gleich den Guineischen/ die Grösse

J   eines

eines Ganß=Eyes; aber ungleichere Hä[rte]
weder der Vögel Eyer. Denn / wenn m[an]
sie / wider einen Stein / schlägt; werden [die]
Schalen zwar ein wenig zerknirschet; d[och]
nicht gar zerbrochen: sondern man muß [das]
übrige/ mit einem Messer/ herab nehmen/ [und]
außschälen. Der Safft oder Dotter / so d[ar-]
inn ist/ schmeckt/ wie ein alter verlegener o[der]
fauler Bisem: massen Hieronymus Benzo[(im]
14. Cap. des zweyten Buchs / von der Ne[uen]
Welt) berichtet.

4. In Florida / setzt die Natur gleichf[alls]
gar grosse und ungeheure Crocodilen daher,
den Aegyptischen weit überlegen / auch so [?]
und rauberisch sind / daß die Einwohner [mit]
sie streiten und kriegen müssen. Diese Fl[ori-]
daner machen/ am Wasser/ ein kleines Hä[us-]
lein voll Löcher / darinn einer die Schildwa[cht]
stehet/ um auf die Ankunfft der Crocodi[len]
Achtung zu geben: welche/ wenn sie Hun[ger]
leiden / aus dem Wasser herfür kriechen / [auf]
die Inseln / und so ihnen kein Raub zu t[heil]
wird/ so erschrecklich zu schreyen anheben/ [daß]
mans über eine halbe Meilwegs höret. H[ier-]
auf berufft der Wächter alsobald andre [Ne-]
ben=Schildwächter zu sich: und nehmen i[hrer]
zehen oder zwölff einen langen Baum; ge[hen]
da[mit]

mit der ungeheuren Bestien/ welche hinzu
leicht/ um einen aus ihrem Mittel zu ver-
lingen/entgegen/ stossen ihr/mit grosser Be-
ndigkeit das vorderste spitze Ende des
ums so tieff in den Rachen/ als ihnen mög-
ist. Selbiger Baum hat eine ungleiche
he Rinden: darum er nicht leichtlich wie-
um heraus weichen kan.   Wann nun der
e also best steckt: werffen sie den Crocodil/
unter Hand/ auf den Rucken/ und schen-
 ihm/ in seinen weichen Bauch so viel Pfei-
biß er gnug hat/ und verrecket.
Solche Schildwachten Tag und Nacht
ustellen/ zwingt sie die grosse Gefahr/ so ih-
 von diesem Thier stets bevorstehet.

. A Costa erzehlet ein männliches und
zhafftes Stück/ von einem Americaner;
cher/ mit dem Crocodil / einen tapffren
mpff gehalten. Es begab sich/ daß ein jun-
Knäblein/ am Wasser/ von diesem Thier/
schet/und stracks unters Wasser verstecket
 de. Als solches ein Americaner/ dem das
d zustund/ ersehen ; läufft er / gleich als
end/ auf dem Crocodil / zu / ins Wasser/
t demselben/ mit seinem Messer / in den
uch/ einen grimmigen Stoß: wovon das
er gedrungen worden/ wiederum dem Ufer
J ij zuzu-

zuzuschwimmen / und das Kind fahren zu [se]-
[hen]: welches doch gleichwol allbereit ertr[un]-
cken war.

 6. Derselbige à Costa meldet: das A[me]-
ricanische Tigerthier lebe / mit den Crocodi[len]
in ewiger Feindschafft: und habe ihm [ein]
Spannischer Ordensmann erzehlt / daß de[rsel]-
be einen Cayman (also nennet man der O[rten]
ins gemein den Crocodil) mit dem Tiger f[ech]-
ten gesehn. Der Crocodil habe / mit sein[em]
Schwantz / dem Tiger hefftig zugesetzt / [und]
manchen harten Streich gegeben: in M[ey]-
nung / jenen / durch seine grosse Stärcke / [ins]
Wasser zu ziehen: deme aber das Tigerth[ier]
mit seinen Klauen / sich tapffer entgegen gese[tzt]
und solchen seinen Feind / im Gegenstande /[aufs]
Land zu ziehen / gestrebet: zuletzt sey dem [Ti]-
ger der Sieg geblieben / und der Crocodil / [von]
demselben / zerrissen worden. Welches a[ber]
am Bauch muß geschehen seyn: angemerc[kt]
sonst der Crocodil gemeinlich den Meister
spielen pflegt: wiewol die Americanische [Ti]-
ger / sonderlich in Mexico / sehr starck u[nd]
grimmig.

 II. In Guinea / laufft das Farb-wandl[ende]
deThierlein Chamæleon / und die Eyder / häu[f]-
fig herum. Wir wollen allhie / von dem letzt[en]
etwas reden.

Die Eyderen daselbst fallen sehr groß. Gestaltsam die Niederländische Beschreibung des Königreichs Guinea berichtet: den Holländern sey einsmals daselbst/ im Walde / eine Eyder aufgestoßen/ die sechs Schuhe lang/ und so dick gewesen/als ein Mann/ bedeckt mit weissen Schuppen / und von Glantz einer Meer-Schnecken gleich: Sie sey eine viertheil Stunde stehen blieben/ und habe die Leute angesehn; endlich die Flucht zum Walde hinein nommen / mit einem solchen Geräusch/ als ein grosser Hirsch/ durch ein Gesträuch/ lief.

Dennoch wird ihnen das Lob zugeschrieben/ daß sie der Menschen Freunde seyn.

2. Von den Eyderen/in Nicaragua, giebt Lonzo, im 14. Cap. des 2. Buchs / folgenden Bericht:

Wir fingen (also lauten ungefähr seine " eigene Worte) ein kleines vierfüssiges Thier- " lein / Iguanna daselbst genannt / ist unsern " kleinen Heid-Ochsen nicht fast ungleich / hat " unten am Halse eine lange Haut herfür ge- " hen/gleich wie ein Indianisch Hun/auf dem " Kopff einen schönen Kamm/wie ein Han/und " und auf dem Rücken spitzige Stacheln wie " Hörner/ die Weiblein seynd viel besser dann " die Männlein/ und ihre Eyer übertreffen an "

J iij   Güte

„ Güte und lieblichen Geschmack das Flei[sch
„ Sie ernehren sich zu Wasser und auf d[em
„ Lande/ jedoch trifft man sie häuffiger auf d[em
„ Lande an/ dann im Wasser/ sie kriechen [auf
„ die Bäume/ und fressen die besten Früc[hte
„ davon. Dieses Thier ist erschrecklich [an]
„ zusehen/ denen so seine Natur nicht bekan[nt/
„ aber es ist gantz heimlich und still/ also da[ß es
„ gantz kein Geschrey von sich gibt/ kan a[uch
„ zehen/ bißweilen wol 20. Tage ohne Sp[eise
„ bleiben. Das Fleisch ist sehr delicat u[nd
„ lieblich zu essen/ und wird für ein Leckerb[iß]
„ sein gehalten/ und über der Reichen Ti[sch]
„ gefunden. Denen aber ist es schädlich/ [die]
„ die böse Blattern (oder Frantzosen) geha[bt/]
„ denn es machet dieselbe wieder herfür b[re]-
„ chen. Es legt auf einmal bey viertzig/ a[uch]
„ wol fünfftzig Eyer/ die rund und schier [so]
„ gros sind als eine zimliche Nuß/ inwen[dig]
„ gelb und weiß wie die Hüner-Eyer/ und ü[ber]
„ alle massen liebliches Geschmacks/ fürneh[m]-
„ lich wann man sie in einer Pfannen/ n[icht]
„ mit Oel oder Butter/ sondern allein [mit]
„ Wasser an statt des Oels kochet und zu[be]-
„ reitet.

3. Brasilien hat mehr/ als einerley A[rt]
von Eyderen: Lerius schreibt von etlichen

Blumen-Pusches Erster Theil.   135

...an Touous nenne / und Asch=grau / jedoch
...esprengt seyn/ wie die Unsrige ; aber vier oder
...ünff Schuhe lang / ziemlich dick / und er=
...hrecklich : in den Pfützen / auch fliessenden
...Wassern / und in den Bächen / sich aufhalten/
...ie bey uns die Frösche ; jedoch niemanden
...haben. Er rühmt/ daß sie ein hertzliches Es=
...n geben / und spricht / er habe / im gantzen
...ande/ kein bessers Leckerbißlein versucht: weil
...e weisses Fleisch haben / wie die Kapaunen ;
...er sehr zart / schleckrich / und lieblich : Mel=
...et / ihm sey zwar erstlich ein Grauen davor
...ngekommen ; so bald er es aber versucht/ habe
... diesem / vor aller andrer Thiere Fleisch / den
...reiß gegeben.

...Nach diesem/ gedenckt er/ bald darauf/ ei=
...er andren Art von Eyderen / welche in den
...Wäldern lebe / und sehr schädlich sey. Ich
...alte dafür / es sey der Gattung/ welche / vor=
...zehlter massen/ den Holländern / in Guinea
...gegnet : angesehn/ solches aus folgender sei=
...er Erzehlung wird erhellen / die er gleich da=
...y anhenckt.

...Ich/ und zween andre Frantzosen (schreibt "
...) reiseten auf eine Zeit im Lande herum/ "
...sselbige zubesehen / und hatten keine Wil= "
...n bey uns/ wie wir sonsten pflegten/ giengen "

J iiij   also

„ also in den Wäldern hin und her / und
„ men in ein tieffes Thal / in demselben hör
„ wir ein Gereusch / und hielten dafür / es
„ herte sich uns etwa ein schwaches unwä
„ hafftes Thierlein / giengen immer fort / u
„ besorgten uns nichtes. Ungefehr erblic
„ wir auf einen Hügel / etwan dreyssig Kl
„ ter von uns / eine Eyder / die war dicker
„ ein Mensch in der Mitten / fünff oder se
„ Schuh lang / und wie eine Meer-Musch
„ überall mit weißlechten harten Schupp
„ überzogen / den einen fordern Fuß hub sie
„ in die Höhe / und sahe uns an mit aufgere
„ tem Kopffe / und funckelnden Augen / wo
„ ber wir sehr erschracken / weil unser kei
„ kein Rohr oder Büchse bey sich hatte / s
„ dern nur unser Seiten-Gewehr / Bogen u
„ Pfeile hatten wir wol / aber wegen der h
„ ten Schuppen kunten sie diesem ungeheu
„ Thier keinen Schaden thun / musten a
„ besorgen / wenn wir hätten wollen entlauff
„ daß uns das Thier übereylet / und alle
„ würget hätte / darum sahe einer den and
„ erschrocken an / und blieben auf der St
„ stockstille stehen.
„ Als nun dieser erschreckliche ungehe
„ Wurm mit seinem aufgesperretem Rac
gra

Blumen-Pusches Erster Theil. 137

uſamen Schnauben/wegen groſſer Hitze/ "
m es war ein heller ſchöner Tag/ und "
u um den Mittag)daß wir ſein Schnau= "
eigentlich vernehmen könten/ uns eine "
theil Stunde ſtarr angeſehen hatte/ lieff "
lötzlich oben auf einen Berg/ und machte "
ſolch Geräuſch in dem Geſträuch und "
rnern/ daß kein gejagter Hirſch ſo unge= "
üm ſeyn könte. Wir/ die gantz erſtar= "
begehrten ihm nicht nachzuſetzen/ ſon= "
danckten GOtt/ daß Er uns aus dieſer "
ahr erlöſet hatte/ und nahmen unſern "
g weiter. "

Bißher Lerius. Welcher dieſe Begegniß
ich/ mit dieſer Mutmaſſung/ beſchleuſſt:
il man ſage/daß die Eydexen ſich des Men-
freuen; ſo möge dieſe gleichfalls/ nur aus
e/ ſie alſo haben angeſehn.
Aber daraus iſt kein gewiſſer Schluß zu
hen. Vielmehr ſolte man mutmaſſen/ ſie
e es/ aus Schrecken/gethan: angemerckt/
nſt nicht/ mit ſolchem rauſchendem Ge-
würde durchgangen ſeyn: welches/ ohne
eiffel/ aus wilder Furcht/ geſchehn. Ohn
r iſt es nicht/ daß man allen Eydexen/ de-
wol ſechſerley Arten/ in Braſilien/ zufin-
eine Liebe des Menſchens zuſchreibe; aber

J b   dieſer

dieser Ruhm dennoch nur etlichen allein
bühre: Wie Piso recht urtheilet. Ameri[
eine kleine drey zwey=Finger lange/ und
Schwanen-Feder=dicke Eyder/ ist gewi[
mehr eine Blut= als Muth=Freundinn
Leute: sintemal sie sehr begierlich nach [
schen=Blut trachtet/ um selbiges zu sau[
sich auch deßhalben in den Häusern verste[
und das Liecht meidet: dahingegen andre
schädliche Heyderen stets den Sonnens[
lieben. Denn diese ist sehr gifftig: also [
daß der Katzen/ von welcher sie verschlun[
der Bauch geschwillet/ und sie an ihr den
frißt. Die Brasilianer berichten: Wen[
Weibsbild/ oder nur dessen Kleid/ von d[
kleinen Blut=gierigen Eyderen/ werd[
rührt; so könne selbiges Weib hernach ni[
empfahen.

Es giebt aber doch einige andre Gat[
gen/ als Taraquira und Tejunhana, die e[
Schuhes lang/ ohne den Schwantz/ der
viel länger/ und mit dem Kopff schnell gl[
sam wincken/ wenn sie etwas sehen/ und [
lich geschwinde lauffen: Selbige mag [
billig für Menschen=Liebhaberinnen rüh[
Denn wenn sie sehen/ daß der Mensch schl[
und etwan eine Schlange/ oder andres gifft[
Th

Blumen-Pusches Erster Theil.   139

...ier/ sich demselbigen nähert/ um ihn zu be-
...ädigen; so lauffen sie Wind-schnell hinzu/
...wecken ihn auf: damit er nicht verwun-
...werde.   Wissen sonst auch behende aller-
...d Würmlein/ und Fliegen/ zu fahen.

Das VII. Capitel.

Inhalt.

Americanische und Guineische Schildkröten.
Scorpionen.
Mancherley Gattungen wunderseltsa-
mer Spinnen.

I.

Von Schildkröten/ sihet man/ in Gui-
nea/ und noch vielmehr in America/
mancherley Gattungen/ die füglich/
Land- und Wasser-Schildkröten/ sich un-
scheiden lassen: ohnangesehn/ die Wasser-
childkröten auch aufs Land kriechen.   Die
...rasilianische Land-Schildkröten führen ins
...mein einen schwartzlechten Schild/ darauf
...Natur mancherley gelbe Figuren und Stri-
...e gepinselt.   Die Wasser-liebende Schild-
trägerin-

trägerinnen haben / an statt der Füsse/ gle[ich]
sam Flügel. Was aber diese Brasiliani[schen]
betrifft; habe ich selbige/in dem Ost= und W[est]
Indianischem Lust= Garten / am 335. B[latt]
allbereit außführlich beschrieben: mag der[ohal]
ben allhie solches nicht wiederholen. Eben [da]
selbst findet der Leser von den Virginianisc[hen]
und andren Schildträgerinnen mehr.

Von den Eyern der Meer= Schildkrö[ten]
muß ich diß wenige/ aus Petro Martyre /
hie anziehen. Derselbige meldet / (lib. 9.
cean. Dec. 3.) daß / bey Neu= Hispanien /
Meer= Schildkröten/ mit Schilden bede[ckt]
welche viel grösser / dann ein grosser run[der]
Schild; und wenn ihre Brutzeit kommt /
dem Wasser herfür/ ans Land/ gehen/ dase[lbst]
ein tieffes Loch im Sande graben / und in
vierhundert Eyer hinein legen; nachma[ls]
wenn sie keine mehr bey sich haben/so viel S[an]
des wieder über das Loch schütten/als gnug
die Eyer damit zu bedecken. Wenn solches
schehen / machen sie sich wieder davon / n[ach]
dem Meer zu/ und seynd ums Außbruten [wei]
ter unbesorgt. Unterdessen tritt die Son[ne]
an Mutter Stat/ und brutet die Jungen d[er]
gestalt auß/ daß/ wenn die/ von der Natur/[be]
stimmte Zeit gekommen/ dieselbe/ nicht a[nders]
der

/ als wie ein Ameyß-Hauffen/ aus dem
nde herfür kriechen. Die Eyer selbiger
ricanischen Schildkröten sollen schier so
ß seyn/ als ein Ganß-Ey; und das Fleisch
Thiere selbst/ wie Kalb-Fleisch/ schmecken.
Die Americanische seynd zwar so groß
t/ wie die Einwohner des Ost-Indischen
rothen Meers; mit derer Schilden gantze
ten gedeckt/ oder kleine Nachen daraus
acht werden. Nichts destoweniger hat
gleichwol auch/ in West-Indien/ eine
hildkröte gefunden/ daran sich achtzig Men-
n satt gegessen. Daraus leichtlich zu schlies-
/ sie müsse eine ziemliche Grösse haben
abt.

. Die Wasser-Schildkröten/ in Guinea/
d sehr schläffrige Thiere: schwimmen auch
rentheils schlaffend: werffen sich/ wenn
Sonne gar heiß sticht/ und ihnen den
hild erhitzet/ von einer Seiten auf die an-
/ vom Bauch auf den Rucken/ und von dem
cken wiederum auf den Bauch: um sich/
ch solche Abwechselung/ zu kühlen. In
t sie nun also schlaffend/ von den Wellen
Meers/ werden fortgetrieben: wirfft der
ineische Mohr ihnen nur einen Haken zwi-
n die Schalen/ und zeucht sie heraus. Wiewol

wol sie/ so bald sie eines Menschen gewar w[er]
den / sich geschwind im Wasser verberge[n/]
doch aber bald wiederum herfür müssen / u[nd]
nicht lange darunter bleiben können.

11. In dem Americanischem Lande G[ua-]
temala / kriechen / auf den Bergen der La[nd-]
schafft Yzalcos, Scorpionen / die so groß/ [als]
bey uns die Küniglein oder Kaninchen.

2. Hingegen ligen/in Brasilien/im St[au-]
be/ und unter den Steinen / solche Scorpi[on-]
lein/ die viel kleiner/ nach Lerii Beschreibun[g/]
weder die in Provintz: aber eben so vergiff[t]
und tödlich/ mit ihrem Stich/ als jene imm[er]
mehr: befinden sich auch gern/ wo man es re[in]
hält / und verbergen sich unterweilen in d[en]
Brasilianischen Schlaff-Garnen.

Es muß aber solches eine besondere A[rt]
von Scorpionen seyn. Denn sonst schrei[bt]
Marchgrafius: daß der Brasilianische Sco[r-]
pion Jaaciaiira, eine solche Grösse habe / [er]
schwerlich/ seines Bedunckens/ in andren L[än-]
dern irgends wo. Angeschaut / man sie d[a-]
selbst fünff oder sechs Finger lang/ und zierli[ch]
dick finde. Sie haben acht Beine / und zw[een]
Arme/ samt den Scheren/die sie lang außstr[e-]
cken können ; überdas einen langen Voge[l-]
krummen Schwantz / mit zween Stachel[n]

Blumen-Pusches Erster Theil. 143

berichtet/ ihr Stich sey leichter zu heilen/
der Europæischen / und nicht tödtlich.
denen aber/ die unter der Zona torrida,
brennenden Welt-Schnur/ zufinden/
ibt Kircherus / daß sie über alle massen
ig/ und ihr Stich nicht zu heilen sey.

11. Den letzten Theil dieses Capitels soll
machen die Meisterinn von vielen Kün-
nemlich/ die Spinne: welche nicht allein/
ihrem Gewebe/ alle Wircker und Weber
ordert; sondern auch einen Landmesser/
ltäntzer/ Jäger / und Schneider/ spielt.
wenn ihr/ von ihrem Gespinste/ wozu
igener Leib ihr das Garn reichen muß/ ein
en/ entweder durch den Wind/ oder durch
rossen Fliegen/ oder andre Zufälle/ abgehen und zerrissen wird: weiß sie denselben
ort/ mit so geschicklicher Behendigkeit/
er zu hefften und flicken/ daß man den Riß
ach im geringsten nicht kan spüren. Die
rn-gelehrte haben/ in ihrem Gewebe/ eine
e Geschickligkeit gefunden/ daß sie ihr Re-
strolabii daher benahmset haben.
Weil aber ihre subtile Kunst uns / des
mmers/ gnugsam für Augen schwebt; vor-
den Häusern/ da es faule Mägde und Fe-
nnen giebt: wollen wir vielmehr allhie die
Gestal-

Gestalten etlicher außländischer Spin[nen]
selbst betrachten.

Im dritten Theil der Beschreibung [Vir]giniens/ wird/ im zweyten Capitel/ gemeld[et]
daß/ auf der so genannten Summers-Ins[ul]
wunderschöne Spinnen anzutreffen/ wel[che]
außsehen/ als ob sie/ mit Gold und Perle[n]
wären geziert; und ihr Spinnen-Gewe[be]
von einem Baum zum andern/ so vest u[nd]
starck machen/ daß sie/ so wol an Farben/
Stärcke/ mit einem Seiden-Faden zu vergl[ei]chen sind/ und man wol so grosse Vögel/ [als]
Turtel-Tauben/ damit fangen solte. Ich sch[ä]tze/ es sey der grossen Spinnen/ davon gle[ich]
ein mehrers wird geredet werden.

Eben dergleichen Spinnen hat es auch [in]
Peru/ welche einer Citronen (wie Bisselius/
dem Argonautico Americano, gedenckt) o[der]
eines Pomerantzen-Apffels (wie Monard[us]
setzt) Grösse haben/ und ihr Gewebe/ nach [der]
Europæischen Spinnen Gewohnheit/ wircke[n]
aber über alle massen gifftig sind/ und mit ihre[m]
Stich den Menschen tödten/ wo man i[hm]
nicht/ durch gar kräfftige Artzeneyen/ Ra[th]
schaffet. Womit man denn nicht lang verz[ie]hen darff: angemerckt/ das Gifft sonst ba[ld]
zum Hertzen schleicht/ und hernach allen E[ingeweiden]
ge-

Blumen-Pusches Erster Theil. 145

l-Mitteln den Paß abschneidet/ also/ daß
Todt/ ohn alle fernere Lebens-Frist/ muß
zen. Der Milch-Safft von den Feigen-
ttern wird/ von besagtem Monardo/ für das
te Mittel/ wider solchen Stich/ gerühmt.

In Brasilien/ wird die allergrösseste Art
innen Nhamdu guasu, das ist/ die **grosse**
sinne/ genannt: verdient auch solchen
hmen/ mit allem Recht: angeschaut/ die
ren nur/ gegen ihr/ wie Mucken sind. Sie
elt/ gleich den Vögeln/ in den Stein-Ri-
der verfallenen Gebäu/ oder in den alten
en Bäumen. Hat einen zwiefachen oder
altenen Leib/so mit weichen und Sammit-
en schwartzen Haaren bekleidet: davon
r der Hindertheil des Leibs entblösset und
kt wird; wann sie altet: und alsdenn bleibt
Haut kaal/ und incarnat-farbig.

Der gantze Leib ist vierdtehalb Finger
z: dessen Vordertheil am grössesten/ und
nahe zween Finger lang/ anderthalb Fin-
breit/ und rundlich-zugeschmälert: da im
gensatz der Hintertheil besser in die Run-
g fällt/ an Grösse und Figur/ wie eine
iscat-Nuß von der grössesten Art; und an-
halb Finger lang ist.

Man sihet keinen absonderlichen Kopff an
K ihr;

ihr; aber doch / über dem
Vordertheil des Leibes /
Aeuglein / wie lauter Tipff
des Mundes / stehen ein pa
wie Hanen-Sporen formir
Schwärtze glintzen. Sel
Gold / und gebraucht sie
wie sie dann auch / von viel
schmertzen / sehr dienlich gea
ten auf dem Rucken / hat si
mit Haaren umgeben ist: u
fünff Gleichen / oder
Das erste Gelenck sitzt ged
be. Die ersten beyden Fü
nen hafften / seynd zween
andre paar Beine (denn /
ten / sitzen fünff.) verlänge
viel: sintemal ein jedes b
Das dritte Paar macht /
halb Finger: das vierdte /
was drüber: die übrigen
Vorgängern gleich. Unte
sitzt ein kleiner Horn-krun
den Krebsen / gespalteter /
der Nagel. Alle Füsse sey
einem aus weiß und grau r
Haar häuffig bewachsen.

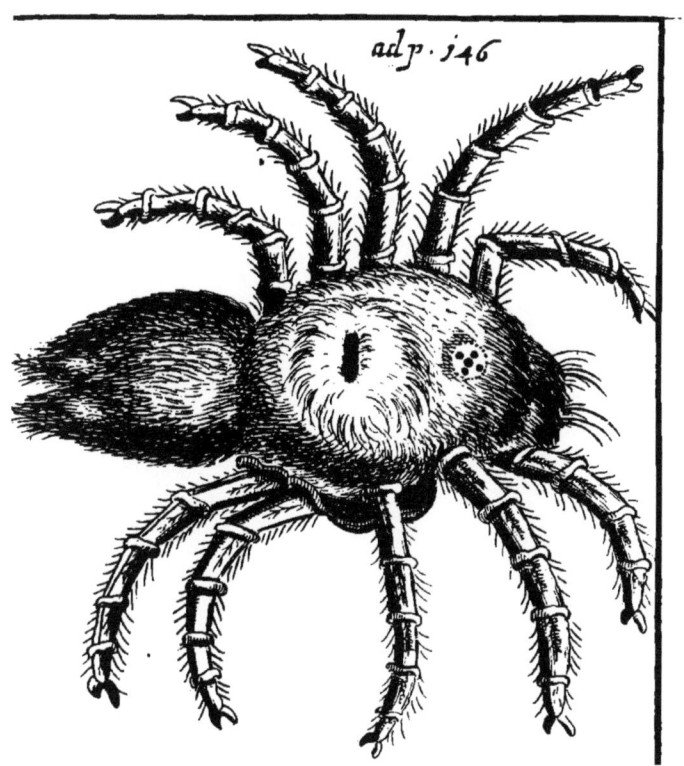

Blumen-Pusches Erster Theil.

Neben dem Hintern / geben sich zwo We=
r=Spühlen oder Spindel / so dick als ein di=
er Zwirns=Faden / herfür: mit welchen sie
innen / und gar weite Netze wircken / in glei=
er Form/ wie andre Spinnen; aber von un=
eicher Stärcke.

Sie essen Fliegen/ und andres kleines Ge=
zmeiß: können lang leben. Marchgravius
t eine / in der Schachtel / zwey Jahr unter=
lten: die / zu gewisser Zeit / ihre Haut also
tlich abgezogen / daß nicht allein die Zäh=
daran sitzen / sondern auch die Haut so gantz
blieben/ daß sie die vollkommene Gestalt der
pinnen fürgestellet; nachdem der Spinnen
bsten schon eine neue gewachsen. Ange=
erckt / solche alte Haut nirgends / ohn allein
term Bauch/ sich voneinander giebt/ woselbst
e Spinne neu=gekleidet heraus gehet.

Trefflich lang können sie fasten. Piso mel=
t: Ihm sey eine lebendige / aus Brasilien /
schickt worden: die dennoch / so viel er spü=
n können / von den fürgeworffenen Fliegen
ıd Mucken / nichts genossen; sondern etliche
Monaten gehundert/ endlich außgedorret/ und
storben. In der Schachtel / habe sie nie=
als einigen Faden wollen spinnen; aber als
einsmals aus derselben eilends herfürgelof=

K ij   sen/

fen / und das Fenster hina
angefangen / ein Gewebe
Eyer tragen sie / unterm B

Wer sie will anrühren
fürzusehen / vor dem gifftig
sie / bey der ersten Anrührun
denn wo selbiger Safft in d
ists um das Gesicht gescheh
heit gewiß. Die gleichfa
brennen und erhitzen dem A
wie die Raupen-Haare sonf
man sie; so rächen sie sich
reichem Stachel / der so su
kaum sihet. Davon fährt
bräunlich-blauer Geschwu
hefftigen Schmertzen. Un
der Ort ist / so vom Stich
andre Zufälle dazu stossen /
so verzweiffelt böß / daß er n
Darum muß man alsofort
tern / oder schröpffen. Sonst
und Fließ-Krebse / für solche
am heilsamsten geschätzt.

2. Nechst dieser / folgt
Spinnen / die jener / in der
weichen muß; den unsrigen
vorgehet. Die hat ebner

Blumen-Pusches Erster Theil.

...altenen Leib: dessen erster Theil so groß/ wie ...e gemeine Erbis; der andre/ wie eine Boh=/ deren er auch fast ähnlich gebildet ist. Uber ...n gantzen Leib/ und über allen Beinen/ ist sie ...hart: und solches Haar anzusehen/ wie ein ...geschossener Reh=farbner Sammit/ mit ...len schwartzen Strichen und Flecken unter=...sen. Sie kreucht/ auf acht langen schmalen ...einen daher: hat vorwerts ein paar Vorder=...ißlein/ oder Hörner/ welche halb rund/ wie ...halber Mond: mit welchen sie/ als wie mit ...em Rüssel/ oder Hand/ etwas angreifft. ...ach selbigen/ zween schwartze blancke spitzige ...ähnlein.

Auch diese legen ihre Haut ab/ und werden ...t einer frischen überzogen/ gleich den ersten. ...sen sich häuffig/ in den Häusern/ antreffen; ...d muß man sich/ vor ihnen fleissig hüten; ...il sie viel Giffts bey sich haben/ und eben so ...l Ubels damit stifften können/ als die vo=...en.

Die dritte Brasilianische Spinne gläntzt ...ßbündig schön. Es scheinet/ als hätte ihr ...Natur ein Menschliches Angesicht angebil=...t/ uñ ob wäre sie mit Silber gantz überzogen. ...usser jetzt beschriebenen/ lauffen noch man=...rley andre Gattungen mehr daselbst: die

K iij   wir

wir aber / weil sie von gemeiner Art / un[d]
schauet ihres Weges lassen fortkriechen.

3. In Mexico und Neu-Hispanien/ find[et]
sich die erste Art auch/ in der Grösse einer [Ci]
tronen; wie Monardes zeuget: wiewol H[er]
nandez sie nur halb so groß außgiebt/ und [da]
bey meldet/ daß sie nur kleine Füsse habe. D[a]
auß zu schliessen/ daß diese/ von der ersten Art
etwas unterschiedlich falle. Sie haben/ spri[cht]
jetzt genannter Hernandez / lange und schar[ffe]
Zähne: machen eine so daurhaffte beste [Ar]
beit / daß sie den Weibern / für eine gestric[kte]
Haar-Hauben / oder Netze/ dienen könn[en]
fassen auch ihr Gewebe fein/ mit einem Sa[um]
oder Börtlein / ein. Man kans abwasche[n]
da es denn gantz schön und weiß wird. Etl[iche]
Garnen dieser gifftigen Lufft-Weber sind [so]
starck/ daß ein Spatz/ oder andrer Vogel/ d[arin]
inn verstrickt/ und gefangen wird.

Noch einer andren grossen Art gedenckt [er]
die etwas grösser / als ein Tauben-Ey / a[ber]
doch ohne Gifft seyn soll.

4. Hoitztocatl ist eine Mexicanische Sta
chel-Spinne / welche zum halben Theil [des]
Leibes schwartz/ zum halben gelb ist/ und glei[ch]
sam mit scharffen spitzigen Disteln bewachse[n]

5. Atocatl, eine Spinne/ die sich gern [in]
Wa[l]

Blumen-Pusches Erster Theil.

...asser aufhält/ und keinen schädlichen Stich ...ebt/ wirckt ein Gewebe von mancherley Far-...n/ als rother/ Gold-glänzender und schwar-...r/ welche gar schön untereinander gesetzt: ...d muß man / mit Verwundrung und Lust/ ...sehn / wie künstlich sie solches ihr buntes ...etzlein zu stricken weiß. Etliche scheckiren ...r Gespinste etwas anders / nemlich / mit ...schwartzen/ Scharlach-rothen/ und bleichen ...iden. An den Meer-gräntzen/ soll man die-... Art mächtig-grosse finden: die zwar auch ...cht sonders gifftig; aber dennoch hefftig ...issen.

6. Gnug von den Americanischen. In ...n Philippinischen Insuln/ giebt es gar kleine ...pinnlein/ die allerdings wie Gold scheinen; ...er mit rothen Tipfflein bestreuet. Die seynd ...er alle massen schädlich. Denn welchen sie ...chen/ der wird unsinnig / erstarret offtmals ...seinen Gliedern/ als hätte er den Krampff/ ...det auch dabey grosse Qual und Angst. Er ...ß/ drey Tage nacheinander / sich des Trin-...ns gäntzlich enthalten; oder so er je nicht so ...g den Durst ertragen kan/ nichts als Pal-...men- und Trauben-Wein trincken; und daneben andre diensame Artzeney-Mittel gebrauchen.

K iiij   Das

Das VIII. Capitel.

Inhalt.

I. Guineische/ Americanische Bienen.
II. Absonderliche Beschreibung der Bien[en] in Brasilien.
III. Wie unterschiedlich anders wo/ in Am[e]rica/ die Bienen das Wachs und H[o]nig wircken.
IV. Wasser- oder Meer-Bienen.
V. Brasilianische Wespen.

I.

Die Natur hat/ an dreyen unver[nünfftigen Thierlein/dem vernünffti]gen Menschen ein Beyspiel guter Sitten und Ordnungen gegeben: an den Bienen/ den Ehrenstand/ oder die Politic: an de[n] Ameissen/ den Nährstand: an den Kranichen den Wehrstand. Bey eben diesen dreyen/ werden wir auch die dreyerley Formen oder Arte[n] der Regierung/ abgebildet finden. Unter de[n] Bienen/ die Allein-Herrschafft: unter de[n] Ameissen/ die Adel-Regierung: unter de[n] Kranichen/ die freye Republic des Volcks Wie nun die gekrönte Herrschafft den andre[n] beyden/ in der Würde und Hoheit/ weit vor-

geht:

Blumen-Pusches Erster Theil.

t: also wollen wir auch das Fürbild dersel=
/ nemlich die Bienen / den übrigen beyden
er=Geschlechten / allhie / in der Beschrei=
gs=Wahl / vorziehen: zumal / weil / von
Ameissen / in meinem grossen Lust-Garten
ereit außführlich gnug gehandelt worden.
Jedoch, ist darum meine Meynung nicht /
Natur und Würckung der Immen voll=
mlich anjetzo zubeschreiben; sondern einig
n von etlichen fremden Gattungen der Bie=
/ und deren Eigenschafften / einigen Bericht
jun.
Daß Guinea viel Bienen habe / die ihre
ßstein an den Bäumen machen / auch von
e Art schwartzer Ameissen / die ihres Ho=
und Wachses begierig sind / sehr gefähr=
beunruhiget werden / geben die Guinei=
gedruckte Relationen: aber wie solche
nen eigentlich gestaltet seyn; davon hat /
es Wissens / noch niemand einigen Bericht
ben. Denn die Guinea=fahrer beküm=
n sich daselbst mehr um das Honig=farbne
tall / weder um die Honig=wircker. Dar=
kan auch ich anjetzo // von den Guineischen
nen / keine fernere Nachricht ertheilen: son=
muß mich alsobald zu den Americanischen
ben.

K b   2. Jo=

2. Josephus Acosta meldet/ (im 34. C[a]-
pitel des vierdten Buchs von West-Indi[en]
daß man/ in Peru/ (zu seiner Zeit) von kei[nen]
Bienen-Körben gewust. Die Honig-Ro[sen]
und Gehäuse fand man auf den Bäumen/ o[der]
unter der Erden. In der Landschafft Chao[c]
hat er Honig-Rosen/ oder Honig-Scheiben
sehen/ welche gantz grau gewesen/ wenig Feu[ch]-
tigkeit gehabt/ und fast mehr einem Str[up]
als Honigseim/ ähnlich geschienen. Die B[ie]-
nen/ so denselben wirckten/ waren klein/ [wie]
Fliegen/ wohnten unter der Erden: und [der]
Honig war schwartz und säurlich.

So schreibt Monardus gleichfalls/ da[ß]
in der Provintz Tolu, die zwischen der We[st]
Indianischen Städten Carthago und Nom[bre]
Dei lige/ schwartze Immen seyn/ so/ in den [Lö]-
chern und Klüfften der Erden/ ein schwart[zes]
Wachs machen: welches man zwar n[ach]
Spannien geführt/ in Hoffnung/ es solte g[ute]
Wachs-Kertzen/ oder Wind-Liechter gebe[n]
aber/ um des üblen Gestancks willen/ sich n[icht]
dazu schicken wollen. Wiewol es dennoch/ [zu]
Pflastern/ für allerhand von Kälte herrühr[en]
den Schmertzen/ gar tauglich befunden w[or]-
den. Eben dieser Bienen gedencken auch Fr[an]-
ciscus Lopez de Gomara (Cap. 80. Hist. C[e]-

nera[l]

Blumen-Pusches Erster Theil.

...l.) und Petrus de Cieſa, in ſeiner Peruaniſchen Chronic (Part. 1. Cap. 25.)

Womit auch faſt Lerius übereinſtimmet; ...n er/ im 11. Capitel ſeiner Americaniſchen ...hiffart/ ſchreibt: Die Bienen in Ameri... ...nd nicht/ wie die unſren; ſondern faſt/ ... unſre gemeine kleine ſchwartze Mu... ...t. Sie machen (ſchreibt er ferner) ih... ...Honigſeim/ in einem holen Baum: ...die Wilden haben eine beſondere ...eiſe/ ſolches Honig zu ſammlen/ ꝛc.

Aber hieraus muß man nicht ſchlieſſen/ ...eben alle Americaniſche Bienen ſo ſchwartz/ ...klein/ wie unſre Fliegen/ ſeyn. Lerius hat ...ch lang nicht alle die Braſilianiſche/ viel we... ...er alle Americaniſche geſehen: geſtaltſam ...hgeſetzte Erzehlung der Braſilianiſchen ...d erweißlich machen.

II. Man nennet/ in Braſilien/ die Bie... ...n Eiruba: und werden derſelben unterſchied... ...je Arten gefunden/ welche in den Bäumen/ ...f mancherley und wunderliche Weiſe/ ni... ...ln/ und den unſrigen zwar nicht allerdings gleich/ aber doch gemeinlich etwas kleiner ...d. Man ſihet ſie hin und wieder/ in den ...ildnißen/ und groſſen Haupt-Wäldern her... ...terminiret/ da alles von Bienen ſchwärmet und

und sumset; da sie/ wenn die Blumen auß[
chen/ ihre Wachs-Häußlein aufbauen/ und
dem besten Honig anfüllen. Dieses seynd [
de Bienen/ die niemand/ weder mit Futt[
noch Körben/ versorget; sondern allein i[
Pfleg-Mutter/ die Natur. Welche/ in di[
kleinen und geringfügigen Würmlein/ gr[
Vollkommenheiten spühren läßt. Denn [
giebt ihnen einen fürsichtigen Trieb/ ihre wä[
serne Scheuren aufzurichten; hernach zu so[
len/ und das gesammlete darinnen beyzulege[

Sie wählen ihnen auch einen König/[
am Leibe raniger oder schmaler und behend[
weder die andren/ und unter ihnen am all[
goldgelbsten ist. Sonst wird auch viel/ b[
ihrer wunderbaren Ordnung und Regime[
außgegeben: welches aber/ noch zur Zeit/ u[
sre Europæer/ von wegen der weit abgeleger[
Wildnissen/ nicht in gewisse Erfahrung[
bringen können. So viel weiß man/ daß/[
Brasilien/ aufs wenigste/ dreyzehen unterschie[
liche Geschlechte von Bienen seynd: un[
welchen man insonderheit diese nachbenahm[
hat in etwas beobachtet.

Erstlich die Eirisu: welches grosse Bi[
nen/ so nicht stechen/ und ein gutes Honig g[
ben; wiewol es nicht in alltäglichem G[
brauc[

Blumen-Pusches Erster Theil.　157

...ch; Selbige nisteln in den holen Bäu=
... daraus die Brasilianer das Honig/ mit
...ist und List/ heraus bringen/ vermittelst ge=
...er Leitungen/ wodurch es muß heraus
...en.

Hernach die beyde Geschlechte Eixu und
...ii. Diese sind kleiner/ und schwärtzlich:
...en äusserlich/ an der Baum=Rinden/ ihr
...t gar artlich und geschickt/ wie einen Bie=
...stock: fügen und setzen die Honigscheiben
...) Kunst=richtiger Ordnung fein ineinan=
...bekleiden selbige mit den Wachswinden
...weissen Wachs: woraus man ein köstli=
...Honig erhebt; jedoch in geringerer Quan=
... Es wird aber auch nicht gar zu eyfrig
...cht: weil man die Stacheln dieser gar bö-
...Bienen sehr scheuet.

Die Immen Munbucá seynd gelb und
...nisteln in den Bäumen; machen das al=
...este und gesundeste Honig/ so von den In=
...hrnen/ welche die hohen Bäume hinan
...tern/ zu denen daselbst im Lande wohnhaff=
...Europæern/ gar häuffig gebracht/ und wol-
...verkaufft wird.

Unter den wilden Blumen aber/ wird eine
...ge gefunden/ an dem Baum Tapuráiba:
...welcher die Bienen/ wenn sie daran sau-
gen/

gen/ ein bitters Honig machen; wie man
den Immen in Syrien schreibt/ welche gle[ich]
falls/ aus dem Wermut/ eine solche Bitter[keit]
ziehen. Sonst giebt selbiges Honig dem [Eu]
ropæischen/ an Güte und gesunden Ei[gen]
schafften/ das geringste nicht bevor: Ist tva[r]
im andren Grad/ sehr flüssig/ dünn/ und [?]
von Geruch zwar anmutig/ aber doch [?]
macht auch/ mit allzuvieler Süssigkeit/ kei[nen]
Eckel/ sondern hat eine sehr liebliche Sö[ss]
lichkeit/ und sehr viel artzeneiliche Tugend[?]
an sich. Uber das/ pflegt man/ aus die[sem]
Honig/ einen stattlichen starcken Wein zu [ma]
chen/ der sich lang hält/ und gar edel ist. [Will]
man einen gellnden Trunck haben; so schü[ttet]
man nur Röhr-Brunnen-Wasser daran/ [und]
stellet es/ zu Nachts/ wenn der Tau fällt/ [in]
die Lufft: denn giebt es/ ungesotten/ einen [gu]
ten Met. Neben dem/ wird gleichfalls [?]
zur Speise verbraucht.

Das Wachs/ so man Yetie nennet/ [und]
schwärtzlich fällt/ muß zwar dem Europæisch[en]
weichen; dienet aber/ wie oben gemeldt/ tr[ef]
lich wol/ zu allerhand Pflastern.

Ausser diesem/ des Pisonis/ Bericht/ [hat]
auch Jacob Rabbi/ welcher viel Jahr la[ng]
unter den Tapuyern/ oder Menschen-Fresse[rn]
gele[bt]

bt / in seiner Relation an den Fürsten Jo=
n Moritz von Nassau / noch einige andre
men= und Honig=Gattungen erzehlet:
unter die erste/ von den Wilden/ Ritshaára
ennt wird / und an den Stauden / oder ni=
jen Bäumlein hangt / in Nestern / so eine
je Elen lang / und wie ein Lesch=Papier
nirt sind.   Diese Art Honigs ist die beste
lieblichste.

Die zweyte Gattung / heisst / bey ihnen/
shagk, wird unter der Erden gewirckt / in
Grösse eines gewöhnlichen Bienenstocks;
außgegraben / wenn man vorher die Jm=
n/ durch einen Rauch/ vertrieben.

Die dritte Sorte nennet man Heubig.
ird ebener massen/ unter der Erden/ zusam=
n getragen / wie ein Zucker=Brod / so in
ch=Papier gewickelt ist/ und gleichfalls mit
em Rauch / welchen man bey dem Loch
cht / heraußgenommen.   Diese drey Bie=
=Geschlechte stechen so wol / als unsre Eu=
œische.

Die vierdte Art des Honigs heisst Atshoy:
rd/ auf den Bäumen/ bereitet/von Stachel=
renden Bienen: und hanget außwendig
ran / wie die Vögel=Nester: ist hart und
wartz: muß gleichfalls / mit einem Rauch/
brochen werden.   Der

Der fünfften Bienen-Gattung giebt [man]
den Nahmen Ehenhne. Dieselbe sticht im[ge-]
ringsten nicht: arbeitet ihr Honig aus/ an [den]
Stämmen der Bäume/ in Wachs/ und ei[nen]
Kugel-runden Uberzug/ den man brec[hen]
muß/ so man des Honigs begehrt.

Die sechste Art/Nahmens Benatshy, st[icht]
gleichfalls nicht: und macht ihr Honig/in [den]
holen Löchern der Bäume/ in wächser[nen]
Häußlein; gleich den vorigen. Ihr Ho[nig]
schmeckt köstlich-gut/ und ist sehr gesu[nd.]
Hiernechst macht derselbige noch viel an[dere]
Geschlechte nahmkündig: die wir aber/ [weil]
keine rechte Beschreibung dabey/ billig an[jetzt]
ungemeldet lassen.

III. Derhalben so fällt die Arbeit [der]
Honig-wirckerinnen/ in America/ gar unt[er-]
schiedlich. Denn etliche arbeiten das Ho[nig]
in den holen Baumen; aber ohn Honigsei[m/]
machen erstlich eine wächserne Rinden/ wie [ein]
Ey/ und füllen dieselbe inwendig aus/ mit d[em]
klarem und süssem Nectar. Solcher wä[ch-]
serner Honig-Eyer sitzen offt zwantzig/ o[der]
dreyssig/ Trauben-weise beysammen. Wa[nn]
nun der Stamm des Baums/ mit dergleich[en]
Honig-Kugeln/ ziemlich angehäuffet und b[e-]
träubelt ist; so hauen ihn die Indianer u[m.]

Blumen-Pusches Erster Theil.

...re Bienen machen kleinere Kugeln; etli=
...nur gar kleine/ die nicht grösser weder eine
...el=Nuß: Und die Meisterinnen dieser klei=
...Wachs=Kugeln seynd gar fromm/ zart
... subtil.

...Unter denen/die unter der Erden arbeiten/
...en etliche / drey oder zwo Elen tieff/ ihre
...rckstäte; etliche aber/nicht über eine Spañ
...; nachdem es ihnen am gelegnesten fällt.
...) von solchen unterirdischen Honig=arbei=
.../fassen etliche ihren Zucker=Safft in läng=
...: runden Röhrlein: etliche / in Teller=und
...zel=runden Wachs=Schüsseln. Unter die=
...indt man etliche gar sanfftmütig und un=
...blich: etliche aber / welche grösser/ gantz
...) und böse; und diese letzte lassen ihnen ihre
...eit nicht ungerochen nehmen.

...Es giebt sonst auch andre eben so Rach=
...ige: deren Werck aber gleichwol/ auf an=
...Manier/ eingerichtet ist.   Denn dieselbe
...ken einen runden Honigseim/ und zirculi=
...hre Röhre/nach der Form einer Citronen:
...ken also selbige an die Aeste des Baums/
...legen denn einen Honigseim über den an=
...: daher jemaln der Baum=Zweig eine
...e Wachs=Traube hält/ die drey Spannen
.... Von den kleinern Bienlein/ werden
     L kleinere

kleinere Wachs-Träublein/ an kleinere Zt̄
ge gehefftet; die grössere/ an dicke: und di
so kleine haben dennoch einen grossen Zor
angemerckt/ ihr Stich eben so hefftig schm
tzet/ wie ein Schlangen-Stich/ und d
Schmertz vier und zwantzig Stunden la
anhält.

Man findet/ in dem Lande der Guairue
ser/ noch ein andres frommes Iminen-Völ
lein/ die nunmehr/ von den Europæern/
Stöcke oder Körbe eingefasst worden: da
weder stechen/ noch sich das geringste erbose
oder beunruhigen und verstören lassen/ we
man den Bienenstock öffnet. Ja! sie sey̆r
deßwegen/ in ihrer Arbeit/ keinen Augenbli
für eyfrigen und nahrhafften Fleiß. Da dör
te man keiner Augen-Gläser/ ein gutes Exen
pel der Arbeitsamkeit zu sehen: sie mach
dem Anschauer deutlich gnug für. Ihre M
sterinn und Königinn ist gar kenntlich; we
zwischen ihr/ und dem gemeinen Pöfel/ e
grosser Unterscheid.

In den Wäldern/ lässt sich endlich ei
sehr kleine und schwartze Bienen-Art antreffe
die zwar Honig/ aber ohne Wachs/ bereitet.

Das Wachs so geringer/ weder das unsr
ge/ wie vor bey etlichen Brasilianischen un
andre

en Bienen / erwähnt worden / und nur zu
stern dienet / muß mehrentheils von den
rirdischen Immen verstanden werden.
n / im Königreich Guatimala / giebt es
e Bienen / die beydes / weisses Honig / und
es Wachs wircken / auch nicht feindlich
n.
Ciesa schreibt / daß in den holen Bäumen /
as in dem wunder-grossen Baum Ceyba,
rley Arten von Bienen nisteln / und Ho-
nachen / welches eben so gut / als das
nnische. Das erste Geschlecht ist ein zwe-
rösser / als die Mucken oder Schnacken.
e bebestigen ihren Honigseim sehr fleissig:
n / vorn am Eingang desselbigen / ein Röhr-
so eines halben Fingers lang / hinan / aus
Materi / so dem Wachs fast ähnlich
t: durch welche sie / mit ihrer Blumen-
action beladen / hineingehen / zu ihrer
ckstat. Ihr Honig ist säurlich: und giebt
eder Stock (oder Nest) etwas mehr / als
fund Honigs.
as andre Geschlecht ist ein wenig grösser /
schwartz; oberwärts aber weiß. Die
r / wodurch diese / in den holen Baum /
ngehen / ist aus Wachs gemacht / so mit
r Materi vermischt; aber härter / dann

L ij ein

ein Stein. Dieser ihr Honig fållt viel kös
cher/ weder der vorigen ihres: und bekom
man aus einem Nest/ drey Måsse Honigs.

Das dritte Geschlecht gehet den Span
schen Bienen vor/ in der Grösse: hat ke
Stacheln; fliegt aber dennoch denen/ so ih
ihren Honigseim wollen nehmen/ mit Un
stüm ins Gesicht/ verwirrt sich ihnen in H
und Bart. Aus ihrem Nest/ hebt man n
bessers Honig/ weder aus den beyden vorher
henden; und zwar/ aus jedwedem/ zwöl
oder auch wol mehr Pfund.

Antonius Herrera berichtet: in der P
bintz **Vera Pax**/ werden Jmmen gefunde
ohne Stachel/ und mit Stacheln; die ein k
res Honig tragen; Jmgleichen etliche Fliege
kleine Bienlein; welche dennoch ein ausser
senes Honig geben: Und wiederum noch a
dre/ die einen hochschådlichen Honig-Safft b
reiten/ welches den/ der es versucht/ im Hau
verruckt.

Ulricus Faber/ und aus ihm Nierembe
gius/ meldet: daß im Lande der Marchkasi
einer nur darff in den Wald gehen/ und in
nen Baum ein Loch bohren/ in welchen es ih
gefållt: da könne er/ aus jedwedem Baum
fünff oder sechs Måsse Honigs bekommen: w

Blumen-Busches Erster Theil. 165

es gleich einem Met schmecke/ und von klei=
n Bienlein gewirckt werde / die niemanden
rletzen: das Honig sey köstlich = gut zu essen/
d möge man einen wunder = lieblichen Wein
raus machen.

IV. Vor allen / ist dieses Wunder = und
rckwürdig / daß auch / im Meer/ unterm
asser/ Bienen gefunden werden. Denn/ es
ziebt sich / nach Guilielmi Pisonis Bericht/
terweilen / etliche Meilen von dem Ufer der
e = küsten bey Paranambuc (oder Pernam=
). wo die Fischer/ wenn sie ungefähr/ mit ih=
Schiff = Haken / auf einen seichten steinig=
Grund stossen / an Fisches stat / allerley
hwämme / Korallen / und andre Meer=
umlein/ heraußziehen/ daß / unter solchen
e = Gewächsen / ein schwämmiges Stäud=
mit herfür kommt / welches anderthalb
huhe lang / und mit kurtzen Wurtzeln an
em steinigen und felsigten Grunde hafftet;
n eine länglich = runde / weiche und
hwamm = ähnliche Substantz hat; unten
r/ nach der Wurtzel zu / sich Kegel = rund
itzet. In solchen kleinen Meer = Bäum=
/ hat man wunderlich = gezimmerte Im=
=Häußlein/ und Gatterwercke angetroffen/
außwendig mit einem zähem Leim / gleich

L iij   den

den Wachswinden in den Bienenstöcken/
all überzogen waren: ohn allein oben ii
Höhe/ da ein ziemlich=weiter und tieffer
gang offen stund.

In Betrachtung dessen/ macht bes[c]
Author ihm gar keinen Zweiffel/ solche[s]
ein rechtes Bienen=Hauß zu halten: Und
ferner dieses hinzu. Im ersten Anblick
mans/ aus dem Meer/ an Land gebracht/
es von Himmel=blauen kleinen Würmlein
inn gewimmelt: die aber bald darauf/ d[a]
die Wärme der Sonnen/ in Fliegen/ oder
mehr kleine schwartze Bienlein verwa[ndelt]
worden/ umher und endlich gantz davon g[eflo]gen. Daher man/ von ihrer Honig=Art
nichts Gewisses/ noch zur Zeit/ sehen ode[r er]fahren können; wiewol dennoch unterde[ssen]
die wächserne Materi der Wachswinden/[in]
den Bienen=Häußlein/ offenbarlich und
genug erschienen. Wie es/ mit der Subs[tanz]
des Honigs/ beschaffen sey; würden die A[us]
sertretter/ des Authoris Meynung nach/
füglichsten können entdecken: dafern sie so[lche]
Immenstöcke fleissig suchten/ und zu u[nter]schiedlichen Zeiten dieselbe/ in ihrer natü[rli]chen Gegend/ nemlich im Meer=Wasser/
sichtigen.

V. L

V. Mit wenigem / soll ich auch die Bra﹅
ianische Wespen/ beschreiben.

Dieselbe nisteln/ auf den Bäumen; setzen
[w]ol den Wandersleuten / so ihnen flüchtig
[für]reissen/ als dem Vieh / hefftig zu; ja scho﹅
n auch nicht gantzer Compagnien oder
[s]quadronen von Reutern / dafern man ihnen
ihr Nest störet. Sie fallen/ in unterschied﹅
[lic]her Grösse und Farbe. Die allergrössesten
[ni]steln/ in den holen Bäumen. Nach selbigen/
[g]ebt es noch mehr/ als dreyerley Geschlechte:
[un]ter welchen zwo Gattungen sind / so gantz
[sch]wartz/ und die allerkleinsten ; aber hinge﹅
gen/ von allen andren/ am allererschrecklich﹅
[st]en stechen.

Solcher kleinen Wespen ihre Nester seynd
[z]war grösser / dann grosse Schwanen-Eyer/
[au]ch von gleicher Form ; aber überaus leicht ;
[au]ßwendig/ mit einer zotichten/dünnen/jedoch
[zä]hen/ und grauen/ Materi. Wenn man die﹅
[se]lbe herab reisst; so erscheinen drey oder vier
[G]etäffel/ mit verschiedenen Wänden / welche
[zu]r schön voll lauter runder Kämmerlein ge﹅
[ba]uet/ und nach der Form eines kleinen Bie﹅
[ne]nstocks zusammen gefügt. Den Honig﹅
[ä]hnlichen Safft/ so diese zörnige Thierlein da﹅
[rei]nein thun/ heisst: Rühre mich nicht an:

L iiij Meide/

Meide / oder Leide! Denn es bleibt n
ungerochen: sie bezahlen den Schlecker
übel / und lassen sich nicht viel beriren.   I
her kommts/ daß niemand sich/ noch zur Z(
hat unterstanden/ zu untersuchen/ und zu
schauen/ aus was vor einer Materi sie werd
erzeugt: in Besorgung ihrer Stachel/ di(
ihm dörfften mittheilen.

 Das Nest selbst / welches sie/ an den C
den der Zweige/ bevestigen/ist unter die Me
camenten aufgenommen/wider böse Zustän
so von Kälte ihren Ursprung haben.

 Ob gleich/ vorangezeigter Gestalt / i(
Leibs-Grösse nicht einerley: seynd sie doch u
sern Europæischen Wespen/ in der Gestal
nicht ungleich; aber viel feindseliger und bo
haffter/ dann alle Bremen/ Humeln und H(
nissen.   Ihre Nahrung suchen sie nicht / t(
die Bienen / aus den Blumen; sondern m(
stens aus dem Fleisch der Thiere.

 Ihre Boßheit ist sehr schnell / in der B
schädigung.   Denn / gleich in demselbig(
Augenblick/da sie einem ins Angesicht fliege(
fühlet man ihren schmertzlichen Stachel: u(
nach solchem zörnigem Geschenck / fleugt d
arge Geschmeiß augenblicks wieder davo(
hinterläßt dem Gestochenem einen hefftig(
gra(

Blumen-Püsches Erster Theil.   169

...usamen Schmertzen; der etliche Stunden
...hrt: und wenn dieser gleich nachlässt; so
...ibt doch noch das aufgeloffene rothe/ und
...uer-hitzige Mal. Solche Pein und Hitze
...stillen/ müssen allerhand Kühlsalben als-
...n das Beste thun.

Die Heuschrecken/und anders Geschmeiß/
...rden/ von diesem unsrem Blumen=Pusch/
...geschlossen: als zu welchem wir allein ei-
... und anders außlesen; nicht ins gemein
...s herbey lassen/ was der Wald oder das
...ld Lebendiges ernährt.

Das IX. Capitel.
Inhalt.

Guineische und West-Indianische Adler/
von mancherley Gattung.
Papageyen/ in Guinea.
Fasanen/ in Guinea und America.
Allerhand andre Guineische und Ameri-
canische Vögel/ von grosser Art.

I.

VOn dem fliegendem Gewürm/ begebe
ich mich/ zu stärckern Flügeln; nemlich zu den Vögeln selbsten: willens/

L b   aus

auß einer so unzehlichen Schaar/ nur et[liche]
wenige fürzustellen/ die entweder in Gui[nea]
oder America/ oder in beyden Lüfften zugl[eich]
werden gesehen.

Unter so mancherley Vögeln/ in Gui[nea]
findet sich eine Art/ so den Adlern vergl[eich-]
lich: außbenommen mit dem Kopff; wel[cher]
den Welschen Hanen gleichförmiger s[eyn.]
Dieser Vogel ist gar stoltz-mütig/ böß [und]
schädlich: und weil die Mohren viel Uberl[ast]
und Schaden/ von denselben/ leiden; tra[gen]
sie ihnen allerhand Speise aufs Gebirge/
zu verhüten/ daß sie ihnen kein Leid zufüg[en]
wolwissend/ daß diese boßhaffte Raubvögel
mit ihrem Schnabel/ nicht unvergolten laß[en]
so man sie entrüstet. Jedoch rühret solche [Ca-]
ressirung derselben mehrentheils her/ von [ei-]
nem Argwohn: sintemal sie davor halten/ [sel-]
bige Vögel kommen von ihrem Gott. [Sie]
halten sich stets/ im Kot und Unflat: sti[ncken]
demnach so heßlich/ daß mans weit von fer[nen]
reucht.

2. Urutaurana ist ein Brasilianischer [Vo-]
gel/ so groß wie ein Adler/ mit einem krumn[en]
schwartzem Schnabel/ der dennoch beym A[n-]
fange gelb ist. Hat schöne Goldfarbne A[u-]
gen/ darinn ein schwartzer Apffel sitzt: wel[che]

/ mit einer Asch = grauen Haut überdecken
un/ ob er gleich die Augenlieder nicht zu=
sch leusst. Der Kopff sihet gantz Adlerisch/ohn
iß er oben ein wenig compresser oder flacher
ält/ und auf der Höhe zwo schwartze Federn
ecken/ so ungefähr ein paar Finger lang: ne=
n denen zwo andre kleine Federlein / an bey=
n Seiten/ sitzen. Solche Federn richtet die=
r Vogel auf/ und legt sie wiederum nieder/
ch eignem Belieben. Die Flügel erstrecken
h/ biß an den Schwantz/ und ein wenig drü=
r: welcher so breit/ wie ein Adler=Schwantz.

Der oberste Theil des Kopffs ist / mit
schwartz = braunen Federn / bewachsen / deren
isserste Spitzen sich ein wenig angelben: der
ber=Halß aber/ mit solchen/ wie man an den
ebhünern sihet: die Kehle / samt dem Un=
rtheil des Halses/ mit weissen: wiewol solche
eisse dennoch/ an den Seiten/ mit schwartzen
edern vermengt. Uber der gantzen Brust/
d dem unterstem Bauch/ deßgleichen über
e Ober= und Unter=Beine / biß an die Füsse/
en weisse Federn/ denen doch gleichwol auch
schwartze / auf Schuppen = Art/ eingemischet
erden. Flügel und Schwantz seynd schwartz=
aun schattirt/ und mit subtilen weissen Stri=
en umbher eingefasst. An den Füssen/ hat er
vier

vier gelbe Zähe oder Sporen / mit krum[men]
tunckel=braunen Nägeln.

Sein Geschrey lautet Geb Geb: wie e[ines]
Küchleins / das seine Mutter / die Gluck=[Hen]
ne / verloren. Ist sonst ein Raub=Vogel /
frisst rohes Fleisch. Wirfft man ihm einen [an]
dren Vogel / lebendig oder todt / für: ergr[eifft]
er denselben alsofort / mit seinen Klauen / ru[pfft]
ihn erstlich mit seinem Schnabel / die Fed[ern]
fein sauber und artlich ab; zerreisst ihn n[ie]
mals / und verschlingt endlich so wol die [Bei]
ne / als das Fleisch.

3. Urubitinga ist ein Americanischer A[d]
ler=gleicher Vogel / so groß / wie eine Ga[nß]
von sechs Monaten. Hat einen dicken / kru[m]
men / schwartzen Schnabel / und an den N[asen]
löchern eine gelbliche Haut: grosse glänzen[de]
Adler=Augen: auch einen grossen Kop[ff]
Dotter=gelbe Beine und Füsse; an den F[üs]
sen vier / nach gemeiner Art sitzende / Spora[n]
weite breite Flügel; und einen breit[en]
Schwantz. Uberall ist er / mit tunckel=bra[u]
nen und schwärtzlichten Federn / bekleidet:
den Schwingen aber / wird er mit Asch=grau[er]
Farbe / Wellen=weise schamlottirt. D[er]
Schwantz ist neun Finger lang; biß auf se[chs]
Finger / weiß; und hernach schwärtzlich; b[e]
schi[

Blumen-Pusches/Erster Theil. 173

...r gar am Ende/ da wiederum weisse Fe-
... anfahen und den Schweiff beschliessen.
... Summa/ dieser Vogel hat ein schönes und
...isches Ansehn.

Sonst hat es noch eine andre Gattung die-
...Nahmens: die aber/ bey weitem/ so edel/
... ansehnlich nicht ist.

... In das Adler-Geschlecht/ rechnen etli-
die Vögel Auras: wiewol Josephus à Co-
...ie vielmehr/ vor eine Raben-Art schätzet/
...n er sich/ mit diesen Worten/ vernehmen
...: Die Auras sind/ meines Bedunckens/
...Art Raben/ und sehr leicht: haben ein
...rffes Gesicht; und sind gut/ die Gassen in
... Städten rein zu halten: lassen kein Ding/
...estorben/ ligen: Halten sich/ bey nächtli-
...Weile/ auf den Bäumen/ oder Stein-Fel-
...; fligen/ des Morgens/ in die Stadt/ setzen
...allda/ auf die höchsten Gebäu/ und halten
...hildwache/ ob ihnen irgendswo ein Raub
...ze in die Augen kommen. Die Jungen
...er Vögel/ bekommen weißlechte Federn/
... man von den Raben sagt; welche aber
...ach allgemählich erschwartzen. So weit
...osta.

In Brasilien nennet man diesen Vogel U-
...i. Und schreibt ihm Piso die Grösse eines
mittel-

mittelmässigen Adlers/ oder vielmehr Geyer
zu: welchen er/ so wol des Schwantzes/ a
Flugs/ und der Gefrässigkeit halben/ ziemli
nahe verwandt ist; der Farben halber/ den 2
fricanischen Hännen; und des üblen Geruch
wegen/ den Raben. Er ist so gar nicht gut z
essen/ daß der blosse Geruch dieses Vogels/
sey gleich lebendig/ oder todt/nicht ohne Sch
den empfunden wird: angemerckt/ er die L
bens-Geister ansteckt/ etlichen Leuten auch e
nen Eckel und Magen-brechen erregt. Wie
wol dennoch Ximenes meldet/ sein Hertz rie
che/ wie Biesem.

Angeregter Piso berichtet weiter: Unte
der Stadt **Salvator**/ im Hafen Allerheili
gen/ währender Belagerung/ so wol auch be
andrem Treffen/ da viel Menschen und Thier
umgekommen/haben diese Vögel/ nebenst der
todten Cörpern/ und dem Eingeweyde/ auch
(mit Gunst zu melden) den Mist begierlichst
eingeschluckt; aber wenn es daran gemangelt/
Schlangen/Kröten/Eyderen/ und andres Un-
geziefer/ gefressen. Ob sie gleich gar weit/ von
dem Heerlager/ gewesen; ist doch der böse Geruch von weitem hergewehet/ und mancher
Niderländer so kranck davon worden/ daß man
ihn/ mit grosser Mühe/ wieder zu recht gebracht. Im

Im übrigen/ haben sie/ von Fernen/ ein
nes Anschauen; aber von Nahen/ ein häß=
s: als welche stets mager/ und niemals
; ob sie sich gleich dergestalt befressen/ daß
rüber ungeschickt zum Fliegen/ und mit
Kugel leicht erreichet werden.

Marchgrasius vergleicht sie/ in der Grösse/
einem Hüner=Geyer; mit den weißlechten
en/ den Hauß=Hanen: und spricht/ daß sie
rlangen Schwantz/ aber noch längere Flü=
aben.   Die Federn am gantzen Leibe/ sal=
chwartz; mit ein wenig Falb oder schwartz=
/ vermischt.   Der Kopff ist klein/ schier
Indianischen Hünern gleich/ und mit ein
ig gerunzelter Haut überzogen: der
nabél ziemlich lang/ außwendig gekrümt/
g/ und vom Kopff an/ biß auf die Helffte/
einer gelblich=blauen Haut bewachsen.
Augen stehen zierlich/ in der Farbe/ wie
inen: darinnen ein schwartzer runder A=
sitzt.   Die Augebraunen seynd Saffer=
: die Zunge geholkehlt/ und mit scharffen
igen Zähnlein umher besetzt. Sein Fleisch
kt wie ein Aas.

In Neu=Hispanien und Mexico/ sollen sie
gar häuffig/ wie Fr. Ximenes schreibt/ be=
en; allezeit sehr hoch fliegen/ und bey gan=
tzen

tzen Geschwadern. Wenn einer derselben/[v]
dem Aaas/ sich gar zu sehr angefüllet/ und [d]
wegen im Fliegen nicht wol fort kan: so hel[ffen]
die andren seine Gefährten ihm / nach a[ller]
Möglichkeit / und bringen ihn ans Waf[ser.]
Denn so bald sie sich/ im Wasser/ ein wenig
badet/ kommen ihnen die vorigen Kräffte/ z[u]
Fliegen / wieder. Man will/ daß die Asch[e]
von ihren verbrannten Federn/ das Haar fal[len]
mache/ und nimmer wieder lasse wachsen. H[in]
gegen heilet man / mit ihrer halb-gebrann[ten]
Haut/ die Wunden. Mit dem Fleisch/ ist [et]
lichen Spanniern/ die davon/ auf Einrahtu[ng]
der Mexicaner / gefressen / die Neapolitanisc[he]
Kranckheit vertrieben. Das Hertz / so
an der Sonnen gedorret wird/ reucht wie Bi[e]
sem. Der Mist wird/ für Melancholey u[nd]
Schwermütigkeit/ eingenommen.

Die Mexicaner berichten: Wann sie Ey[er]
gelegt / daß das Nest alsdenn von ihnen / m[it]
einer gewissen Art von Steinen/ umgeben we[r]
de. Ximenes aber achtet für glaubwürdig[/]
daß sie ihre Jungen/ unter der Erden/ außbru[e]
ten/ und mit sich heraus / zur Futterung/ füh[]
ren / hernach wieder unter der Erden ver[]
bergen.

5. **Ytzquauhtli.** Eine Art von Mexica[]
nische[r]

ısches Erster Theil.

st groß und streitbar: setzet
eln und Hasen nach/ und fä-
rbe fällt ins gemein Rauch-
en aber mit weiß und Dun-
ngt.   Lebt/ an kalten Oer-
m Raube.

en Nahmens/ giebt es noch
Mexicanischen Adlern: so
üschlein geziert/ und einen
ch schwartzen Schnabel/deß-
Klauen/ und bleiche Füsse
h ist schwartz und weiß; der
und Schwantz schwartz-und
Cron/ oder Feder-Haube/
/ und mehrentheils empor

an Grösse/ ungefähr einem
: greifft auch die allerwil-
hier/ ja den Menschen wol
r gezähmet worden/ aber zu
d. Nichts desto weniger lässt
ichten zur Vogelbeitz/ trutz
: gestaltsam er nicht allein
ch vierfüssige Thiere/ fähet.
Geschlechte mehr kan man/
/ (Tract. 2. Hist. Avium
nd wieder lesen.

M   6. Auf

6. Auf dem großmächtigem Scheide-
birge / zwischen Peru und Chili / so ma[n]
Andes nennet / halten sich Adler / oder
mehr Geyer auf / von unglaublicher Grö[ße]
welche daraus leichtlich abzunehmen / daß [das-]
jenige / von welchen ihre außgebreitete F[lüg-]
chen gemessen worden / den Diametrum,
gerade durchschneidende Lini derselben / a[uff]
zehen Spannen lang befunden haben : [Ge-]
staltsam Agrippinas in der Beschreibung [deß]
Reichs Peru (Lib. 3. Americ. Geograph.)
zeugt. Dannenhero darff mans für keine [Fa-]
bel achten / was etliche geschrieben: daß /
diesen grossen Raub-Vögeln / so wol gro[sses]
als kleines Vieh / überwältiget / zerrissen / [und]
gefressen werde: Allermassen Bisselius,
dem Sendbriefe Johannis Sequani (ad Au[gu-]
stin. Ilerdensem) solches beglaubet.

Solches Geschlechts müssen zweiffels[ohn]
die Peruanische Vögel Condores seyn : [von]
welchen Josephus à Costa schreibt; daß [sie]
nicht allein ein Schaf zerreissen und versch[lin-]
gen können; sondern auch wol ein Kalb.

7. Tlotli. Ist eine Art Mexicanisc[her]
Tauben-Falcken / gantz schwartz ; ausgeno[m-]
men der Schnabel / Beine und Füsse / wel[che]
gelb sind. Soll/ bey der Vogelbeitz / trefflic[h]

ste thun/ und weit besser/ weder die un=
benen auch ins gemein die andre Ame=
ische Falcken und Habichten/ an Mutig=
nd Stärcke/ weit obsiegen/ wie Hernan=
eldet.

In der Schiffart Francisci de Ulloa,
gedacht: daß/ im Lande Guatimala, eine
on Falcken anzutreffen/ die einen breiten
se=Fuß/ und einen Falcken=Fuß haben;
allein neben den Wassern herum gehen/
on Fischen leben.

Papageyen/ unterschiedliches Ge=
hts/ sihet man in Guinea die Menge.
r welchen die blauen insonderheit häuffig/
em Felde herum fliegen; auch/ von den
ohnern/ gantz jung aus den Nestern weg=
nmen werden/ damit man sie desto besser
te zum Plaudern.

Man sähet auch/ mit einem Netz oder
/ eine Art kleiner grüner Vögel/ so einen
rantzen=färbigen Flecken auf dem Kopff
; und.

Drittens/ über diese/ eine Gattung von
ln/ die so roth/ wie Blut: aber/ auf dem
/ einen schwartzen Flecken tragen. Der
antz ist gleichfalls gantz schwartz/ und die
se des Leibes übertrifft die vorige grüne

M ij 4. Noch

4. Noch andre gelbliche Vögel ha[ben]
sich/ in den Guineischen Feldern/auf: hen[gen]
aber/ aus Forcht für den Schlangen/ ihre [Ne]-
ster gantz künstlich/ an die Zweiglein h[oher]
Bäume.

Alle diese gehören ins Geschlecht der [klei]-
nen Papageyen. Der Brasilianischen [Pa]-
pageyen Geschwätz gehet den Guineischen [vor]-
vor; so wol auch die Grösse des Leibes/ [und]
Zier der Federn. Weil ich aber/ von diese[n]
in dem Lust=Garten/ am 453. und folgen[den]
Blättern/ gnugsamen Bericht gegeben: so [sol]
bald hernach andre ansehnliche West=Indi[a]-
sche Vögel den Platz derselben vertretten.

III. Die Guineische Feldhüner [und]
Fasanen vergleichen sich ziemlich mit den [hie]-
sigen: ohn allein/ daß die Federn einigen U[n]-
terscheid weisen ; als die aus weissen [und]
schwartzen gemischet sind. So ist auch [der]
Schwantz kurtzer/ weder der unsrigen.

2. Bey den Brasilianern/ führt unter [den]
Fasanen=Geschlechtern/ eines den Preiß/ [den]
man Mutu benahmset. So man/ an dies[em]
Vogel/ die Zartheit und Fürtrefflichkeit [des]
Fleisches betrachten will ; kan man ihn ni[cht]
wol anders/ als unter die Fasanen setzen : [ih]-
nen auch seine Gestalt und Farbe nicht gar [un]
ähnli[ch]

Blumen-Pusches Erster Theil. 181

...lich sihet: wiewol/ was die Art und Bil=
...ig des Leibes betrifft/ viel Eigenschafften
... eräugnen/ die man an den Pfauen findet.
... glintzet überall/ vor blancker Schwärtze;
... unter doch gleichwol hie und da etwas grü=
... herdurch scheinet/ nebenst den weissen Fe=
... seines Schwantzes.   Zu oberst auf dem
...upt/ trägt er gleichsam ein kleines Häub=
... oder Käpplein/ von schwartzen Federn.
...n Schnabel hat ihm die Natur/ mit einer
...en Incarnat-Farbe angestrichen; auch
...sse schwartze Augen/ und einen Schwantz/
... die Pfauen-Hanen tragen/ welchen er auf=
...tet und außstreckt/ gegeben.   Gestaltsam
...enn auch gern/ wie die Pfauen/ auf den
...men oder Häusern/ sitzt/ und Racua Ra-
...schreyet.
...Seine Beine sehen den Hüner-Füssen
...h. Das Fleisch richte man zu/ wie man
...le/ fürnehmlich aber wenn es gebraten
...; so giebt es keinem/ weder Americani=
...n noch Europæischem Flügelwerck etwas
...r.   Deßwegen halten ihn auch fürnehme
...en/ lassen ihn aufferziehen/ und wol
...ten.

. Coxolitli, ein Mexicanischer Fasan/ ist
= gelb/ und mit einer schwartzen Feder-
M iij   Hauben

Hauben geziert/ so ihm über den gantzen [K]
herfür geht. Schnabel und Füsse seynd [röth]
lich; die Nägel/ an den Klauen/ schwartz [...]
Brust/ mit weissen Tipffeln/ gesprengt; [das]
Fleisch/ so mans/ nachdem der Vogel a[bge]
würgt/ eine Zeitlang hencken lässt/ ges[und]
und angenehmes Geschmacks; sonst aber [un]
lieblich und hart.

  4. Tepetototl, ein grosses Berg-H[uhn]
wird von den Spanniern/ gleichfalls den [Hü]
nern/ zugerechnet. Hat die Grösse einer G[ans]
schwartze glänzende Federn: wiewol dem [...]
unten/ bey dem Schwantz/ und an den Er[den]
der Flügel/ etliche weisse herfür kom[men.]
Beine und Füsse sind Asch-grau; der Sch[na]
bel etwas krumm/ und zum theil grau/ z[um]
theil gelb. Auf dem Haupt stehet ein Fe[der-]
Strauß/ den er zusammen legen kan. [Man]
ziehet und futtert ihn daheim: da er denn [so]
heimlich wird/ den Menschen lieb gewi[nnt/]
mit seinem Schnabel die Leute im Hause be[im]
Rock zupfft/ und um sein Futter mahnt/ a[uch]
an die Thür klopfft/ so er irgendswo h[in]
gehn will. Wann es ihm bergönnt wird; [so folgt]
er seinem Herrn überall nach: hüpfft hinge[gen]
ihm entgegen/ und frolocket mit seinen F[lü]
geln/ wenn derselbe wieder kommt.

           V[on]

Blumen-Pusches Erster Theil.   183

Beyläuffig muß ich hiebey berühren / daß
[Pa]ulus Venetus schreibt (Lib. 1. Cap. 62.)
[e]r finde / in der Tartarischen Landschafft Er-
[g]ul, nahe bey Sina / überaus grosse Fasa-
[nen] / die einen Schweiff von zehen / oder acht
[Zw]erch-Hände führen.

V. Der Guineische Pfau stoltzirt mit
[bun]t-gefärbten Federn: wiewol ein wenig
[ander]s / dann die unsrige; denen er sonst / im
[übri]gen / gleich ist.

[Die] Kranichen / Reiger / Wasser-Schnepffen /
[und] Rohrdummeln / findt man daselbst häuf-
[fig:] und ist fast lächerlich / daß die einfältige
[In]dianische Mohren diesen letzten Vogel / für
[eine]n Propheten und Wahrsager / halten: laut
[der] Niederländischen Beschreibung.

2. Aracari, ein Brasilianischer Vogel /
[gleic]ht / mit der Leibs-Grösse / einem Schne-
[pffen] von der grossen Art. Hat seinen Rahmen
[beko]mmen / von dem Klange seines Geschnat-
[ters] angehört / er stets Aracari schreyet. Das
[Selts]amste / an diesem Vogel / ist der Schnabel:
[dah]er ungewöhnlich groß / und grau-weiß;
[bieg]endig / da der obere und untere zusammen
[gehe]n / gleichsam wie Säge-Zähnen / tieff und
[sch]arff-spitzig eingekerbt: aber / ob er gleich
[so l]ang und breit / dennoch nur gar leicht / ja

M iiij   viel

viel leichter / als ein Schwamm / und so d[…]
ist/ wie ein Pergamen.   An stat der Zung[…]
steckt/ in solchem Schnabel/ eine zarte sch[…]
tze Pflaum-Feder / die sich regen und be[…]
gen kan.

Der Kopff ist sonst nur klein : der […]
ablänglich/ und mit schwartzen Federlein […]
setzt/ die unten am Ende desselbigen/ mit ei[…]
Ringe oder Kreyß aufhören.   Die Brust […]
der Bauch seynd mit zierlichen gelben/ und […]
Pfauen-Farbe vermischten Federn geschmü[…]
Uber die Brust aber zeucht sich ein Fing[…]
breiter Blut-rother Zwerch-Strich/ von[…]
ner Seiten zur andern.   Der Rucken und […]
Flügel glänzen schwärtzlich-grün : jedo[…]
vor dem Anfang des Schwantzes/ sitzet /[…]
Ende des Ruckens / ein Kreyß von Blut-[…]
benen Federn / ungefähr eines Thalers g[…]
Der Schwantz/ der ziemlich lang / wie an[…]
Hätzen/ wird / so wol als die Ober-Beine /[…]
schwartz-grünlechten Federn bekleidet.

Dieser seltene Vogel wohnet in den di[…]
Wäldern/ und nährt sich meistentheils von[…]
Baum-Früchten.   Wird / nicht allein / se[…]
Zier / sondern auch Nutzens halben / zahm[…]
macht und gezogen : sintemal sein Fleisch […]
zu essen/ und sehr gutes Geschmacks ist.

3. […]

Die Mexicanische Löffel-Gantz Ato-
hat einen Saffer-gelben Schnabel/ an
[der]selben weisse Zähne/ und eine röthliche
[Zu]nge. An dem Unter-Schnabel hangt ein
[röt]lich-gelbes Säcklein/ als ein Fischer-
[be]utel/ wie es Johannes Faber Lynceus ver-
[zei]cht/ mit vielen röthlichen Aederlein durch-
[zog]en. Die äusserste Spitze des obersten
[Sch]nabels krümmet einwärts/ wie ein Nagel
[de]r Vogel-Klau. Das weisse in den Augen
[is]t nicht weiß/ sondern Saffran-gelb; der
[Au]g-Apffel roth/ aber der rechte Mittelpunct
[d]elben Citronen-färbig. Der Ring oder
[Cir]cul um die Augen/ kommt sehr weiß: da-
[her] solche manchfärbige Zier der Augen sehr
[lust]ig und wunderlich anzuschauen. Diesen
[weis]sen Kreyß umgiebt ein äusserlicher Strich
[vo]r Incarnat/ und nimmt seinen Anfang von
[den] Nasenlöchern/ welche trefflich nahe bey den
[Aug]en sitzen; laufft hernach herum biß an die
[Oh]ren/ und von dannen biß an den Rachen.

Der Kopff fällt weißlecht/ und trägt ein
[Ha]üblein von dick-gesetzten weissen und gel-
[be]n Federn/ so sich/ nach dem Halse oder Na-
[cke]n zu/ hinab sencken. Der gantze Halß/ wie
[auc]h der Bauch biß an den Schwantz/ seynd
[mit] weissen und lieblich-rothen Federn beschö-
net.

M b

net. Die Flügel fangen an / mit der weiß[
Farbe: worauf schwartze / und denn aberm[
weisse folget: der übrige lange Rest aber u[
der schwartzen hinaus reicht. Der Schwa[
ist dem Kopff und Häublein gleichfärbig. D[
Füsse spalten sich unten / in drey Klauen / od[
Sporen: daran ziemlich-grosse abgekrümm[
te Nägel sitzen: welches alles miteinand[
Saffer-gelb mit roth gesprengt.

Wie schön und lustig diese gekröpffte Ga[
müsse seyn anzuschauen; stehet unschwer zu e[
achten. Und ist sie desto schauwürdiger / b[
andren gemeinen Kropff-Gänsen / weil diesel[
keinen solchen gezähnelten Schnabel haben[
wie diese.

4. Sonst beschreibt Recchus, und au[
ihm Lynceus, eine gemeine Mexicanische Lö[
sel-Ganß also: daß sie / in ihrem Schnabel[
keine Zähne / an dem Obertheil desselbigen abe[
etwas Pergamen-ähnliches habe / welches vor[
einerley Farbe mit dem Schnabel; nemlic[
roth sey. Die Augen / an dieser Art / falle[
viel kleiner; in der Mitten schwärtzlich; wie[
wol der gleichsam wie der Hoff des Monds um[
her gehender Circul Saffer-färbig sihet. In[
dem Kopff-Häublein / sitzen mehr zartere / auch[
längere Federn. Der übrige Leib und die Flügel

l kommen / mit der vorigen Art / überein.
ber die Füsse seynd nicht gelb/ sondern roth.

Das Kropff=Säcklein/ oder der Löffel/
igt so wol/ bey dieser/ als bey der ersten
anß/ von der Kehlen an/ und reichet biß zur
sserstē Spitzen des unteren Schnabels. Der
ulß aber ist dem vorigen nicht gleich: ange=
n jener / mit seiner Länge / den Schwanen;
ser/ mit seiner Kürtze/ den Tauben etwas
chaffet.

Hernandez meldet von dieser Mexicani=
en Löffel=Ganß / welche einen gekerbten
chnabel hat/ und grösser denn ein Schwan/
er nicht zu essen ist/ mehrentheils mit weiß=
t=gelben Federn / wiewol an den Flügeln/
iderlich der Männlein / meistens schwartz /
ichwie auch an den Nägeln: dahingegen die
sse/ die Beine/ und der Schnabel/ so ein
ar Zwerch=Hände lang/ gantz weiß. Spa=
rt nicht allein / an den Seen und Flüssen/
um; sondern schwimmet auch wol im Meer.

5. Unter so unzehlich=vielen Americani=
en Vögeln / kommt der gehörnete Vogel
hyma, mit sonderbarer Zier und Schön=
t aufgezogen: und ist desto verwunderli=
r/ weil/ in der Lufft/ selten ein Horn=tra=
ndes Geflügel / wird gefunden. Sein
schwar=

schwartzer Schnabel krümmet sich in etw[as]
Der Halß ist lang; der Augen-Glantz gülde[n]
der Aug-Apffel schwartz. Mit dem Kopff
het er einem Indianischem Hanen gleich/ u[nd]
wird mit zarten Federlein geziert / nemli[ch]
oberwärts/mit schwartzen und weissen; an [den]
Seiten/ wie auch an der Kehlen/ und biß [an]
die Helffte des Halses/ mit schwartzen; an d[em]
folgendem Theil des Halses / wiederum m[it]
weiß/ schwartzen/ und grauen. Oben auf [dem]
Scheitel / steiget ein Horn empor / zween Fi[n]-
ger lang/ so dick wie eine Schreib-Feder/ Bei[n]-
färbig/ und rund / als ob es gedrechselt wä[re.]
Rings umher richten sich etliche subtile schw[ar]-
tze und weisse Federn empor. Die Flügel/ u[nd]
der Rucken seynd schwärtzlich gefidert ; [die]
Brust schwartz / weiß / und Asch-grau unte[r]
einander. Die Beine stehen kahl ; doch m[it]
brauner Haut überzogen. Jedweder Fuß ha[t]
vier Finger in der Länge / und ist mit Hor[n]
spitzigen harten Nägeln gerüstet. An de[m]
Vordertheil jedwederer Schwingen/ wachse[n]
aus dem Flügel-Bein selbsten/ ein paar kurt[ze]
dreyecketer Hörner herfür: die so wol / als da[s]
Scheitel-Horn/ eine kräfftige Artzeney wid[er]
den Gifft reichen / und hierinnen der Hirsch[en]
und aller andrer Thiere Hörner weit übertre[f]-
fen

Blumen-Pusches Erster Theil.   189

Der Bauch hat gantz weisse Federn; an
...hen aber findet man schwartze und Asch-
ne untereinander.   An den Seiten/ unter
 Flügeln / und auf dem Rucken / sitzen
)artze mit weissen hin und wieder vermengt.
 führet/ in den Wäldern / ein schreckhafftes
es Geschrey / welches Vihu Vihu lautet.
t/ beydes im Wasser/ und auf dem Lande.
icht sein Nest/ aus Leimen / an den Klötzen
: Stämmen der Bäume/ in Form eines
k-Ofens.

 Das Weiblein ist grösser als ein Schwan;
 Männlein noch eins so groß.   Sie haben
 gesundes Fleisch / so dem Pfauen-Fleisch
 eifert.   Selten findet man sie allein/ son-
l Männ- und Weiblein beysammen gehen.
) wird/ von allen Einwohnern/diesem Vo-
dieses/ zum Ruhm / gemeldet : daß er den
) seines Ehegatten/wie die Turtel-Tauben
t pflegen/ hefftig betraure/ ja kaum von der
 ab-Stäte abweiche.

. Viel tausend andre Geschlechte Ame-
nischer Meer-Vögel lasse ich vorüber flie-
/ und setze allein dieses hinzu / was à Costa
chtet.   Auf etlichen Insuln und Klippen/
art bey Peru/ im Meer/ oder am Strande
n/ erblickt man Berge/ die von fernen gantz
weiß

weiß scheinen/ als ob sie mit Schnee oder we[iß]ser Erden überschüttet wären: kommt m[an] aber nahe hinbey; so ists lauter Vogel-Mi[st] von Meer-Vögeln/ so sich stets daselbst h[al]ten. Der Mist ligt/ etlicher Orten/ Spieß[e] hoch: welches manchen ein Mährlein sol[l] duncken. An solche Insuln und Klippen fäh[rt] man/ mit Nachen/ um selbigen Mist abzuh[o]len; ausser dem/ allda nichts zu suchen ist. M[it] selbigem Mist wird das Erdreich gedüngt/un[d] trägt darauf trefflich wol: sintemal er/ unt[er] den fruchtbarsten Dingen ist/ so man für d[ie] Aecker erdencken mag; und deßwegen/ in d[ie] Peruanische Thäler/ häuffig verführet wird[/] welche ihm ihre Fürtrefflichkeit der Granater Quitten/ und andrer edlen Früchte/ hauptsa[ch]lich dancken.

Solcher Gestalt hat die Güte des Sch[öp]pfers nicht allein der Vögel Fleisch dem Men[ne]schen/ zur Speise; ihren Gesang/ zur Erge[t]zung; ihre schöne Federn zur Zier; sonder[n] allerdings auch ihren Mist/ zum Dienst un[d] Nutzen/ erschaffen.

7. Vielerley Nachtvögel/ als Eulen un[d] grosse Flatter-Mäuse/ und dergleichen/ flieger[n] so wol in America/ als Guinea/ gleich wie be[y] uns/ umher: jedoch viel grösser/ dann hie zu Lande/

e/ und gleichfalls daselbst/ in einem Lan-
össer/ weder im andern.

Im Lande Paria, haben die Flattermäuse/
Petrus Martyr (Lib. 10. Ocean. Dec. 1.)
ihnet/ die Grösse der Turtel-Tauben/ und
rgifftete böse Zähne / daß die Spannier/
iesen Harpyien/ Reißaus zu nehmen / ge-
ngen worden.

omara erzehlt eine kurtzweilige Begeben-
(cap. 61. Hist. General.) von einer Flatter-
ß und einem Läyen-Bruder Dominicaner
ens.   Derselbe lag kranck/ an dem Sei-
Stich: und hatte der Artzt/ weil man die
r/ so ihm solte geöffnet werden/ nicht finden
ite/ allbereit an seinem Leben verzagt/ ihn
deßwegen gantz verlassen.   Aber was geht? Die folgende Nacht kömt eine Flat-
auß/ eben in solcher Grösse/ wie vor ge-
t/ trifft des Bruders blossen Fuß/ den er
zum Bette heraus gestreckt hatte/und ver-
demselben in die Waden einen Biß; fleugt
ach/ als sie sich satt gesogen/ wiederum ih-
Weges / und läßt die Wunde offen: aus
her so viel Bluts geloffen/ daß der Patient
iber gesund worden; nicht ohne Verwun-
ng der Münche/ die solches vor eine Mi-
l außzugeben pflegten.

Ovie-

Obiedus gedenckt (Cap. 36. Summar.) t
sie sonderlich gern das äusserste von der Nas
oder die Scheitel des schlaffenden Mensch
imgleichen die vordersten Glieder der Fing
und Zehe mit ihrem Gebiß angreiffen / und
viel Bluts heraus bringen / daß es schwerl
einer glauben kan/der es nicht gesehen: Ite
daß sie diese Gewonheit haben / eben densel
gen/ und keinen andren Menschen/die folgen
und dritte Nacht/ abermal zu beissen / dem
in der ersten Nacht / einen Biß gegeben / au
selbigen wol zu finden wissen/ ob er gleich/u
ter hundert andren Personen/ vermengt lä
Für solchen ihren Biß / heisst er / heisse As
auf die Wunde streuen / oder dieselbe / mit
siedenden Wasser abzuwaschen: worauf s
das Blut alsobald stillet / und der Scha
stracks zuheile: zumal weil diese Speckmä
nur ein kleines rundes Loch beissen.

In dem Königreich Guatemala / ligt e
See/Nahmens Amitican, und neben dem
ben ein holer Felß / daraus er einen höhe
Sprung thut/ weder eine Kugel steigen ka
In demselbigen Felsen/ hecken nicht allein b
Papageyen von mancherley Art ihre Jung
aus: sondern es nisteln auch unzehlich = v
Flattermäuse drinnen / welche groß / und se
schädli

dlich seynd; also gar / daß / wenn sie ein
b befallen / solches von ihnen mit Blut=
n / leicht / auch wol der Mensch selber mit/
ötet werden mag; dafern sie denselben im
laff finden.   In besagter Hölen hangen
  Klumpenweise / dick übereinander: und
man / weil sie dem Vieh so gefähr / deßwe=
tlicher Orten daselbst den Land=Bau müs=
)erlassen.   Gestaltsam Antonius Herrera
4. l. 8. c. 8.) erwähnet.
In Nicaragua sind diese unzeitige Ader=
e eben so boßhafft: massen Benzo solches/
igener Erfahrung / und folgender Erzeh=
/ bezeuget.
Es ist zu wissen / (schreibt er im 14. Ca=
zweyten Buchs / Teutscher Edition) daß
s gifftige und schädliche Flättermäuse
eser Landschafft gefunden werden /
he die Leute bey Nacht / wenn sie
ffen / hefftig peinigen und plagen.
wird man an keinem Orte / biß zu
Parientsischen Meerschoß / solche boß=
e finden / als in diesen Gräntzen. Es
ir zwar auch wol zu Nominis-Dei be=
et / daß mich diese Flättermäuse des
hts / wann ich schlieff / gemächlich
leise an die Zehen der Füsse pickten /

N   daß

daß ichs kaum empfunde / ohnangese[]
das Bette / wann ich zu frühe erwach[]
dermassen mit Blut besudelt war / []
wenn ich eine grosse Wunde empfang[]
hätte. Aber in dieser Landes-Gege[]
habe ich nie keinen Biß in der Nacht v[]
ihnen empfangen / davon ich nicht er[]
chet wäre / als wann ich hefftig verw[]
det: habe auch etliche Stunden gros[]
Schmertzen davon empfunden. Deßg[]
chen schlugen sie mich mit den Flügeln []
das Maul / nachdem sie mich gnugs[]
gebissen / pickten mich auch / mit d[]
Schnäbeln / an die Hand/ oder andre []
ter / so nacket waren. Damit ich aber []
ne gewisse Artzeney wider solche Schm[]
tzen und Wunden zur Hand hätte: pfl[]
te ich mich allewege mit zubereite[]
Pflastern und Binden zu versehen / []
die empfangene Bisse alsobald zu verb[]
den: bin auch / in kurtzen Tagen / ohn[]
len Schmertzen / davon erlediget / und []
heilet. So weit Benzo.

Lerius vergleicht die Brasilianischen Fl[]
termäuse / in der Grösse/ mit den kleinen K[]
hen / oder Dohlen: wodurch aber / zweif[]
ohn / nur die kleine Gattung verstanden w[]

De

Piso meldet/ daß/ in Brasilien/ zweyer-
rt von Flattermäusen / davon die kleinere
ra, die grössere Andiraguasu wird ge-
. Die Leiber der grossen gleichen einer
pœischen Tauben: werden auch sonst
rnete Flattermäuse benahmset. Seynd
Asch-grau: haben gelinde lange Haare/
reite Ohren; an jedwedem Fuß/ fünff
/ so mit scharffen Nägeln besetzt; sehr
Zähne; und über der Nasen ein Ge-
ß/ welches eben so lang/ als die Ohren/
iemlich groß/ auch sich beugen und bewe-
ßt. Der Flügel ist länger/ denn ein hal-
heinländischer Schuh.

In der Brasilianischen Vogtey Maran-
ziebt es eine Art/ die einen gantz subtilen
ichten/ aber doch so gifftigen Biß giebt/
as Blut kaum zu stillen ist/ und den
assenden merckliche Lebens-Gefahr zu-
t/ dafern sie nicht äusser- und innerlich
werden. Ihre Zunge und Hertz schätzet
ür eines der stärcksten Giffte.

biedus gedenckt: In der Insul S. Jo-
s/ finde man trefflich-fette: die/von den
ohnern/ in heissem Wasser gebrühet/her-
ußgeschunden/ und verzehret werden.
n auch die Christen selbst essen.

N ij   In

In Oſt-Indien / ſetzt es noch viel gröſſ[
Flattermäuſe: angemerckt ſelbige ſo groß/ [
ein Hun.

8. Unter vielerley Geſchlechten der A[
ricaniſchen Nacht-Eulen / verdient die G[
tung Cabure, daß man ſie anſchaue. Sie [
ſo groß/ wie ein See-Pfau oder Meer-D[
ſel: hat einen runden Kopff/ kurtzen/ kru[
gelben Schnabel; ſchöne/ groſſe/ runde/ ge[
Augen / mit ſchwartzen Aepffeln; unter [
Augen / und an den Seiten des Schnabe[
viel längliche Bley-farbene Haare; kurtz[
gantz beſiderte gelbe Beine und Füſſe/ an [
chen/ wie an den hieſigen/ vier Sporen/ u[
ſchwartze/ ſpitzig-krumme Nägel ſitzen; ei[
breiten Schwantz.

Uber dem gantzem Kopff/ Rucken/ F[
geln/ und Schwantz wird ſie/ mit einer tun[
len Farbe / ſchattirt / darunter doch gleich[
etliche weiſſe Flecklein erſcheinen. [
Schwantz ſihet / wie ein weiß gewäſſer[
Tafft. Die Bruſt und der Bauch ſind we[
lecht/ jedoch mit Nacht-farbenen Flecken v[
miſcht. Sie wird/ bey den Leuten/ gar he[
lich/ ſpielt / und gauckelt ihnen vor/ wie [
Aff; macht bald/ mit ihrem Anblick/ allerh[
poſſirliche Geberden; bald/ mit ihrem Schn[

/ ein seltsames Geklapper. Uberdas kan
ie Federn/ an den Seiten ihres Kopffs/ so
derbarlich aufrichten/ daß sie wie kleine
ner/ und Ohren/ stehen.

Chiquatli, eine von den Mexicanischen
ht-Eulen/ gleicht unsren Schnepffen: hat
1 langen/ dünnen/ rauch-farbenen Schna-
Am Halse/ stechen etliche schwartze/ un-
en blassen Federn / herfür. Die Augen
schwartz: der Leib mit roth-gelben/ Bley-
ren/ und Asch-grauen Federn / bedeckt.
Auffenthalt ist gemeinlich das Gebirge.
n man sie/in einen Kesicht sperrt; so plau-
sie über die massen lustig. Man giebt ihr
/ Würmlein / und andre dergleichen
ise / zu essen; sie hingegen/ nach guter
Rästung/ ein fettes und wolschmecken-
des Fleisch / in die
Schüssel.

Das X. Capitel.
Inhalt.

I. Außführliche Beschreibung des zarte[n] mericanischen Vögleins Tomineio, Ourissia genannt.
II. Etlicher anderer Americanischer und [Guj]neischer Vöglein.

I.

ES müssen nicht allein grosse; son[dern] auch etliche kleine Vögel / durch [die]sen unsren Blumen-Pusch / flieg[en] und denselben / nicht so sehr mit ihrer S[tim]me / als Schönheit / belustigen. Denn [im] Gesange / ist das Europæische Geflügel M[ei]ster: aber an äusserlichem Schmuck und [Zie]rath der Federn / gehn die Americanische[n] Hievon sondert man billig ab das wunder[li]che Americanische Vöglein Gouamb[uch] oder Gonambuch: welches nicht allein [an] subtiler und zierlicher Gestalt allen Euro[pæi]schen Vögeln obsieget; sondern auch mit u[nse]ren Nachtigalen / um den Preiß des besten [Ge]singes certiret. Wo anders dem Theve[t] und Lerio hierinn zu glauben ist: die di[esen] Vöglein einen Gesang zueignen. Wie[wol]

Blumen-Pusches Erster Theil. 199

n ihnen solches gar gern glaube: ob gleich
archgrafius und Piso/ in Beschreibung des
gleins Guainumbi, welches einerley mit
nambuch zu seyn scheinet/ melden/ es singe
nicht/ wie einige irrig vorgeben. Denn
l Lerius seine eigene Ohren und Augen/ so
l/ als Thevetus, zu zeugen hat: will ich
lmehr glauben/ Piso und Marchgrafius ha-
eben diese Gattung (angemerckt/ unter sol-
m Geschlecht gar vielerley Arten begriffen
rden) nicht gesehen/ oder daß Gonambuch
ein absonderliches Geschlecht von Vögeln
(wie es denn Bissekius auch Aviculam alte-
n nennet) weder daß Lerius und Thevetus
rinn solten seyen betrogen worden; da sie
h an den Orten sich lange aufgehalten ha-
. Man kan es auch daraus spühren/ daß
e diese des Lerii singende Gonambuch gar
t gesehen: weil diese gantz weiß beschrie-
wird; jener ihre Gestalten aber gefärbte
ern tragen.

Ich will so wol Lerii/ als andrer Scriben-
/ Bericht hievon zu erstatten/ mich nicht
en, verdriessen; weil die Natur/ an diese
ne Lufft-Spieler/ eine so grosse Kunst ge-
det hat/ und/ in meinem Indianischem
- Garten/ derselben nur kürtzlich ins ge-

R iiij   mein/

mein/ohne Benennung der sonderbaren unt
schiedlichen Gestalten/ oder Gattungen/ M
dung geschehen ist.

Vorgedachter Bisselius gedenckt / un
den Abentheuren/ so dem Petro de Victo
begegnet: daß derselbe eine Art kleinwintzi
Vögelein/ in Peru/ gesehen/ die nicht gröss
als eine Grylle oder Schröter gewesen/ a
dennoch beydes mit Kiel= und Pflaum= o
Staub=Federn/ von der Natur vollkömml
angekleidet / dazu mit einem Schnäblei
Schwantz/ und Schwing=Fittichen/verseh
Der Glantz seiner Federlein scheine von ma
cherley Farben so wunderschön/ als ob sie n
grünen Smaragden/ und blauen Saphire
besetzt wären/ und imgleichen der Königli
Purpur mit der Goldglänzenden Farbe u
die Krone des Vorzugs streiten wolte. J
was nur immermehr von zierlichen Farben
ersinnen seyn mag; allen Pracht der Pfaua
alle Schönheiten der Regenbögen/ das ha
die Natur dem zarten Gefieder dieses Vö
leins angepinselt/ und selbiges gleichsam / a
einen kurtzen Außzug vieler Zierlichkeiter
dargestellt/ mit einer so übertrefflichen Vo
kommenheit/ davor alle Mahler und appelli
rende Künstler/ Hand und Pinsel sincken laß
müssen. Jo

Josephus à Costa berührt diese Vögel/ 37. Capitel des 4. Buchs der West=Indi=n Natural=Historien/ mit diesen wenig orten: Man findet/ in Peru/ Vöglein/ von den Einwohnern Tomineios ge=nnt werden: die so gering und klein/ ß ich/ wenn sie vorbey flogen/ offt zweif=e/ obs etwan Hummeln und Bremen/ r Heuschrecken wären: da es doch chwol rechte warhaffte Vögel waren.

Tomineio soll man sie/ wie Clusius ver=tet/ ihrer geringen Leichtigkeit halben/ heis=: anzuzeigen/ daß sie nur ein Tomino, das zwölff Granen am Gewigt haben.

Lopez de Gomara erwähnt/ in Beschrei=g der Eroberung Mexico: Es sey/ in Neu=panien/ ein Vögelein/ von den Ingebornen icilin benahmst/ welches so groß wie ein fer oder Hornis/ mit einem langen dünnen hnabel: nähre sich von Honig/ Thau/ und men=Safft: nur allein auf die Rosen setzt ich nimmer: Seine Federn seyn sehr zart/ lich gescheckirt; und bey den Kunst=wir=n sehr gesucht/ um dieselbe den güldnen ücken einzumischen: sonderlich die/ so ihm Halse und auf der Brust gewachsen. Man t (fügt er weiter hinzu) daß dieses Vög=

N b   lein/

lein/ im October/ sterbe/ oder einschlaffe/
mit den Füssen (Ximenes setzt/ mit dem Sch
bel) an einem Zweige hencken bleiben/ an
nem Ort/ der viel Sonne hat; im April a
wann vielerley Blumen schon wiederum in
lem Saffte und Flor stehen/ wieder aufflet
und deßwegen **der Wiedergeborne** we
genannt.

Fr. Ximenes giebt ihm noch einen and
Mexicanischen Nahmen/ nemlich Huitzit
stimmet/ im übrigen/ mit dem de Goma
meistens überein: ohn allein/ daß er meld
der Vogel heffte sich selbsten/ mit sein
Schnäblein/ an den Stamm eines Bau
heffte/ wenn die Blumen abfallen; und ble
also unbeweglich/ sechs Monat lang/ stecke
biß die Blumen wieder gewachsen. Jte
daß/ aus seinen bunt-färbigen zarten Fede
außdermassen schöne Bilder der Heiligen/ u
andre Conterfeyte/ recht nach dem Leben
macht werden; auch daß man von dem Vo
ein heilsames Pulver/ wider das Zipperle
und allerley Glieder-Kranckheiten/ zuri
ten könne.

Ferdinandus Obiedus berichtet: er
nicht so lang/ als das äusserste Glied vom D
men/ und/ wenn man ihm die Federlein

Blumen-Pusches Erster Theil.

pfft / kaum halb so groß; dennoch aber sein
ug so schnell / daß man die Bewegung der
ügel eben so wenig sehen kan / als wie an ei-
r Bremsen oder Hummel-Fliegen: Sein
est sey eben wol nur klein / nach der Masse
s Leibes geproportionirt / und / in Gegen-
rt seiner / des Oviedi / nebenst dem Vöglein
bsten / auf eine Wage gelegt / da beydes der
ogel und sein Nest zwey Spannische Tomi-
s. oder 24. Gran zusammen nur gewogen.
er Schnabel / so ein zu solcher Leibes-Grösse
schicktes Ebenmaß gehabt / sey so behende
d schmal gewest / daß eine Kleider-Nadel
ht subtiler seyn könne; Besagtes Nestlein
er von Baumwollen / die der Orten häuffig
chst / gemacht.

Clusius erzehlet / (Lib. 5. Exoticor. c. 2.)
ß / zu seiner Zeit / ein Burger zu Tournay
onst Dornick genannt) Nahmens Jacobus
lato / in seinem Kunst-Kämmerlein / ein klein-
ntziges Vöglein gehabt / und dafür gehal-
/ es müste des Theveti Govambuch seyn.
s einsmals der Pater Provincial Jesuiti-
er Societät in Brasilien / daselbst zu Dor-
k bey demselben solches Vöglein gesehen;
be selbiger Pater etlichen seiner allda gegen-
rtigen Mitgesellschafftern die Wunder-
Brut

Brut und seltsamen Ursprung desselbigen zehlet: wie es nemlich von den Brasilian Ourissia, das ist/ **Sonnen-Stral**/ benah[met] set/ und aus einer Mucken geboren würd[e] Er selbst/ der Pater/ hätte/ mit seinen Aug[en] gesehn/ eine noch unvollkommene Brut dab[ey] so zum theil noch eine Mucke/ zum theil all[be]reit ein Vogel gewest: Seine erste Farbe [wä]re schwartz/ hernach Asch-grau/ folgends [Ei]sen-roth/ und endlich Blut-ähnlich: und e[t]lich/ so man seinen Kopff/ gegen die Son[ne] hielte/ præsentirte derselbe allerhand Farben[.]

Clusius wähnet zwar/ was besagter P[a]ter damals/ von dem Ursprung des Vogel[s] also habe erzehlt/ das scheine gantz unglau[b]lich: darum möge er nichts weiter darauf na[ch] sagen. Solte aber Clusius jetzt noch leben/ u[nd] lesen/ was so wol Reformirte/ als Römisc[h] Catholische Scribenten/ nach seinem Tod[e] von den Indianischen Sachen/ geschrieben[/] er würde es gar gern/ und noch wol ein meh[r]ers dazu glauben.

Unterdessen beschreibt er die Grösse un[d] Gestalt selbiges Vögleins also: Es war/ vo[n] der Spitze des Schnabels/ biß zum äusserste[n] Ende des Schwantzes/ drey Untzen/ od[er] Daumenbreit lang; der Kopff/ samt den Schna

nabel/ anderthalb Daumen; die Flügel/
ier biß ans äusserste des Schwantzes reich=
von gleicher Länge: der Rucken kaum ei=
Daumen breit. Desselbigen/ so wol auch
Fittichen/ Farbe/ schien Bley=färbig; des
chs/ Asch=grau; der Schwantz=Federn/
kel=roth/ und derselben letzten Theils/
artz. Die Federn des Kopffs/ Halses/ und
Kehlen/ waren/ aus güldner/ rother/ und
t=gelber Farbe/ zierlichst gemischt: wel=
alles/ so man den Kopff nach der Sonnen
dte/ eine verwunderliche Vielfärbigkeit

Der Schnabel war schwartz/ über alle
sen zart/ dünne/ und spitzig: die Füßlein
hfalls schwartz/ und sehr gering/ mit vier
en/ oder Sporen/ wie andre Vögel=Füsse/
achsen; davon drey vorwärts sassen/ und
r hinten hinaus.

So viel sey überhaupt/ von diesem Ameri=
schem Vöglein/ geschrieben. Hiernechst
eine Beschreibung unterschiedlicher Arten/
Gattungen desselbigen folgen. Denn
findet sehr vielerley Gestalten dieses Ge=
chts/ die noch lang nicht alle von den In=
ischen Scribenten/ einmal recht erkannt/
geschweigen/ offenbaret sind. Ich will
ie zehenderley Arten setzen/ die/ nur
allein

allein in dem einigem Brasilien / werden funden.

1. Der Ersten Gattung gantze Leib Länge vom Kopff an biß zum Anfang Schwantzes / hält zween Zwerch-Finger. T Kopff / mit samt den Federn / gleicht in Grösse / einer kleinen süssen Kirschen. Länge des Halses hat drey Viertheil b Zwerch-Finger: des Leibes aber / ei Zwerch-Finger / und ein Viertheil drüb Die Grösse des Leibes / mit samt den Feder gleicht kaum einer grossen Oliven. T Schnäblein ist anderthalb Finger-breit la rundlich / glatt / schmal / und sehr spitzig / gera jedoch am Ende ein klein wenig hinab gesenc von Farben schwartz; ohn am untern Thei beym Anfang / da es röthlich sihet.

Das Zünglein ist gespalten / außdermaß subtil und zart / wie der allerkleinste oder kl ste Seiden-Faden / gar lang; also / daß d Vogel dasselbe weit zum Schnabel kan he aus strecken. Er hat kleine schwartze Aeu lein; imgleichen kurtze / zarte / und schwan Füsse / mit bier zehen / welche lang / und krumm mit Nadel-spitzigen schwartzen Näglein g schärffet. Die Federn seiner zween Zwerd Finger-langen Flügeln / seynd nach sonderb

Kunst gesetzt. Denn beym Anfang der[...]n/ biß ungefähr auf drey Viertheil vom [...]zer/ sitzt eine zweyfache Reihe Federn/ eine [...]er denn die andre: und hat solche Federn [...]Natur fein ordentlich übereinander gefügt/ [g]leichsam kurtze Fittichen über lange. Also [...] auch folgends die andren/ biß die allerste Federn unten den Flügel endigen. Mit [d]en außgebreiteten Fittichen/ kan der Vo[gel g]ar lange fliegen/ und gleichsam in der [Luf]t hangend schweben. Unterm Fliegen/ [mach]t er ein Geräusch oder Sumsen/ welches [wie] hur, hur, wie die Räder der Leinenwe[ber] lautet.

Die Farbe der Federn über dem gantzen [Ko]ff/ am obern Halse/ und neben den Sei[ten] wie auch über dem gantzen Rucken/ und [im] Anbeginn der Flügel/ giebt einen wunder[schön]en Wieder-Glantz/ welchen kein Mahler [mit] seinem Pinsel recht nach-affen kan: ange[seh]t der grünen Zier/ wie man an den Häl[sen d]er Pfauen und wilder Endten sihet/ Gold[farb]er-Flammen- und Schwefel-Farbe wun[der] künstlich einvermischt ist/und unbeschreib[lich] schön spielet/ wenn die Sonne darauf [schei]net.

An der Kählen/ am Unter-Halse/ an der
Brust

Brust und auf dem Bauch/ deßgleichen an
Ober-Beinen/ sitzen weisse Federn: wiewol
Unter-Halse etliche andre von fürtreffl[i]
Couleur, untermengt; und am Bauch/ u[n]
den weissen/ auch etliche schwartze stecken.

Wie übertrefflich schön der Flügel Anf[ang]
sey gefärbt/ ist allbereit erwähnt. Das Hin[ter]
stellige nun von denselbigen gläntzet Käs[t]
braun.   Der Schwantz weiset lauter Fed[ern]
so wie ein blau-polirter Stahl oder E[rtz]
glintzen.

Seine Nahrung seynd nichts/ als Blum[en]
darum kan man ihn gefangen nicht lang be[y]
Leben erhalte[n]. Am häuffigsten trifft man sie
auf einem Baum/ der im Jenner blühet: u[nd]
da mag man/ in einem Tage/ wol ihrer sechz[ig]
mit Hagel-Schrot/ schiessen.   Jedoch fi[ndt]
man sie sonst auch / auf mancherley and[ern]
Bäumen mehr; und zwar/ das gantze J[ahr]
über / in den Wäldern / in grosser Men[ge]
Frühmorgens machen sie ein grosses Geräu[sch]
schreyen immerfort / mit einerley Gelau[t]
Screp, Screp, Screp; fast wie die Sperlin[ge]
oder Spatzen: singen aber nicht.   Im Fl[ie]
gen/ rühren sie ihre Fittichen sehr schnell/ kö[n]
nen eine lange Zeit in der Lufft/ gleich als r[u]
hend/ schweben. Die Blumen brechen sie a[b]

Fliegen: machen ihnen/ auf den Baum=
eigen/ Nester/ die so groß/ wie ein Hollän=
er Schilling: legen Eyer mit Schnee=
ßen Schalen/ nicht grösser als eine Erbis.

Die **Zweyte** Art hat gleiche Grösse
Figur/ mit der Ersten: ist aber schöner;
Schnabel auch kürtzer. Die Federn seynd/
wie der ersten/ gefärbt: ohn am Unter=
se/ an Brust und Bauch; woselbst Gold
Schmaragden gleichsam durcheinander
mmern. Bey dem Stütz oder Hintern/
ein grosser Fleck/ von Schnee=weissen
ern.

Die **dritte** Art ist kleiner/ denn alle die
gen. Vom Anfang des Kopffs/ wo der
hnabel herfür gehet/ biß zum Anfang des
lwantzes/ dritthalb Zwerch=Finger lang;
Halß schier eines Fingers lang; der Kopff
klein; das Leibchen anderthalb Finger
; das Schnäblein ein wenig länger/ als
Finger/ schwartz/ rundlich/ und spitzig;
nlein und Füsse/ wie der vorigen. Die Fe=
des Leibs und der Flügel sitzen gleichfalls/
an den beyden ersten; aber mit unterschie=
er Farbe. Der Schwantz übertrifft/an Län=
alle die andren/ und ist ein wenig länger/
drey Finger: und die oberste Federn dessel=

O   bigen

bigen fallen allezeit kürtzer / denn die un[…]
oder nachfolgende. Uber das ist […]
Schwantz in zwo Zincken gespalten: da[…]
Vogel / im Fliegen / ihn / gleich wie zwey […]
Hörner vonander breitet; also / daß die […]
Spitzen solcher Horn-förmiger Sch[…]
Federn anderthalb Finger-breits vonsa[…]
stehn.

Der gantze Kopff / und der Halß d[…]
Vögleins / seynd mit einer schwartzen Sei[…]
Farbe / und lieblich-durchscheinendem […]
mel-blau / geziert; wie der Endten Halß; […]
gantze Rucken / wie auch die Brust / lässt […]
Gold / und Meer- oder Eisen-grau / un[…]
einander spielen; gleichwie an der zwe[…]
Gattung. So findt sich auch / bey dem S[…]
ein dergleichen weisser Fleck / wie an je[…]
Die Fittichen sind Leber-farb. An […]
Schwantz sihet man schwärtz- und bläule[…]
Farbe / wie an dem blanck-angebläuetem […]
sen / durcheinander.

4. Die Vierdte Gattung ist ein […]
kleiner / als die Litte; sonst aber / an Ge[…]
und Ordnung der Federn / derselben gle[…]
aber / in der Farbe / und mit dem Schnab[…]
unterschieden. Der Obertheil des ander[…]
Finger-langen Sebel-förmigen Schnäb[…]

Blumen-Pusches Erster Theil.

hwartz: der untere gelb / biß auf das En-
welches gleichfalls schwärtzlich. Kopff /
r-Halß / und Flügel / kommen mit der er-
Gattung überein. An dem Kehlchen / un-
a Halse / auch der gantzen Brust / und dem
ch / sihet man weißlich-rothe Federn. Der
wantz uberlänget einen Zwerch-Finger /
endigt sich zugleich mit den Flügeln: be-
aus schwärtzlich-grünen Federn / so an
Enden weiß gezeichnet. Die Beine seynd
t schwartz; sondern weiß / oder gelblich; die
e an den Füssen / gleich also; die Nägelein
artz.

. Der Fünfften Leibs-Grösse trifft zu /
der dritten Gattung. Die Kehle / der
er-Halß / und gantze Bauch ist / mit
artzen Sammit-gleichen Federn / beklei-
darunter ein Himmel-blauer Glantz her-
h sticht. Etliche weisse Federn sitzen / wie
tlichen der vorigen / beym Stütz. Aber die
itzen der schwartzen Federn an den Seiten
Halses / der Brust / und des Bauchs / geben
i wunderbaren Wiederschein / von Eisen-
l / Gold / und Grün / gemischt. Der Ober-
des Kopffs / Halses / ungleichen der gantze
ken / führt einen grünen / Gold-und Feuer-
nen Federschmuck; gleichwie auch die

O ij anhe-

anhebende Flügel: denn das übrige von
Flügeln ist tunckel=grau/ oder Eisen=far
Unter den schönen Kastaneen=brau
Schwantz-Federn/wachsen auch Liecht=bl
welchen Schwantz=Federn aber eine dem b
lich=geschliffenem Stahl gleiche Farbe
Spitzen bordiret.

6. Der **Sechsten** Grösse/und der F
ten/ sind gleich. Jedoch hat diese Sechst
nen schwartzen Ober= und weissen Un
Schnabel. Der gantze Kopff/ Halß/ Ruc
Bauch/ und Vordertheil von Flügeln/ se
mit bunten Federn geziert/ von trefflicher
be; meistentheils nemlich güldner/ zum ha
Theil schier feuriger/ und danebenst auch
wenig grüner. In Summa; dieses V
lein glänzet/ wie die Sonne. Auf dem Ba
mengen sich etlich wenig weisse Federn mit
ter. Die Beine erweisen sich schwartz;
Flügel schwärtzlecht. Der anderthalb
ger=lange Schwantz hat eine zierliche Br
und gleiche Farb=mischung/ wie der üb
Leib: Etliche Federn desselben seynd mit E
und Gold angestrichen/ und an den E
weiß: etliche/ an einer Seiten/ oder Hel
weiß; auf der andren grün/mit güldnen S
len durchgespielt.

7.

Die Siebende ist ein wenig kleiner/ die fünffte und siebende Art. Hat ein nicht Finger-breit langes Schnäblein; über den ..zen Leib schier Aschfärbige Federn/ gleich die Spatzen: darunter gleichwol hin und ..der ein röthlicher Gegen-Glantz/ wie Ru-..en/ herdurch leuchtet.

Bey der **Achten**/ findt man die aller-ste Zier. Ihre Grösse misset sich/mit der ..ren Gattung/ allerdings gleich. Das O-..heil des Kopffs und Halses funckelt wie der ..rschönste Rubin; nicht anders/ als wenn ..Sonne mit ihrem Strahl einen köstlichen ..rfunckel anblitzte. Die Kehle/ und der ..ter-Halß/ scheinen gleich dem lautern/ po-..m/ und von der Sonnen angestrahlten ..ngarischem Golde/ so fürtrefflich und über-..stlich/ daß es unmüglich fällt/eine vollkom-..e Gleichheit dieser Farben zu geben/ und ..Farb-künster/ samt ihrem Meister/ dem ..lles selbsten/an der Nachfolge verzweiffeln ..sten.

Der Anfang des Ruckens ist gleichsam/ mit schwartzem Sammit/ bedeckt; das ü-..e/ mit Eisen-farbenen Federn; denen ..chwol etwas duncel-grünes sich anmutig ..einmenget. Der gantze Bauch ist dem

O iij Rucken

Rucken gleich=färbig; die Flügel Eisen=f
wie an den vorigen Gattungen; die sehr
Beinlein/ schwartz; der Schwantz/ so et
mehr/ dann ein Finger=breit lang/ sey
mort, oder brauner und doch gelb=röth
anlauffender Farbe; wiewol die Federn zu
an den Enden/ auf schwartz=grau fallen.

9. Die Neundte und erste Art/ neh
sich einander nichts/ in der Grösse. Allein
ser/ (der neundten) ihr Schnäblein ist
schwartz; unten geel=roth. Ihr gantzer
ausserhalb den Flügeln/ schimmert von g
lich=güldner Farbe; wie die zweyte Art/
ten am Bauch. Die Flugel fallen E
schwartz. Der Fingers=breit=lange Schw
welcher auch ziemlich breit/ sihet Stahl=h
oder wie ein geschliffenes Eisen.

10. Disen/ aus dem Marchgraflo/
schriebenen neun Gestalten/ will ich/ an
der Zehenden/ beyfügen des Lerii und Th
ti Gouambuch oder Gonambuch: w
zwar/ oberwehnter maßen/ Bisselius ein
dres Geschlecht nennet; ich aber mit dem
sio zu diesen rechne der Leibs=Zartheit we
wiewol ich sie sonst auch fast lieber für ein
andres Geschlecht halten wolte.

Diese Art beschreibt Lerius also:

Blumen-Pusches Erster Theil.

"...derbare und subtile Vöglein / welches
Bilden Gonambuch heissen / hat weisse
...tzende Federn. Ist nicht grösser / als
...Breme / Hummel / oder Schröter: und
...et doch überaus wol. Es sitzt gern / auf
...Türckischem Korn / welches die Brasi-
...er Avati nennen / oder sonst auf hohen
...ngeln. Singt so hell und klar / daß ei-
...nicht solte vermeynen / ein so geringes und
...les Leiblein könnte so viel Wesens ma-
.../ und eine so liebliche Stimme singen /
...n ers nicht vor Augen sähe. Unsere
...chtigalen thuns ihm nicht zubor. So
...hievon Lerius. Dessen Worte gnugsam
...rkennen geben / daß er dieses Vöglein selber
...hen / und singen hören.

Ich habe die Gattungen solcher Vöglein
um desto außführlicher allhie erzehlet: da-
...der geneigte Leser desto mehr Anlaß ge-
...me / an der Subtilität / und unvergleichli-
...Schönheit derselben / den allmächtigen
...st-Finger unsers Schöpffers zu betrachtē /
ehrerbietig zu verwundern. Will / schließ-
/ noch etwas weniges / von andren kleinen
...glein / lassen herbey fliegen.

I. Sayacu, ist ein Brasilianisch Vöglein /
...oß wie ein Buchfinck: über den gantzen

O iiij   Leib /

Leib/ mit vermischter Asch = und Meer = J[
bedeckt. An den Flügeln/ und auf dem [
cken/ spielten die Eisen = graue Federn/ [
der Sonnen/ außbündig schön. Das Sch[
lein ist schwartz; gleichwie auch die Au[
gantz und gar.

2. Teitei oder Guraundi, ein Vögl[
das so groß/ wie ein Rotkälchen/ wird/ in [
silien/ in die Vogel=Häuser gesperrt/ für ei[
Sing=Vogel: ungeacht es doch nicht sin[
sondern nur schwitzert/ wie der Vogel/ den [
Teutschen Gimpel heissen. Hat einen kurt[
dicken/ schwartzen Schnabel/ schwartz=ges[
ten Kopff/ Halß/ Flügel/ Rucken/ [
Schwantz: dabey doch eine blau=pol[
Stahl=Farbe mit unterläufft. Der Un[
Halß/ die Brust/ der Bauch/ und die O[
Beine sind Dotter=geel: die Unter=B[
aber/ samt den Füssen/ Eisen=schwartz. [
ses ist aber/ von dem Männlein/ gesagt. [
das Weiblein zwar/ in der Grösse und Pro[
tion/ gleich; aber an Farben nicht ähnli[
sondern grün/wie ein Zeißlein: außbenomn[
Kopff/ Ober=Halß/ und Flügel/ daran bl[
und Eisen=schwartze Farbe sich vermählen[

3. Tozcacozli fleugt in Mexico und N[
Hispanien/ und kommt unsren Stiglitzen [
glei[

Blumen-Pusches Erster Theil.   217

ch: lässt sich / im Kesicht / mit einer zwar
n / aber sehr liebseligen Stimme / hören;
das auch / von genäschigen Schleckmäu-
/ wol essen.

Colcotl, ein Mericanischer Vogel / un-
n Spatzen an Grösse und Gestalt gleich;
st gleichfalls anmutig / fast auf die Art / wie
re Stiglitzen.

Quachichil, ein sehr kleines behendes
zartes Vöglein / ist unten weiß / grünet
rtwärts: wiewol der Kopff mit etlichen
harlach-rothen Federlein gezieret. Die
sten / Füsse / und der Schnabel / kommen
wartz. Es lebt / in den kalten Mericanischen
dschafften / und singt gar holdselig / so mans
Kesicht hält. Ich dörffte schier sprechen /
ses sey eben des Perii Gonambuch. Ange-
rckt / Hernandez dabey meldet / es sey ein we-
s grösser / als das Vöglein Hoitzitzillin;
ches letzte also von ihm beschrieben wird:
ß es ein Flügelwerck / so seiner Subtilität
lben schau- und wunder-würdig / einen
nnen Schnabel habe / der schier so lang / als
s gantze Leiblein. Die zarten Federlein
ncken von schwartzer / grüner / und güldner
uleur / und diene den Indianern / zu aller-
nd Kunst-Gewircken: heffte sich an die

O b   Fichten-

Fichten- und andre Bäume/ wenn seine B[lu]-
men-Nahrung aufhört; biß/ nach sechs [Mo]-
naten/ die Blühe frisch wieder herfür kom[me/]
und diß solle man nur für kein Mährlein [hal]-
ten: denn man habe es/ mehr als einmal/ p[ro]-
birt/ und ein solches am Stamm eines Ba[ums]
oder Asts/ mit dem Schnabel vest hafften[den]
Vöglein/ daheim in einem Gemach/ verwa[hr]-
lich aufbehalten/ gantzer sechs Monat lan[g/]
welche Zeit über/ es leb-loß hencken bliebe[n/]
biß seine natürlich-bestimmte Zeit gekomme[n/]
da es sein Leben wieder bekommen/ loß gew[or]-
den/ und davon ins Feld geflogen: Und die
Blumen-vögel finde man vielerley Arten/ [und]
mancherley Grösse.

Weil nun Hernandez schreibt/ das s[ein]
kleine Vöglein Quachichil sey ein klein we[nig]
grösser/ als der Vogel Hoitzitzillin, und si[nge]
gar lieblich: schliesse ich daraus nicht unbill[ig/]
diß sey der Brasilianische Vogel Gonambuc[h/]
ob er gleich/ in Brasitien/ etwas kleiner se[yn]
mag: Hat also Clusius vermutlich denselb[en/]
irrig/ mit jenen/ vermischet; auch Piso u[nd]
Marchgrafius gleichfalls/ allem Ansehen na[ch/]
aus Mißverstand vorgegeben/ diejenige so [die]
Vögeln Guainumbi einen Gesang zugeschr[ie]-
ben/ hätten gefehlt; dafern sie anders Leri[um]

Blumen-Pnsches Erster Theil. 219

Thevetum, wie es scheinet/ dadurch ver=
den. Welches ich darum/ zum andernmal/
behaupte/ auf daß die wunderbare Krafft
ttes/ welche einem so zarten Leibchen so süsse
imme geschenckt/ desto höher verwundert
gepriesen werde.

5. Guiranheemgatu ist so groß/ als ein
atz; sein Kopff und Kähle oben Dotter=
b; die Brust und der Bauch liecht=gelb;
Flügel/ aus Grün und Seel/ vermischt/
mit Eisen=Farbe unterschieden; gleichwie
h der Schwantz; die Aeuglein/ und der
hnabel/ schwartz; die Beine schwartz=braun.
singt treflich wol/ und schreyet wie die Fin=
n: wiewol das Weiblein nicht singt; son=
n nur c'rip c'rip schallet/ gleich den Sper=
gen. Und solcherley Vögel/ die wie Fin=
n/ oder Stiglitzen/ singen/ giebt es noch viel
re Geschlechte/ in Brasilien/ Mexico/ und
ru: die wir aber hie nicht beschreiben
gen.

7. Die Mohren/ in Guinea/ fangen auch
lerley kleine Vögel: nicht so sehr den Oh=
l/ als dem Magen/ zu Liebe. Gestaltsam
unter andren/ eine Art/ bey ihnen/ giebt/ so
Distel=Fincken/ oder Stiglitzen/ nicht un=
ich/ und sich gemeinlich auf dem Felde/ im

Korn/

Korn halten: welche/ von den Mohren/ also lebendig ins Maul geschoben/ und samt den Federn/ wie die Mäuse von den [Kat]ʒen/ verzehret werden. Thun es also [die] Mohren manchen Caballieren an unsren [Teut]schen Höfen/ fast zuvor/ die bey starcken [Bie]ren-Trüncken/ etwan ein lebendiges Fischl[ein] oder dergleichen/ in einem Glase Weins hinab schlingen: wie ich solcher Fisch-Trin[cker] nicht wenige gesehn habe.

An Graßmucken und Gold-Fincken/ m[an]gelts/ des Orts/ auch nicht; sondern vielm[ehr] nur an Leuten/ die der Guineischen Vö-gel Gestalten beschrieben hätten.

D[ie]

Das XI. Capitel.
Inhalt.

Vom Fischwerck in Guinea.
Von den Americanischen süssen / und Saltz-Wassern: dabey auch des Graß-Meers gedacht wird.
Beschreibung etlicher Fische in America.

1.

Nachdem wir die Gelegenheit des besten Landes/ so in Guinea/ als einiger Länder in America/ als viel die Lufft/ Fruchtbarkeit/ Thiere und Vögel belangt/ wenig betrachtet haben: müssen wir die [Fis]he in den Wässern daselbst/ mit Stillveigen / nicht alle vorüber schwimmen la[ssen]; sondern auch hievon dem Leser etwas setzen.

Von der Natur und Eigenschafft der Gui[nei]chen Gewässer/ so wol fliessender/ als ste[hen]der; ist bißhero noch wenig bekandt/ und nicht viel sonders anjetzo davon zugeben[.] Was selbige aber für Fische geben/ da[von] mag man lesen das 34. und 35. Capitel [Nie]derländischer Beschreibung des Königs[reic]hs Guinea; imgleichen das 8. Capitel der

Neu-

Guineischen und Americanischen

Neu=aufgelegten Hemmersamischen Re
beschreibung. Ich will sie kurtzlich nur e
cher gedencken.

Im Jenner/Hornung/ und Mertzen/ f
gen die Mohren viel kleine Fischlein/ mit g
sen Augen/ und zwar aus dem Meer. Solt
Fischlein sind gestaltet/ wie unsere Kaulbä
schmecken auch schier eben also. Man fä
sie aber/ mit einem Seil/ daran drey oder f
Fisch=Angeln/ mit samt dem Aas oder Köd
hafften. Solche Seile werden/ungefähr d
oder bier Klaffter tieff/ versenckt: seynd ni
dicker/ dañ ein grober Draht/ und von Bau
Rinden gemacht. Vermittelst derselben
kommen sie diese Fischlein in grosser Meng
welche/ nachdem sie des Fischers Gefang
worden/ hefftig springen/ schnurren/ und
grosses Geräusch machen/ biß der Todt i
Ungedult stillet.

Der Aprill und May=Monat bringt ihr
Fische/ so den Rochen ähnlich/ und mit kru
men spitzigen Eisen von ihnen geworffen w
den. Andre/ so im Brach=und Obst=Mon
sich lassen fangen/ fallen den Häringen se
gleich: werden Sardin genannt: sollen vi
leicht Sardellen seyn. Im September/ fah
sie eine Art von Fischen/ so den Makrel
gleich

Blumen-Pusches Erster Theil. 223

h; wiewol am Kopff etwas länger / von
e ein wenig schmäler sind ; und keine
uppen haben: Imgleichen die/ so von de
derländern Maul-Fische genannt werden/
einen Geschmack haben/wie die Karpffen.

. Eben in demselbigen Herbst-Monat/
en sie einen wunderlichen Fisch / so den
er-Hanen gleich/ und einen Bart hat/ auch
auf dem Leibe eine Feder / gleich einer
zen / führt. Für solcher Feder/ hat sich der
her zu hüten / daß er nicht selbst die Tafel
das Papier werde / darauf sie schreibe.
m solte er / von selbiger Feder gestochen /
verletzt werden : würde ihm solches un-
lchen Schmertzen bringen / auch das ver-
te Glied gar dick auffschwellen. Ja! offt
Gefahr dabey / daß man das verwundte
ed nicht gäntzlich verliere : sintemal die
cheln gemeldter Fisch-Feder gar gifftig
: ohnangesehn das Fleisch sich / von den
hren / wol essen lässt. Ob es etwan der-
ige Schwerdt-Fisch sey / davon Hemmer-
/ im 8. Capitel / meldet / oder eine andre
von kleinen Schwerdt-Fischen ; oder gar
Schwerdt-Fisch ; muß ich im Zweiffel
en lassen.
Der Fang dieses Fisches aber ist fast merck-
würdig.

würdig. Denn/ wie die Niederländer ber[ich]-
ten; so macht man eine Holtz=Flösse/ b[indet]
darauf ein Horn/ mit einem Klöpffel: w[elch]
Instrument fast einen Klang/ wie die K[uh]
schellen/ giebt/ und mit stetigem Geläut[e/]
dem es von den Meer=Wellen bewegt w[ird/]
auf der See herum schwimmet: biß en[t-]
der/ hiedurch herzu gereitzte/ Fisch e[inen]
Schuß darnach thut/ sich selbsten also dem [ver-]
borgenem Hamen anhängig/ und zum Ge[fan-]
genen macht. Von welcher Fischer=M[anier]
der Leser ein mehrers/ am 1392. Blat des L[ust-]
und West=Indischen Lust=Gartens/ in [der]
Anmerckung/ findet. Andre Guineische A[rt-]
sen zu fischen/ wie auch andre Gattungen [von]
Fischen daselbst/ können ihm obangezog[ene]
beyde Beschreibungen/ insonderheit aber [die]
Niederländische/ in angezeigten Capit[eln]
weisen.

II. So viel das grösseste Theil der W[elt/]
nemlich America/ grösser ist/ denn das ein[tzige]
Africanische Land Guinea: so viel tausend[er-]
ley mehr Geschlechte von Fischen werden a[uch]
ohne Zweiffel/ in dem grossen Atlantisch[en]
Meer/ auf den Peruanischen/ Chilischen/ [A-]
ricanischen/ Brasilianischen/ Floridanische[n/]
Virginianischen/ ꝛc. See=Küsten/ groß[en]
Str[ömen]

Blumen-Pusches Erster Theil.   225

rōmen/ Flüssen/ Bächen/ Pfützen/ Pfuh=
Seen/ Teichen und Weihern/ ihre nasse
berge haben: Würde demnach dieselbe zu=
hlen/ fast eben so unmüglich fallen/ als das
er/ mit einer eingetauchten Schreib=Feder/
zuschöpffen.   Jedoch wollen wir/ mit etli=
Geschlechten/ uns allhie abspeisen; aber
rderst/ von den Americanischen Wassern/
as reden.

Die West=Indianische oder Americanische
der werden gemeinlich/ von sehr breiten/
wol selten gar tieffen/ Flüssen durchströ=
: deren etliche so streng und beharrlich ih=
Lauff fortsetzen/ daß man offt auf zwantzig
mehr Meilen/ in der offenbaren See/ ih=
süssen Wassers geniessen kan: Etliche auch
ng und erschrecklich breit/ daß man sie viel=
r für ein Meer/ als für süsse Ströme/ an=
n solte. Unter denen der Amazonische Fluß
allerbreitesten; als dessen Mund siebentzig
ilwegs breit/ da er in die Americanische
d=See fällt/ und das gantze America/ nach
Breiten/ durchläufft.   Maragnon, Ja=
rius/ oder Rio de la Plata, seynd gleich=
Strömlein/ dagegen unsere Donau/
ein/ und Elbe/ kaum für kleine geringe
chlein zu achten.

P   So

So finden sich auch gleichwol manche
ne lustige Flüsse daselbst überflüssig: auf
chen man/ zwischen den/ von vielen sch
Blumen und wolriechenden Kräutern/ b
ten/ oder mit ansehnlichen/ Schatten=offt
Frucht=reichen Bäumen bepflantzten U
nicht anders herdurch fährt/ als wie unser
ste Aeltern/ im Paradeyß/ auf den Cryst
nen Bächen hätten mögen hindurch schif
dafern sie in der Unschuld wären verblieb

Gleichwie aber Guinea/ aus seinen F
sen/ einen güldnen Sand sammlet: also
viel häuffiger das Gold= und Silber=re
America. Unsern/ von der alten Königl
Residentz=Stadt Cusco, in Peru/ giebt
Fluß Caluaja den Spanniern den besten g
nen Staub/ darinnen der unersättliche Me
seine Begierden so tieff verscharret.

Der Fluß S. Barbara/ in der Prob
Quito, beschenckt sie gleicher gestalt/ mit E
de/ gar reichlich.

Bertius setzt/ in seinen Land=Tafeln:
Peruanischen Flüsse/ Wasser= und Reg
Bäche Sand sey so Gold=reich/ daß
Grund/ durch seinen glintzenden Schein/
Vorbeygehenden die Augen fast blende.

Es erzehlen die Patres von der so gena

Societät JEsu / daß die Peruanischen
[..]sse / in der Gegend Potosi / so viel Goldes
[..]ren / daß ihr Jesuiter Collegium daselbst/
[..] andres jährliches Einkommen hat / als
[..] ihnen ein solcher Gold-vermengter Fluß
[..]et: wie ihr Gesellschaffter / Pater Kir-
[..]us/ selbst bezeuget. Welches Einkommen
[..] vermuthlich nicht schlecht seyn wird. Zu
[..]issen Zeiten / werden die Knechte und
[..]laben dahin geschickt/die den Sand schöpf-
[..]/ und auf Täffelein das Gold heraus wa-
[..]n müssen.

In der Insul S. Domingo / oder Hispa-
[..]la / verbirgt der Ström Cibaus viel Gold
[..] Edelgesteine / in seinem Grunde: massen
[..]nzo/ im 1. Buch/ vermeldet.

Manche Bäche führen auch allerley andre
[..]ineralien bey sich: die/hie zu erzehlen/ nicht
[..] vonnöthen thut.

Etlicher ihr Wasser/ oder Grund-Sand/
[..]d / für gewisse Kranckheiten / gebraucht.
[..]/ zum Exempel / durch die Proving Chiri-
[..]i laufft ein Fluß / dessen Wasser den Len-
[..]= und Nieren-Stein bricht und abtreibt;
[..]Gegensatz aber / den Augen sehr schädlich

Im Lande Amapaja, rinnen rothe Bä-
[..]deren Wasser/recht um die Mittags-Zeit/

P ij   gar

gar gut zu trincken; vor oder nach selbiger [Z]
aber / gifftig und höchst=schädlich ist. [V]
mehren/ mag ich nicht sagen. Denn die Fl[ü]
müssen weiter und länger fliessen; als m[e]
Dinte.

2. Gelüstet den geehrten Leser auch et[was]
von den Americanischen Heil= und wolriech[en]
den Brunnen / oder von andren wunderba[ren]
Eigenschafften derselben / zu lesen; so lass[e]
ihm gefallen/ im zweyten Theil offtgemeld[ten]
Indianischen Lust=Gartens / das 1262. [und]
folgende Blätter aufzublättern / die ihn d[a]
können bedienen.

Jetzt will ich allein beyläuffig von der [An]
tiquität eines Ziehe=Brunnens oder Bo[rn]
in Peru/ aus dem à Costa, kurtzen Bericht[ge]
ben. Im Lande Peru/ wo jetzt Manta u[nd]
Puerto Veio (welches kleine Flecken) von [den]
Spanniern erbauet stehen / werden Ries[en]
Beine gefunden/ aus derer Grösse man abn[eh]
men kan/ daß die Leiber / wo nicht vollköm[m]
lich noch eins/ jedoch gewiß noch halb so gr[oß]
als der heutigen Indianer Cörper / gewes[en]
Von solchen Gebeinen/ geht in Peru/ die [ge]
gemeine Rede / daß sie von grossen Ries[en]
übergeblieben/die vorzeiten über Meer/an d[ie]
se Ufer gekommen/ die Einwohner des Lan[des]

Krieg überzogen/ und sich endlich in Nica=
ua niedergelassen / daselbst großmächtige
geheure Gebäu aufgeführt; hernach sich in
schändliches Laster=hafftes Leben begeben/
der Sodomitischen Greuel so viel gemacht/
sie allesämtlich/ vom Himmel/ mit Flam=
n vertilget worden. Von berührten Ge=
en aber/ bleibt noch/ auf den heutigen Tag/
ig zu schauen ein Born von unerschöpffli=
r Tieffe/ der so schrecklich weit in seinem
griff ist/ daß man ihn eher für eine Pfütze/
er vor einen Born/ solte ansehn. Die
erck=Stücke, un Steine/ daraus er gebauet/
d von unglaublicher Grösse/ und scheinen
r ein Werck/ so von lauter Ungeheuren/
von Menschen/ zusammen geführet/ und
gerichtet.

. Das West=Indianische Meer=Wasser
e uns ein gantzes Meer von Erzehlungen;
n dieses unser kleines Blumen=Püschlein
t zu sehr damit würde überschwemmet.
nn die Erfahrung derer/ so es beschiffet ha=
/ bezeugt/ daß selbiges/ etlicher Orten/ so
ß/ wie Milch/ oder Blut=roth/ oder aller=
artz sey.

Martyr schreibt: auf der Küsten des Lan=
Mariatambal, haben die Portugaller/

P iij   nach=

nachdem sie allbereit viertzig Meilen/ auf
wilden See gesegelt/endlich ein Meer-Wa
angetroffen/ welches gantz suß gewest/ und
für frisches Fließ-Wasser trincken lassen. W
ches den gewaltigen Strömen beygeme
wird/die gar weit/wie oben erwehnt/ins W
hinein dringen.

Das Brasilianische Meer fällt oben t
ckel-blau den Anschauenden ins Gesicht/
seiner obern oder außwendigen Gestalt: d
innerlich sihet es grünlich. Wiewol denn
sein Wasser so rein und klar ist/ daß man
Mittags-Zeit/ bey scheinender Sonnen/
Fische darinnen/ auf 20. Klaffter tieff/
Gold/ blincken sihet. Seine Wellen ge
gemeinlich gar sanfftmütig und gelinde; e
nen sich auch wol offt so flach und glatt/
ein polirter Marmel/ oder Spiegel. Wenn
sich aber/ bey Nachtzeit/ in etwas reget
giebt es einen Flammen-hellen Glantz/ u
Feuer-Farbe von sich.

4. Wenn die Europæischen Schiffe/
Brasilien/ wieder zurück/nach Europa geh
so begegnet ihnen das Gras- oder rechter
nennen Kraut-Meer (denn es ist eigentlich
Gras) welches/ wie Lerius schreibt/ mit ein
gelblichem/ und dem dürren Heu an der Far

lichem Kraut/ auf viel Meilweges weit
breit/ so dick und häuffig bewachsen/ daß
Schiffe in vier oder fünff/ etliche auch wol/
n ihnen der Wind nicht günstig ist/ in
ntzig Tagen nicht hindurch kommen kön=
Man kan/ für selbigem Kraut/ das bey
Spannen hoch über dem Wasser herfür stei=
/ das Wasser selbst kaum sehen; so dick
hst es. Lerii Gefährten haben/ mit Axten
Beilen/ weil ihr schadhafftes Schiff nicht
ck genug gewest/ für sich selbst durchzubre=
/ Platz machen müssen.

Als Columbus/ zum ersten mal/ auf diese
ut=See gekommen; ist er sehr erschro=
: wähnend/ es wäre irgend ein Morast/
inn man würde/ mit dem Schiffe/ stecken
ben. In dem Indianischem Lust=Garten/
e ich diese Kraut=See gar außführlich/ am
und 66. Blat/ beschrieben; und am 566.
aus dem Pisone/ vermeldet: Solches
e=Gewächs sey eigentlich nicht von Gras/
r Meer=Bintzen; sondern bestehe aus zar=
Püschlein oder Gesträussen/ so voll kleiner
eren sitze: habe dünne greyse Stengeln/
gekerbte Blätlein/ welche satt=rother Far=
und Knäuel=weise zusammen gewunden:
Pusch selbst stehe/ über dem Wasser/ un=

P iiij   gefähr

gefähr einer Handbreit lang. Diß letzte l[au]tet dem/ was ich kurtz zuvor/ aus dem Buel[lio]
vermeldet/ nemlich/ daß es 5. Spannen h[och]
wachse/dem Ansehn nach/ zuwidern: kan [je]
doch leichtlich mit einander verglichen werd[en].
Denn gleichwie unlaugbar/ daß selbiges Kr[aut]
etlicher Orten viel dicker/ als an andren: a[lso]
wird es auch zweifels ohn/ an einem Ort/ [ho]
höher/ weder am andren/ wachsen. O[der]
vielleicht ist Piso durch lauter junge/ Buel[lius]
aber durch alte und erstarckte Büsche geseg[elt]
Lerius fällt gewißlich mehr diesem/ als d[em]
Pisoni/ bey/ in dem er erzehlt/ wie man/ [in]
Arten/ solches Kraut habe müssen weghau[en]
daraus zu muthmassen/ es müsse höher/ als [ei]
ne Hand = breit/ gestanden seyn.

Eben daselbst (am 566. Bl.) wird gedac[ht]
Solches Gewächs werde/ wider die Verf[to]
pfung des Harns/mit glücklichem Erfolg (w[ie]
wol/ in dem Lust = Garten **mit gelindem E[r]
folg**/ fälschlich gesetzt worden /: nicht dur[ch]
meinen/sondern des Drucks Fehler ; gleich [wie]
sonst in selbigem Garten hin und wieder se[hr]
viel Erraten sich angehäuffet) gebraucht.

Insonderheit stehet/ an diesem Kraut/ [zu]
verwundern/ daß es/ mitten im wilden Meer[/]
ohne Wurtzel gleichsam wurtzelt/ oder viel
meh[r]

r schwimmet/ und im Schwimmen wächst.
n der Stratiote. Ægyptia. Dioscoridis,
eibt Prosper Alpinus (Cap. 35. de Plantis
ypt.) daß sie/ bey der Stadt Damiata, aus
Wasser des überlauffenden Nilstroms her-
komme/ und wie die Meer-Linsen/schwim-
ohne Wurtzel. Massen auch Dioscorides
st (Lib. 4. c. 103.) dafür hält/ sie habe keine
rtzel. Dennoch aber begtaubet Veslin-
, in seinen Observationibus über den Al-
um, man finde gleichwol/ an dieser Aegy-
hen Wasser-Pflantzen/ etliche subtile Zä-
ein/ oder Fäden/ welche hinunter an den
und reichen/ und also dem Gewächse / an
einer Wurtzel/ dienen. Gedachtes Sar-
o aber/ oder Meer-Kraut/ ob es sich zwar/
nittelst einiger Zäserlein/ ineinander/ wie
uns das Wintergrün/ verwickelt; so sihet
doch die geringste Wurtzeln nicht daran;
ern nur einige Spuhr-Zeichen des gesche-
en Risses: gleich als ob das Meer selbst sei-
Wurtzel wäre. Man kan auch nicht sagen/
/ gleichwie dort in Aegypten geschicht/ ei-
Faseln dasselbe am Grunde des Meers
machen solten: angemerckt/ unterschied-
Scribenten bezeugen/ das Meer sey da-
st unergründlich. Lerius meldet: seine

P v.   Schiff-

Schiffleute haben einen Grund=Klotz/ o[d]
Bley=Senckel/ außgeworffen/ daran ein S[eil]
von fünffhundert Klafftern gehafftet; a[ber]
dennoch keinen Grund gefunden. Derhalb[en]
dieses Meer=Kraut gar wol/ für ein Wunde[r]
Gewächs/ passiren kan.

5. Hie stünden noch viel Wunder=Sach[en]
mehr beyzubringen/ von den seltsamen G[e]
wächsen unter dem Meer=Wasser/ die sich/[wie]
Korall/ ausser dem Wasser/ in der Lufft/ ve[r]
härten/ von den schönen Meer=Blumen/ d[ie]
im Wasser weich sind/ über demselben ab[er]
crystallisiren/ und bey solcher angenommen[en]
Härtigkeit dennoch die Gestalt einer recht[en]
Blumen behalten; deßgleichen von tausend[er]
ley andren Sachen mehr. Ich könnte d[ie]
seltsame Menschlich=gebildete/ und and[re]
Meer=Wunder/ herbey führen. Weil abe[r]
in offterwehntem grossem Lust=Garten/ [von]
solchem allen/ ziemlich viel gediscurrirt wir[d]
will ich jetzt allein ein paar Fische fürtragen.

III. Unter denselben/ soll der erste sey[n]
das kleine/ aber recht wunder=förmige B[ra]
silianische Fischlein Guaperua: dessen Lä[nge]
vom Anfange des Mauls/ biß zum Anfang[e]
des Schwantzes/ ein wenig mehr als zw[ey]
Zwerch=Finger/ (wiewol man dennoch auc[h]
wo

Blumen-Busches Erster Theil. 235

findet/ die noch zweymal so groß) in der
ten des Leibs aber drey Finger dick ist/
jedwede Seite einen Finger hoch. Der
gantz keine Fisch-Ohren: ein weites er-
enes Maul/ welches wie ein Hunds-Maul
ür geht/ und sehr subtile Zähnlein be-
sst. An Stelle der Zungen/ hat er einen
ein: und kleine Aeuglein/ die kaum so
ß/ als ein Hirsen-Korn/ und dem schönsten
rkis gleich-färbig.

Zwischen den Augen/ mitten auf der O-
-Lefftzen/ oder an der Stirn/ sitzt ihm ein
nes Horn/ welches sich empor richtet/ und
wenig Ruckwerts hinüber krümmet: und
solchem Horn/ ein dünner Faden/ eines
ben Fingers lang/ der sich gleichfalls ein
nig erhebt/ mit einem solchen Anhang/ wie
n an den Lilien sihet. Er hat gantz keine
chuppen: ist aber scharff und rauh anzu-
iffen; die Farbe seiner Haut tunckel-roth/
t Eisen-Farbe untermengt: und über dem
ntzen Leibe/ spielen ihm etliche schwartze Fle-
n/ in Gestalt der Wellen. Gleich also
nd auch die Floß-Federn gefärbt. Seinen
auch kan er aufblasen/ wie einen Schlauch.
n Schwimmen/ erscheinet er so rund/ wie
Hut: wird derhalben unter die Orbes, oder
Teller-

Teller-Fische/ gerechnet. Etliche dieser S[...]
tung sind gantz Raben-schwartz.

2. Piexe viola, den Cithar-Fisch/ ma[...]
seine seltsame Gestalt auch schau-würdi[...]
sintemal er einer Portugallischen Cithar s[...]
gleich sihet. Ist einen Schuh und 9. Fin[...]
lang; sieben Finger breit; sein Kopff/ wie [...]
Kegel/ zugespitzet. Die Augen sitzen ru[...]
und weit herfür/ in der Grösse einer mitt[...]
mässigen Hasel-Nuß. Der Vordertheil [...]
Leibs/ daran der Kopff sitzt/ hat die Figur [...]
nes Hertzens. Auf dem Rucken/ ist er Le[...]
färbig/ und mit schwartzbraunen Flecken [...]
sprengt/ welche Flecken gar schön/ mit we[...]
und Himmel-blau/ getipffelt sind.

Nach dem bordern Hertz-förmigem St[...]
des Leibs/ fällt der übrige Theil länglich-ru[...]
drey Finger breit; schmälert sich aber all[...]
mach immer besser zu/ biß an die Floß-Fe[...]
des Schwantzes/ da er nur einen Finger d[...]
ist. Der gantze Ruckgrad sitzt/ nach der L[...]
ge/ voll kleiner Puckeln. Der Kopff/ so la[...]
er noch frisch ist/ glänzet und leuchtet bey [...]
Nacht. Sein Fleisch isset man nicht: u[...]
berichten die Fischer: wer es esse/ der werd[...]
thöricht und unsinnig/ biß nach dreyen Stu[...]
den/ da er wieder zu sich selbsten komme. Dem[...]
be[...]

einen solchen Fisch anrühret / heben die
de und Arme an zu knacken: aber solches
t bald auf. So man ihn aber / in der Mit=
angreifft; erfolgt darauf ein Zittern der
der.   Ist sonst ein Fisch / der im Fluß
ibi gefangen wird.

Guamajacuguara, ist ein Americani=
Wasser=Igel; zwölff Finger lang / rund=
s Leibes / zwey und zwantzig Finger dick.
keine Schuppen: sondern wird mit einer
t bedeckt / und über den gantzen Leib mit
cheln gewaffnet / die an den Seiten zween
zer lang / anderswo etwas kürtzer / rund
sehr spitzig.   Zwischen solchen Stacheln
man auf der / sonst Berg=gelblichen
t/ hin und wieder schwartze Flecklein; ohn
in am Bauch nicht. Die Augen ligen weit
dem Kopff herfür / und sind sehr groß: das
ul klein / und ohne Zähne.   Zwo Floß=
ern sitzen an den Seiten; eine auf dem
cken / und die vierdte unten / nahe beym
Schwantz.

Es giebt auch wol welche / die eine dun=
=grüne Haut oberwärts; und / unten am
e / schwartze; auch / über beyde Augen / ein
nes / ziemlich=langes / jedoch weiches Horn
en.

4. Gue=

4. Guebucu ist ein Schnabel=Fisch:
einen Schweins=Kopff/ und vorn an dem[
einen harten beinernen/ spitzen Schnabel [
dessen Obertheil sechszehen/ der untere ze[
Finger lang/ und die Dicke/ an dem Ort/ [
er vom Kopff herfür geht/ von sieben Fing[
ist. Des gantzen Fisches Länge macht/ biß[
den Schwantz/ vier Schuh und sieben Fing[
der Schwantz/ so sich gleichsam in zwey H[
ner von ander giebt/ hat eine Länge von [
Fingern. Unten am Leibe/ gegen dem Anfa[
der obersten Floß=Federn über/ stecken ein p[
schwartze Beine/ welche sehr hart/ und [
zween Stäbe formirt. Jedwedes derselben[
19. Finger lang. Solche beyde Beine o[
Stäbe kan der Fisch zusammen legen/ in e[
lange tieffe Ritze/ welche ihm langs d[
Bauch/ biß an den Schwantz/ hinab geh[
gleichwie er auch seine Floß=Federn/ unter [
nen die oberste und grösseste wie ein Perg[
men/ drey Schuhe lang über den Rucken [
erstreckt/ und mit Rieben oder dicken Grät[
durchzogen ist/ in solche Scheiden verschließ[
kan. Besagte Floß=Feder am Rucken ist a[
derthalb Schuh hoch/ und mit runden Flecke[
zierlich; die Haut aber mit Stacheln/ so ein[
drittels vom Finger lang/ beschärfft/ und g[
dick.

Er giebt eine gute Speise; speiset sich [selb]sten/ mit andren Fischen/ die von ihm [ver]schlungen / und unterweilen etliche eines [Sch]uhes lang / in seinem Magen gefunden [wor]den.

Das Guineische Gewässer giebt/ im [Ju]lio und Augusto/ Krebse/ wie die/ so man/ [in N]orwegen/ in den Felsen/ fängt: auch/ an [den] Ufern/ Krabben die Menge. Man findet [gleic]hfalls grosse Land-Krebse daselbst: die sich [unt]er Erden halten/ Purpur-färbig/ und sehr [wer]t geachtet sind.

Die Mexicanische Pfützen und Seen [geb]en mancherley Frösche/ gutes Nutriments [u]nd Geschmacks: unter welchen etliche/
so ein Pfund / und drüber/
wägen.

Ende des Ersten Theils.

Des

Des Guineischen und Americani∫
Blumen-Pu∫ches

Zweyter Theil.

Das I. Capitel.

Inhalt.

I. Städte und Häuser in Guinea.
II. Beschreibung des berühmten Castels Mina, und wie solches / von den L̄ derländern / erobert worden.
III. Von den Americanischen Städten.

I.

IN dem vorigen Theil haben wir Beschaffenheit und Natur des Lan̄ Guinea / wie auch einiger America∫ scher Gegenden / angeschauet: müsse in diesem Zweyten Theil / auch die Gebäu u Einwohner anblicken.

Gleichwie die Gemüther und Sitten d Guineer nicht gar polit; also seynd auch i∫ Städte und Häuser von schlechtem Bauwer

Blumen-Pusches Zweyter Theil. 241

e Wohnhäuser werden von etlichen Bäu-
/ deren theils gerad in die Erde gesetzt/ etli=
aber / an stat der Balcken / drüber gelegt;
 mit vielen schmalen Gerten rings umher
eckt sind/ zugerichtet / und mit einer gelben
en / so ihnen für Leimen dient/ bekleibt:
he Erde/ so hart wird/ wie gebackene Stei-
Nachdem solche Erde/ eines halben Schu-
dick/ daran geschmiert; lassen sie es also
knen; biß die Erde so hart/ wie ein Ziegel=
in/ wird.

Nach diesem machen sie noch eine andre
che / von rother Erden; nehmen einen
ohtwisch/ zum Tünch-Pinsel/ und streichen
it inwendig das Hauß rings herum an/
es sihet/ ob wäre es gemahlt. Das ist als=
 (in ihren Augen) ein treffliches Mahl-
ck/ und prächtiger Zierraht: wenn ein
ß roth/ das andre weiß/ das dritte schwartz
: bilden sich auch nicht wenig damit ein:
 weisen solche ihre Prang-Stuben den
den Schiff- oder Handelsleuten/ am aller-
n. Worüber wir Europæer billig la-
; aber selbst noch thörichter handeln/ wenn
/ auf unsre stoltze Häuser/ so viel tausend
den/ hingegen den inwendigen Palast des
müths von Tugenden leer und wüst ligen
n.   Q   Wei=

Weiter; machen sie zween viereckete b[
Deckel/ von Palm=Blättern; binden f[
Blätter gar vest aufeinander/ daß kein R[
hindurch dringen kan; hefften endlich di[
cken selbiger Blätter zusammen/ und setze[
oben auf ihre Häuser/ an stat des Dachs. S[
es aber schön ist/ und die Sonne hell schei[
öffnen sie solches blätterne Dach/ und st[
Höltzer darunter: damit die Sonne mög[
ihre Häuser scheinen: und lassen dieselbe [
gesperrte Dach=Laden/ oder Flügel/ wi[
fallen; wenn der Regen kommt.

Vorn im Eingang des Hauses/ wird [
vierecket Loch gemacht/ und eine Thür [
Schiff oder Rohr/die sich auf= und zuschie[
läst. Den Bodem machen sie fein eben/ [
reiben ihn mit rother Erden; daß es schein[
als ob er gepflastert wäre: in der Mitte [
Hauses/ ein rundes Loch/ ihre Palm=W[
Hafen darein zu setzen/ wann sie zusamm[
wollen kommen/ und miteinander zechen. [
berdas stehen/ inwendig im Hause/ drey o[
vier Hütten neben einander/ ins Viereckt [
setzet: darinn die Weiber neben einander w[
nen/ und auf dem/ dazwischen in der Mitte [
gendem/ Platz kochen.

Ihre Häuser stehen alle neben einande[
werd[

en doch gleichwol/ mit einem Stroh/ oder
t/ umher beschüttet/ und dadurch von ein=
r gesondert.   Aus solchen Rohr=Schüt=
werden auch die Gassen der Städte for=
: welche dannenhero so schmal und enge
/ daß über eine Person / auf einmal / nicht
hindurch gehen.   In ihren Häusern / fin=
nan wenig Zier= und Haußraths: ohn ei=
hölzerne Truhen und Kasten / so sie von
Europæern kauffen.

Eines Stadt=Obersten/oder auch des Kö=
selbsten/ Behausung stellen sie gemeiniglich
en Marckt=Platz; ist in einer Ring=
ur/ von Riet/ gantz von allen andren Häu=
unterschieden; also daß er keine Nachbarn
n ihm wohnen hat/ als allein seine Weiber
Kinder.   Sein Hauß ist auch höher und
ser/ weder die gemeine: hat inwendig viel
ren/ wie ein Irrgarten; daß man/ aus ei=
Thür / in die andre gehet : Ist oben gantz
Rohr oder Stroh bedeckt.   Seine Leib=
hter haben jede ihre besondere Kammern.
tten auf dem Hoffplatz/ stehet eine vierecktte
tte rings herum offen ; oben aber bedeckt/
der Sonnen.   In derselben / sitzt der Kö=
/ des Tags über/mit seinen Hoff=Junckern/
t aller Kurtzweil und Geschwätz mit ih=

Q ij   nen.

nen. Vorn an der Königlichen Hoff-P[forten]/ sihet man allezeit zween Häfen mit [fri]schem Wasser stehen/ so in die Erde gegrab[en] und täglich frisch gefüllet werden: für [die] Götter/ die Fetissos: damit dieselbe immer mögen zutrincken finden.

Die Manier und Gelegenheit seiner H[off-] Haltung soll hernach/ in einem besondern C[api]tel/ hier aber allein so viel angedeutet werd[en] daß er dieselbe/ in keiner See-Stadt/ sond[ern] in der nechsten Land-Stadt/ unweit von [den] See-Städten/ habe; in gemeldten S[ee-] Städten aber/ einen Obersten halte/ der an [sei]ner stat daselbst regiert.

2. Unter den Guineischen Städten/ se[yn] die/ welche tieff im Lande ligen/ ziemlich gr[oß] aber weder mit Thor noch Pforten/ Mau[ren] noch Wällen/ oder einiger Fortification/ b[e]wahrt. Es sollen auch grössere Häuser/ m[ehr] Güter und Reichthümer/ und Einwoh[ner] drinnen seyn/ als in den See-Städten; die [nur] allein mit geringen Leuten/ als Dolmetsche[rn] Schiffleuten/ Unterhändlern/ Dienern/ [Fi]schern/ Knechten und Leibeigenen bese[tzt] überdas auch sehr unflätig sind/ und gar ü[bel] stincken.

Was sonst insonderheit für Städte dasel[bst]
unst[reitig]

Blumen-Pusches Zweyter Theil. 245

...ren Europæern bekant/ imgleichen was für
...stungen von den Portugallern allda hin un
...der auferbauet seyen/ davon giebt das drey
... zwantzigste Capitel der Niederländischen
...ehlung von Guinea/ außführlichen Be-
...t. Jm Diario Europæo, wird/ unterm
...lio 1661. Jahres/ auch ein wenig davon ge-
...zt: weßwegen ich dieselbige anjetzt alle/ mit
...ner Feder/ vorbey spatzire; und allein das
...ihmte Castel de Mina für mich nehme zu
...hreiben: Wann nemlich/ und von wem/
...iges aufgerichtet sey/ was es für eine Gele-
...heit und Situation habe/ und wie endlich
...Niederländer dessen/ durch eine Beläge-
...g/ Meister worden.

II. Von dem Ursprung dieser Africani-
...en Vestung/ meldet Michael Hemmersam
...im 16. Capitel seiner Guineischen Reißbe-
...reibung: Es solle eine fürnehme und reiche
...panische Wittib solches Castel anfänglich
...haben erbauen lassen; und dieses erstlich
...Nahmen Mina, wegen der Gold-Gruben/
...fangen haben; hernach aber von der Kir-
...S. Joris (oder Georgii) so vor dem Ca-
...gestanden/ aber nachmals abgebrochen/
...in das Castel verbauet worden/ S. Joris de
...na genannt sey. Allein/ in diesem Fall/ ist

Q iij der

der gute Hemmersam zweiffels ohn irrig richtet. Denn Vestungen bauen zu lass[en] im Nahmen einer gantzen Nation / stehe[t] kein[er] privat Person / will geschweigen / ei[ner] Witwen / Macht. Es kan seyn / daß et[wa] eine Witwe die Capell S. Jürgens habe[n] her lassen erbauen: aber das muste eine Po[rtu]gisinn / und keine Spannierinn seyn gewe[sen] angemerckt / der König in Spannien alle[rst] hernach / da S. Joris del Mina schon längs[t] bauet war / samt dem Königreich Portug[all] auch diese Vestung / unter seine Herrschafft kommen.

Es ist aber Johannes / der Andre di[ß] Nahmens / König in Portugall / gewest / [die] sie hat lassen bauen: wie Duardus Nor[is] Leo, (Libro de vera Regum Portugal[liae] Genealogia) im Leben jetztgemeldten Köni[gs] bezeugt / mit diesen Worten: Er (König [Jo]hannes der Zweyte) hat das Castel S. J[ür]gens / welches man jetzt Mina heißt / [und] von dannen jährlich / den Königen [von] Portugall sehr viel Goldes zugefüh[rt] wird / fundirt / und mit dem Mohren-K[ö]nige / zu welchem der edle und kluge M[ann] Jacobus Azambug / in Gesandschafft a[b]gefertiget worden / eine Bündniß gemac[ht]

Hab[en]

Blumen-Pusches Zweyter Theil. 247

haben demnach die Portugisen selbst/ mit
horität Befehl und ihres Königs/ dieses/
htwie andre Schlösser mehr/ in Guinea/
uet. Nachdem aber/ angeregter massen/
iach Portugall/ samt allen Pertinentien/
Spannier zu Theil worden: hat dieser
König in Spannien) selbige Haupt-Ve-
g einigen Portugisischen Kauffleuten/ um
gewisses jährliches Stück Geldes verar-
dirt/ ihnen auch den Handel selbiger Ge-
d gantz allein erlaubt/und zu ihrer Sicher-
/ den Ort/ mit Volck und Munition über-
sig versorgt.

Antreffend nun die Gelegenheit dieser Ve-
ig; wird dieselbe/ in der Niederländischen
hiffart/ ungefähr also beschrieben.

Die/ allenthalben wolverwahrte/ Ve-
ig Mina, stehet an einem wolgelegenem sehr
uemen Ort/ beydes zum Handel/ und zur
ides-Defension: angeschaut/ sie an dem
rbequemsten/ und besten Ort des Landes
auet ist/und fast in der Mitte desselben ligt:
/ daß die Guineischen Bauers-und Han-
sleute/ von allen Orten/ dahin kommen/ um
: den Fremden zu handeln. So ligt es auch/
iner Gegend/ da das beste Vieh gefunden
d/ und die köstlichsten Früchte/ samt an-
Q iiij dren/

dren / so zu Erhaltung Menschlichen Leb[en]
vonnöthen / überflüssig wachsen.

Sein Bau hat einen Stein-Felsen z[u]
Grunde; da / auf einer Seiten / das Meer [an]
stösst: hat viel schöne Brustwehren; darun[ter]
die zwo stärcksten nach dem Meer zu ligen / u[nd]
zwo andre ins Land hinein sehen / aber den [vo]
rigen / in der Fortification / nicht gleich ko[m]
men: und solche Brustwehren seynd durch[aus]
von lauter Felsen-Steinen / aus dem Gru[nd]
Felsen gehauen. Der Wall / welcher von [ei]
ner Seiten ins Meer schauet / ist nicht g[ar]
hoch: weil die Felsen / worauf die Brustwe[h]
ren gesetzt / desto höher steigen. Aber / auf d[er]
Land-Seiten / ist die Maur ziemlich hoch au[f]
geführt; wiewol nicht gar dick von St[ei]
nen / rc.

Rings umher ist es / mit einem Grab[en]
bevestigt: welcher / nach dem Lande zu / tr[o]
cken; nach der andren Seiten aber / wo [das]
Meer kan in den Graben kommen / tieff m[it]
Wasser außgefüllet ist; und zwar / an der O[st]
Seiten / so tieff / daß man mit grossen Schiff[en]
hinein fahren kan. Neben den zwo Pforten
deren eine an der West- die andre an der Ost
Seiten stehet / hat es eine Ziehe- oder Fall
Brücke / mit einem steinernem Thurn / in wel
chen

n viel Kammern und Gemächer seyn/ dar=
(vormals) der Portugisische Gubernator
e Residentz und Wohnung hatte. Bey der
= Pforten / stehet das Kauff=Hauß: und
den allda die Waaren abgeladen.

Mitten im Castel/ breitet sich ein feiner
eckter Platz aus: dahin die Portugisen ei=
Kirche gebauet haben/ nachdem die/ so vor=
s / auſſer dem Castel / auf dem Berge ge=
den / abgebrochen worden ; damit sie dem
de nicht / wider die Vestung/ möchte zum
rtheil gedeyen.

Barlæus meldet/ in seiner Brasilianischen
chicht=Erzehlung/ die Vestung Mina li=
; Grad vor der Lini/ Nordwerts/ recht auf
Guineischem Strande ; sey vor unüber=
blich geachtet worden / und mit vier star=
Bollwercken beschützet ; habe doch gleich=
/ an der Nord=Seiten / einen Berg / von
hem sie könne beschoſſen werden : Nahe
r dem Castel/ lige West=werts/ ein langer
ken/ oder Stadt/ so von den Mohren wer=
ewohnt ; Ost=werts aber ein bequemer
chiff=Hafen.

Gefällt dem Leser/ zu wiſſen/ was etwan/
dem dieser Ort/ von den Holländern / ein=
mmen / in einem und andren/ daselbst re=

Q. b.   formirt/

Guineiſchen und Americaniſchen

formirt/ oder neugebauet worden:. ſo kan i[ch]
das 16. Capitel der Hemmerſamſchen Reiß[be]
ſchreibung weitere Nachricht davon geb[en]
Wir wollen anjetzt/ aus vorgenannten B[o-]
læo/ außführlich vernehmen/ welcher Geſt[alt]
dieſe ſtarcke und gewaltige Veſtung zwar e[rſt]
vergeblich/ und mit Schaden von den Nied[er-]
ländern angegriffen/ nachmals aber recht f[or-]
maliter belägert/ und glücklich erobert w[or-]
den ſey.

Im Jahr 1625. haben die Vorſteher [der]
Weſt-Indiſchen Societät einen vergeblich[en]
Anſchlag auf beſagte Veſtung / ungeach[tet]
ſie Volcks gnug zu ſelbigem Ende hatten a[n]
Land ſetzen laſſen/ vorgehabt. Denn in de[m]
daſſelbe Kriegs-Volck vor groſſer Hitze ni[cht]
wuſte/ wo und wie ſie ſich bergen ſolten/ u[nd]
alſo gantz unachtſamlich/ und ohn alles Nac[h-]
dencken/ hin und her zerſtreuet lagen/ u[nd]
faulentzeten/ da ſeynd ſie uhrplötzlich/ von [ei-]
nem/ und zwar nicht ſehr groſſem Hauff[en]
Mohren/ überraſchet/ und ohn eintzi[ge]
Schlacht-lieferung/ ja ohne eintzige Gege[n-]
wehr/ jämmerlich/ wie blöde Schaafe/ gem[et-]
zelt und geſchlachtet worden. Etliche wur[-]
fen das Gewehr von ſich/ ſprungen aus An[gſt]
und Verzweiffelung ins Meer und erſoffe[n]

Blumen-Pusches Zweyter Theil. 251

e Portugiesen in der Vestung nahmen die wahr/ bekamen etliche Niederländer gegen/ die sie doch stracks in/ in dem die ohren mit ihrem blutdürstigen Morden und dtschlagen beschäfftiget waren/ gegen Ran- wieder loß liessen/ und auf diese Weise der Niederländer in Eil noch etliche wenig kommen/ der andern aber wohl 450. auf Platz blieben/ denen allen mit einander Köpffe abgeschnitten worden. Also musten nahls die Niederländer mit Schaden/ chande/ und Spott/ wieder abziehen/ und ten dabey mit blutigen Köpffen gelernet/ wenig den Barbarischen Königen in Moh- land/ die sich gar freundlich gegen sie erbot- gehabt/ zu trauen wäre/ und daß sie sich andermahl besser vorzusehen hätten. Und sich wohl dieses Unglück eintzig und allein ch Versäumniß der Obristen und Officirer zetragen hatte/ so wolte doch ein jeder unter en die Hände waschen/ und die Schuld auf en andern legen.

Als aber Fürst Moritz nun die Regierung Brasilien in Händen hatte/ da ist er von dem mahligen Niederländischen Gubernatorn in n Africanischen See-Gräntzen/ als Guinea d Angola/ Nicolas von Ypern/ der zu Mo-
rea

rea sich aufhielt / einem Mann / der in die
Falle mit keinem Stillschweigen vorbey zu
hen / Schrifftlich verständiget worden / f
massen sich erwünschte Gelegenheit / und
bessere Hoffnung/ denn vorhin jemahls/ ver
cken liesse / etwas ersprießliches auf die
stung Mina zu versuchen / wofern nur no
wendige Hülffe an Kriegs-Volck/und derg
chen zu solchem Werck nöthigen Bereitsch
ten / beygeschafft und überschicket würd
Dieses nahm der Fürst alsbald in gute
acht / und bedachte bey sich selbst / weil n
mehr bey eingefallenen Regen-Monaten /
Soldat nichts zu thun hätte / und der Fe
weit von den Niederländischen Gräntzen w
getrieben wäre / so könte er/ gestalten Sac
nach / vor das mahl wohl ein Theil sei
Kriegs-Volck entbehren/ neben dem / daß
auch besorgte / es möchten etwa seine Sold
ten / wenn sie so stille lägen / aus Müssiga
zu Muthwillen / und anderer Ungebühr ge
then. Derhalben er/ mit gemeinem Schl
des Hohen Raths / den Obristen Joha
Kühn/ abfertigte. Welcher mit 9. Schiffe
die an Volck/ Waffen/ und Probiant / wol
versehen waren/ über das Æthiopische Me
fortsegelte / und in Guinea glücklich anlang
te/ nac

nachdem er den 25. Junii des Jahrs 1637.
Parnambuco abgefahren war.

Stracks nach seiner Ankunfft/ that er die=
obgemeldten Nicolas von Ypern zu wis=
/ mit Begehren/ ihm einen bequemen Ort
ͦweisen/ da er sein Volck könnte an Land
n; imgleichen ihn mit Bereitschafft/ zu
tbringung des groben Geschützes/ zu ver=
en; auch die Mohren durch gute Verheis=
zen/ auf der Niederländer Seiten zu brin=
; und dafern sich einige Engeländer da=
st im Hafen befunden/ auf dieselbe gebühr=
e Achtung zu geben; vor allen Dingen
r/ dieses sein Vorhaben/ vermittelst Für=
ͦdung andrer Ursachen/ unter einer gehei=
n Verschwiegenheit wolbedeckt zu halten/
ͦit es nicht etwan/ durch schwatzhaffte Leu=
vor der Zeit/ außbrüchig würde. Seines
eils/ wolte er im Hafen zu Albina, oder zu
hina, oder zu Morea/ der Antwort hierauf
ͦärtig seyn.

Indem nun der Obriste Kühn/ in Erwar=
g berührter Antwort/ an dem See = Ge=
ͦe hin und her schwebte/ seynd 18. Nachen
r Kanen mit Mohr̃ an seine Schiffe gekom=
ͦ/ und haben nach Niederländischen Wah=
gefragt/ mit Erbiethen/ sie wolten Ele=
phanten=

phanten Zähne davor geben. Die Nie[der]
länder antworteten/ sie hätten keine sol[che]
Wahren bey sich. Da geriethen die Moh[ren]
in Argwohn/ es möchten die Niederländer
was Feindliches im Sinn haben: Wel[che]
aber alsbald etwas See-Wassers in die H[än]de nahmen/ und davon etliche Tropffen in i[hre]
Augen fallen liessen/ welches die Moh[ren]
gleichfalls thaten/ beyderseits dadurch zu [be]zeugen/ daß sie es anders nicht als aufrichti[g]
und in guter Freundschafft miteinander mey[n]ten. Und dieses ist die Weise/ wie diese[r]
barbarische Leute ihren Eydschwur zu leist[en]
pflegen. Bald darauf/ als gemeldete Nied[er]ländische Schiffe nun in den Hafen zu Albi[n]
und Achina waren/ kamen wiederum dergl[ei]chen Nachen mit Mohren an dieselbe/ und w[oll]ten mit ihnen handeln: Die Niederländer g[a]ben ihnen zu verstehen/ sie möchten in 3. od[er]
4. Tagen wieder kommen. Darauf antw[or]teten die Mohren/ sie hätten von ihrem A[b]gott/ Fetisso genannt/ vernommen/ daß
grosse Schiffe im Anzuge/ und nicht weit v[on]
dannen/ wären: wenn dieselbe ankämen/
würde man der Niederländischen Waaren nic[ht]
achten. Der Obriste Kühn aber/ dem es u[m]
etwas anders zu thun war/ ließ sie mit ihre[m]

Fetiss[o]

lso fahren / und wiederholte sein voriges
hreiben an besagten Gubernatorn zu Mo-
, welcher zur Antwort gab: Er wolte sich
hafen zu Commendo bey ihm einstellen:
 sie denn auch daselbst zusammen kommen
d / und ihnen allen beyden sehr lieb und an-
ehm gewesen / daß sie sich mit einander von
vorhabenden Sache bereden / und mit ge-
tem Rath zu derselben schreiten möchten.
rauf setzte der Obriste Kühn sein Volck bey
 Vorgebirge von Corsica an Land / und
orgte vor allen Dingen seine Schiffe mit
hem Wasser: gieng fort / und kam in einer
en Stunde an einen Wasserstrom / und an
 sehr lustiges Berglein / dabey es eine schöne
ne voller grünen Grases / und also einen
bequemen Ort zu einem Stillager hatte:
vegen auch der Obriste / samt den Solda-
 daselbst etwas außruheten / und von dan-
 in zwo Stunden an einen andern nechst
der Vestung ligenden Berg kamen.

Die in selbigen Landschafften regierende
erschiedene Könige / oder Herrschafften / der
ohren / wurden über diesem neu ankommen-
n Kriegs-wesen bestürtzet / und weil sie in
ssem Zweiffel stunden / was endlich daraus
den / und welcher unter den beyden kriegenden

den Theilen den Sieg erhalten möchte/ so
dachten sie ihre Sachen / es möchte auch
lauffen wie es wolle/ vest zu stellen/ und sich
gen alle Fälle wol zu versichern; Liessen t
halben dem Obristen Kühn zwar Friede / a
mit dem Beding/ anbieten/ daß derselbe F
de/ wenn die Niederländer die Vestung e
berten/ beständig bleiben/ wo sie aber diese
nicht einbekämen/ alsdenn wieder aufgeho
seyn solte: Unterdessen/ und so lange daße
noch zweiffelhafft wäre / wolten sie es
Furcht vor den Spanniern/ mit keinem Th
hernach aber mit denen halten/welche die Ob
Hand behalten würden.

Aber die Niederländer wolten ihnen ni
trauen/ weil sie sich an dem oberzehlten Ere
pel spiegelten / und aus demselben / was es
die Mohren vor ein wanckelbares und lei
fertiges Gesinde wäre/ erlernet hatten.
denn auch schon in den alten Zeiten die A
caner/ und unter andern mit Nahmen der
nig Jugurtha, wie auch der Hannibal / in d
alten Römischen Historien/ eben dieses Last
der Leichtfertigkeit/ sehr bezüchtiget word
Das Niederländische Kriegsvolck bestund
800. Mann geworbener Soldaten/und in 5
Matrossen/ oder Botsknechten; und war
folgen

Blumen-Pusches Zweyter Theil.

gende Schlacht-Ordnung abgetheilet: Der
...uptmann/ Wilhelm Latan/ hatte den Vor-
...: der Obriste-Wachtmeister/ Johann
...dlat/ den Mittel- und der Obriste Kühn
... Nachzug/ welcher der stärckste war. In
... sie nun etwa einen Canon-schuß von der
...stung/ und nicht weit von oberwehnter
...adt oder Flecken der Mohren waren/ da
...men unversehens 1000. Mohren/ mit sol-
... Gewalt/ und so schrecklichem Geschrey/
... wann sie alles fressen wolten/ aus dem Wal-
... uf den Vorzug der Niederländer/ herfür
...rungen: fallen sie grimmig an/ erlegen ih-
... auch viel/ denen sie stracks/ nach ihrer ge-
...hnlichen Weise/ die Köpffe abschnitten/ und
...elbe mit sich herum trugen. Wofern/ in
...eldtem Vorzuge/ nicht so wol geübte und
... Kriegsleute gewesen wären/ und wider
... grausamen Anfall nicht stand gehalten hät-
... so würden die folgende beyde Hauffen auch
... in Unordnung gerathen/ und alles verloh-
... gewesen seyn. Der Wachtmeister Godlat/
... dem Vortrab stracks zu Hülff: da gieng
...rst recht an ein schiessen/ hauen und ste-
... Vor den Mußqueten-schüssen waren
... Mohren so unerschrocken/ daß sie nicht ei-
... Fuß davor wichen/ sondern hart an diesel-
R ben

ben mit ihren nackten Leibern drungen. W[ann]
ein Niederländer todt zu Bodem fiel / so fi[elen]
die Mohren mit solcher Verbitterung auf [den]
Cörper/ dieselbe außzuziehen/ daß sie sich a[uch]
darauf todtschlagen liessen.

In selbigem Treffen sind geblieben [der]
Hauptmann Latan/ sein Leutenant/ 3. Fent[ri]-
che / 40. gemeiner Soldaten / die alle [von]
Wurffspießlein getroffen waren. Nicht la[ng]
hernach haben andere Mohren/ mit ebenmä[ssi]-
gem greulichem Wüten und Toben auch [er]-
schrecklichem Geschrey / wiederum einen A[n]-
fall auf die Niederländer gethan/ und nach d[en]
Mußqueten gantz nichts gefragt/ seynd ab[er]
von demselben/ und zwar eben durch die Mu[ß]-
queten/ dergestalt empfangen worden/ daß i[h]-
rer gar viel geblieben / und ihnen samt ih[ren]
Landsleuten dannenhero die Lust/ sich ferner
tollkühn an die Niederländer zu machen / v[er]-
gangen. Derhalben sie sich auch von selbi[ger]
Zeit an/ fein still unter den Mauren der [Ves]-
tung gehalten : Wie sich denn auch die N[ie]-
derländer an der Schwartzen ungeheures u[nd]
höllisches Ruffen / Brüllen und Schreyer
noch auch an ihre scheußliche Angesichter/ m[it]
grossen Mäulern/ dicken und breiten hange[n]-
den Lippen/ zwischen welchen sie ihre Schne[e]-
weis[sen]

Blumen-Pusches Zweyter Theil. 259

ſe vor Grimm und Wüten knirſchende
ne ſehen lieſſen / noch auch an ihre feurige
flammende Augen/ oder auch an ihre groſ-
ufgeſperrete Naſenlöcher / nun nicht mehr/
zwar um ſo viel weniger/ kehreten/ weil ſie
en allen auch vor längſt an den Braſilianern
en gewohnt worden.

Der Obriſte Kühn/ aber/ war nur darauf
cht/ wie er die Veſtung angreiffen möch-
und ließ derwegen / durch die Schantz-
ber/ von dem einen Berge einen Weg ma-
/ biß an das Geſtade der See/ damit man
Kriegszeug aus den Schiffen holen könte/
noch einen andern Weg biß auf den andern
g/ welcher der Veſtung am nechſten lag;
den er etwas Volck legte / auch die Stü-
dahin ſtellete / und mit denſelben anfieng
er auf die Veſtung zu geben. Unterdeſſen
en ſich die Unglaubige/ aus dem Städtlein
Flecken Commendo, die es mit den Nie-
ndern hielten / wider die Stadt Mina,
emacht/ und allbereit mit den Miniſchen
hren in Scharmützel eingelaſſen; gaben
aber bald wieder zurück/ und trieben den
iſchen Mohren alles ihr Vieh hinweg:
en auch gar zu den Niederländern / in ihr
r/ gekommen/ wenn ſie über den Strom

R ij   hätten

hätten gelangen können.
sie an der See=küste her /
allda blieben sie stille ligen
den aus einem Feurmörse
ge / 2. Feuerkugeln in die
die aber zu kurtz fielen.
Belägerte auch wiederum
derländer / da denn auch d
Hubert / und ein Botskn
Es kamen auch obgemeldt
mendo, aus ihren Wäld
die Schwartzen / in dem
gezogen / wurden aber aus
das Geschütz / ab = und zur
Obriste Kühn / nachdem
hatte beschiessen lassen / lie
nen Trommelschläger auf
ankündigen / würden sie
der Sonnen nicht ergeben
Leib und Leben in Gefah
entschlossen wäre / alßder
zunehmen.

Der Gubernator in d
tete schrifftlich : Die Sa
allein nicht / sondern er m
dern Befehlshabern / wie
darüber bereden : begehr

ige Bedenckzeit. Darauf forderte der O=
fte Kühn stracks den Ort zum zweytenmal
/ und bestimmete ihnen/ vor alle Frist/ den
hstfolgenden morgenden Tag/ mit dem Be=
g / daß sie immittelst ihre Soldaten/ und
oren nicht außfallen lassen solten: und der=
ichen wolte er/ seines Theils/ auch thun.
eil es aber etwas späth ward/ und die Thore
on geschlossen waren// so wolte der Guber=
or den Trommelschläger desselben Abends
ht ein = noch für sich lassen. Da ließ der
riste alles sein Kriegsvolck/ auf offtgedach=
Berg/ in Meynung / einen mehrern Ernst
er die Belägerte zugebrauchen/ zusammen
ren / auch wiederum einige Feuerkugeln/
wol sie keinen Schaden thäten / hinein
ssen ; imgleichen / zu Aufmunterung der
oldaten / alle Trompeter/ so viel er deren
te/ das gewöhnliche Lied/ von Wilhelmus
Nassau/ ꝛc. blasen: und folgenden Tages
h viel hefftiger aus dem groben Geschütz
die Belägerte donnern; welche darauf an
Obristen heraus schickten/ und begehren
sen / er wolte ihnen doch sein gestriges
hreiben/ welches der Trommelschläger wie=
mit zurück genommen hätte/ noch einmal
ommen lassen/ und nicht übel aufnehmen/

R iij daß

daß ihr Gubernator des vorigen Abends
Trommelschläger nicht eingelassen / sinte[mal]
es nur darum geschehen / weil es etwas spä[t]
und die Pforten allbereit verschlossen gewes[en.]

Der Obriste antwortete mit einem zo[r]-
gen Gesichte / er hätte seinen gestrigen B[rief]
schon zerrissen: so wär es ihm auch ungeleg[en]
an den Gubernatorn / weil er sich so haßsta[rr]
erzeigte / aufs neue zu schreiben / derselbe mö[ch]-
te sich selbst schrifftlich erklären / wessen er / [we]-
gen Aufgab der Vestung / gesinnet wäre. [Es]
kamen alsbald einige Abgeordnete aus der V[e]-
stung / erwehneter Aufgabe halber / zu h[an]-
deln. Inzwischen stunden die Mohren [zu]
Commendo, in voller Bereitschafft / einen [An]-
fall auf die zu Mina zu thun: welches ih[nen]
aber vom Obristen Kühn / berührter Handl[ung]
halber / untersagt und verbotten ward.

Die Articuln aber / welche die Beläge[rer]
aufgesetzt / und erwehnte Abgeordnete mit[ge]-
bracht hatten / wolten dem Obristen nicht [ge]-
fallen: setzte derwegen andre auf / die von [den]
Belägerten auch angenommen wurden: de[nen]
zu folge / nachdem sie 3. Geysein heraus [ge]-
schickt hatten / der Hauptmann Walrabe M[erz]-
burg / und der Probiantmeister / mit Krie[gs]-
volck in die Vestung gezogen seynd. Besa[gte]
Ar[-]

der Ergebung / wenn man es genau/ dem heutigen Kriegs-Gebrauch/ nehmen ll/ seynd der Ehre/ vor die Beläğerte nicht dings gemäß gewesen: weil man davor halten/ daß sie sich noch wol länger hätten en können: sintemal der Ort doppelte Gra- i/ jeden 25. Schuhe hoch/ neben guten ingmauren/ um sich her hat/ auch sonsten die egenheit desselben also beschaffen/ daß er ht viel Wachten bedarff/ und darzu keines gs untergraben werden kan.

Die Articuln an sich selbst sollen dieses In- lts gewesen seyn: 1. Es solten die Beläger- t mit Weib und Kind/ unverletzten Leibes d Lebens/ auch ohne einige Verhinderung/ schimpffung/ oder Beleydigung/ abziehen. Ein jeder möchte seine eigene Kleider/ aber n Gold noch Silber/ gemünzt oder unge- inzt mit sich nehmen. 3. Alle Kauffmanns- üter/ auch alle leibeigene Sclaven/ nur 12. ßgenommen/ welche der Obriste den Belä- rten aus gutem Willen vergönnet/ solten den iederländern verbleiben. 4. Sie möchten t sich hinweg nehmen alles Kirchen-Geräth d Zierrath/ außgenommen was gülden oder ern ist. 5. Die Portugisen und Mulaten/ ten/ mit allem ihrem Gesinde/ in Nieder-

R iiij ländi-

ländischen Schiffen/ in die Insul S. Thom
übergebracht/ und zu solchem Ende mit no
dürfftigem Proviant versehen werden. 6. D
abtrünnigem Herman solte/ was er begang
verziehen seyn. 7. Der Gubernator/ und
Soldaten der Besatzung/ solten noch eben
selben Tages/ aus der Vestung abziehen/ u
alle Schlüssel/ samt allem Kriegszeug/
allem andern Vorrath/ an Waaren/ und
sten/ den Niederländern überantworten.
Die Soldaten solten abziehen ohne Fänd
ohne Ober- und Unter-gewehr/ ohne Kug
im Munde/ ohne brennende Lunten/ und o
alles das jenige/ was sonsten in solchen Fäl
bey dem Kriege gebräuchlich ist.

Nach abgehandeltem und geschlossen
obigen Vergleich/ haben sich der Obr
Kühn/ und oberwehnter Gubernator von M
rea, Nicolaus von Ypern/ in die Vestung
hoben/ und was zu Versicherung dersell
nöthig/ angeordnet: in welcher man 5
Mohren/ die sich aus dem Flecken Mina
die Vestung mit Weib und Kind/ begeben h
ten/ gefunden/ welche man alle/ außgeno
men/ die leibeigene Sclaven/ der 140. get
sen/ frey und loß/ ihres Weges/ gehen lass
Der Portugisen Weiber und Kinder/ sa
al

r ihrer Baarschafft / Haab / Guth / und
ußgeräth / warn in einer Kirchen beysam-
/ dahin sie sich / als an einem Freyplatz / ge-
irt hatten.

Auf dem Berg / von welchem die Vestung
hoffen / und bezwungen werden konte / ließ
Obriste vor erst eine Warte / oder Wacht-
rn / setzen / hätte auch eine förmliche
hantz dahin legen wollen / wenn er die Un-
en nicht gescheuet / und die General-Staa-
/ samt den Vorstehern der West-Indiani-
n Societät / zu vorhero davon zu verstän-
en / nicht für gut angesehen hätte. Derhal-
er ihnen einen Abriß / so wohl der Schantz /
che auf besagtem Berg gelegt werden kön-
als auch der eroberten Vestung selbst /
rschickt / und zugleich um Probiantirung
elben angehalten.

Es funden sich ferner in der Vestung 30.
tall-Stücken 9900. Pfund Pulver / 800.
serne Canon-Kugeln / 10. Fäßlein Muß-
t-Kugeln / 200. Musqueten von Hollän-
her Art / 36. Schlacht-Schwerdter / ne-
einer Anzahl Hacken / Axen / Schüppen
Spaden / die doch meistentheils gantz ver-
waren. Nach Abzug der Hispanischen
satzung / welche abgeredeter massen / in die

R b   Insul

Insul S. Thomas überge[ben/
meldeter Hauptmann W[...
burg/ wegen seiner bekann[ten
wackern Tapfferkeit/ zun[
Bestung Mina gestellt/ u[nd
zur Besatzung gegeben wo[rden.

Als nun dieses alles nur[
berrichtet war/ und der [...
seinem besten Vermögen/[
zu Verwahrung der Be[...
möchte/ gebührliche Ver[...
te/ ist er mit seinen Sch[iffen und
Volck wieder nach Brasili[en

Seit dieser Eroberun[g
allein Schweden und Dä[nen
Churländer/ nach Guinea[
stellet: wiewol/ anstat die[
länder nunmehr daselbst ei[n
den Holländern sich/ im jü[ngst-
cher/ guten Theils/ daher a[
genommen/ weitlich geka[tz[...
sen/ im Diario Europæo, d[
cher Orten zu lesen ist.

III. Unter den Ameri[
seynd die im Königreich Pe[ru
herrlichsten gewest/ und i[
schen Lust=Garten allber[

…msten beschrieben. Allhie will ich etlicher
…rer Meldung thun.

Die Stadt Guacachula, im Königreich
…exico/ hat der Spanische Marggraf Don
…rtesius/ in solcher Situation/ angetroffen.
…e stund zwar auf der Ebene; hatte aber/ an
…er Seiten/ etliche grosse und rauhe Hügel
…ichsam zum Rucken; auf der andern eine
…ne Fläche/ so doch gleichwohl/ von zween
…trömen beflossen war/ die eines Büchsen-
…usses weit von einander lieffen. Uber das
…r sie/ mit gewaltig-besten Mauren/ so
…polirten Steinen und Kalck/ vier Mann
…h gebauet/ umgeben. Hinter derselben er-
…te sich/ ein Bollwerck/ welches von der
…auren/ eines halben Manns hoch/ überhö-
…ward/ zum Schirm derer/ die darauf fech-
…müsten.

Sie hatte vier Eingänge/ von solcher Brei-
…/ daß ein Reuter bequemlich möchte hin-
…reiten: und jeglicher Eingang hatte drey
…r vier Krümmen/ oder krumme Gänge im
…vinger. An gewissen Enden und Orten der
…auren/ lag ein grosser Hauffen Steine/ die
…n im Streit gebrauchte.

Die Stadt selbst begriff von 5. biß in 6.
…send Häuser: gleichwie in denen/ ihrem

Gebieth

Gebieth unterworffenen / Flecken / nicht w
ger / sondern wohl mehr waren. Ihr Umk
erstreckte sich gar weit / wegen vieler da
liegenden Gärtlein / mit mancherley Fr
ten. Wie gemeldter Cortesius diese St
also (Narratione I. ad Imperator Carol. V
selber kurtzlich beschreibet.

Die herrliche Gelegenheit der Merica
schen Stadt / und schönen Adel-Regieru
Tascaltecal, habe ich am 1732. Blat
Lust-Gartens beschrieben; wie auch in folg
den Blättern / andre Mexicanische gr
Städte mehr.

2. Die Brasilianische Menschen-Fr
Tuppin-Imbæ setzen ihre Wohnungen
an Oerter / da ihnen Wasser und Holtz n
weit / und so wol Wild / als Fische leicht
hen sind. Wann nun an einem Ort / vor
keine Lebens-Mittel mehr vorhanden; be
ben sie sich nach einer andren Gegend. T
selbst versammlet ihr Oberster ungefehr bier
Manns- und Weibs-Personen / die einan
gemeiniglich befreundet und verwandt su
richtet / mit Hülffe derselben eine Hütten a
welche hundert und funffzig Schuhe in
Länge / und irgend vierzehen in der Brei
hat; in der Höhe aber / ungefehr zwo Klaffte
Sol

...he Hütten seynd oben rund / wie ein Kel=
Gewölb/ und für den Regen mit dicken
...men= Zweigen bedeckt; inwendig aber al=
halben offen; angemerckt keiner ein beson=
...versperrtes Gemach hat. Jedoch bewohnt
...weder Hauß=vatter/ mit seinem Weibe/
...cher Hütten/ seinen eigenen Raum/ un=
...r zwölff Schuhe weit; deßgleichen seinen
...nen Heerd und Rauch.

Der Oberste (oder fürnehmste Hauß=
...er unter ihnen/ welchem die andern alle/
gütliche Anweisung folgen) hat seine
...stät in der Mitten. An jeglicher Hüt=
/ findet man drey Thürlein/ die so niedrig/
...man sich/ im Aus=und Eingehen/ bücken
... Solcher Hütten sieben machen ein
...orff; Darinnen mitten/ zwischen den Hüt=
/ ein Platz bleibt/ worauf sie ihre Gefan=
...e todt schlagen.

Sie fortificiren auch solche ihre Dörffer ei=
...r massen; machen/ aus gespaltenen Pal=
...=Holtz/ umher ein Stacket anderthalb
...affter hoch/ und so dick/ daß kein Pfeil hin=
...ch kan. Hingegen sind kleine Schießlöch=
...drinn/ wodurch sie können hinaus flit=
...n. Dieses Stacket wird noch/ von einem
...dern Vor=Stacket/ umringet: welches/

aus

aus dicken runden Baum=Klötzen zusam
gesetzt ist; nicht zwar so genau und hart an
ander / wie das innerste; jedoch also / daß
Mensch nicht hindurch kriechen kan.
dem Eingang der Hütten/ pflegen sie zu
die Köpffe ihrer gefressenen Feinde / zum
umpf/ auf lange Stangen stecken: Laut
hann Stadens seiner Americanischen Er
lung.

Lerius schreibt / daß solche ihre Hü
achtzig oder hundert Klaffter lang / und k
Thüren haben; sondern / an statt derselben
liche Palmen=Zweige / oder dicke Kr
strüncke dafür liegen: Jedoch sey / zu sei
Zeit/ die Gewonheit bey ihnen aufgekomm
daß sie etliche Dörffer mit sechs Schuhe=
gen Pfählen von Palmen bebestigen; auch
Eingang / mit spitzen / stachlichten Dörne
so wie Fuß=Angel / verwahren. Wollen
die Feinde des Nachts ihre Dörffer anfall
so begegnen ihnen die Einwohner / durch e
sichren Weg: und können die Feinde also
so ungeschlagen nicht davon kommen / daß
rer aufs wenigste nicht etliche / denen die
se / in den Dorn=Angeln verletzt worden/
den Platz bleiben / oder sich gefangen ge
müssen.

z. R

. Nach der Zeit / haben nicht allein die [Por]tugaller / sondern auch die Niederländer / [ver]schiedliche Städte / Flecken / und Dörf[fer] in Brasilien aufgebauet: sonderlich / in [der] Provintz Parnambuco: Welche / unter [alle]m / von Europæern bewohnten Landschaff[ten] die allergrösseste ist / und eilff / durch die [Por]tugiesen erbaute / Städte hat. Unter sol[chen] / war die / nunmehr von den Holländern [ru]inirte Stadt Olinda die aller fürnehmste. Diese lag / an der See / mit schönen Welt[und] Geistlichen Gebäuen. An dem höhern [Ort] der Stadt / stund das Jesuiter-Kloster [gar] zierlich gebauet / und / vom König in Por[tug]all / mit herzlichen Einkünfften bereichert: [hat]te eine trefflich-schöne Außsicht / und war [die] allererste / so den ankommenden Schiffen [von] der See / ins Gesicht kam. Neben dem [war]en daselbst noch vier andere stattliche Klö[ster]/ und zwo Haupt-Kirchen. Lopez Vas [sag]et; sie habe drey tausend Häuser / und sie[bz]ig Zucker-Mühlen gehabt: Barlæus [sag]t; daß zwey tausend Einwohner allda (bey [des] Fürsten von Nassau Anwesenheit) befun[den]. Welche Abnehmung der Burger-Zahl / [da]her entstanden; weil die meisten Kaufleute [die]se Stadt verlassen / und sich in den Flecken
Reciffa,

Reciffa, welcher näher nach der See zu
Häußlich niedergelassen.

Die/ vom Fürsten Mauritio / nach
aufgerichtete **Moritz-Stadt** aber / zusa
dem herzlichen Pallast **Freyburg**/ hat
lich besagtem schönem und lustreichem
cken / seinen Glantz verdunckelt; der S
Olinda aber ihr Liecht gantz außgelescht
lermassen ich folgends erzehlen / aber zu
derst den trefflichen daselbst angerichteten
Garten dieses Fürstens beschreiben werde.

In der Insul **Anton Vasen** (von
chem sie darum also benamset wird / wei
ehedessen ihm eigenthümlich zugestanden)
ein grosser / weitläufftiger / sumpffiger / u
baueter Platz / ohn Bäume / Stock /
Staude / zwischen den beyden Wasser-S
men Capivaribi und Biberibi. Jenseit
ersten Stroms / lag ein hoher Hügel/von t
chem / in Kriegs-Zeiten / dem Ort gr
Schade geschehen könnte: weil dieser/ g
selbigen/ gantz offen und bloß lag. Damit
solcher Vortheil dem Feinde würde ben
men : erdachte der Fürst dieses Mittel/
er den gantzen Platz mit Bäumen bepflantz
also dem Feinde aus dem Gesicht nehmen;
nen Soldaten aber Gelegenheit machen wo

Blumen-Pusches Zweyter Theil.

...t allein desto sicherer und bequemer sich
...bergen; sondern auch im Nothfall/ wenn
...Feind vor der Thür wäre/ der Obst-Früch-
...n der Insul zu geniessen/ und sich damit zu
...ässen.

Damit aber solches sein Vorhaben/ dem
...einen Rent-Kasten der West-Indiani-
...en Compagnie keine Unkosten möchte zuzie-
...; und dennoch das gemeine Beste unver-
...mt bliebe: kauffte er/ vor sein eigen Geld/
...gantzen Grund und Bodem: ließ densel-
...durchhacken/ durchgraben/ bauen/ und be-
...utzen: also daß hernach/ da das Werck
...cklich zum Stande gebracht/ jedermann
...iges/ mit Lust/ Liebe und Verwunderung
...sie anschauen.

Neben der schönen Ordnung/ welche ge-
...ter Fürst bey solchem Pflantzen hielt/ war
...tze Raum des Lust-Gartens/ zu desto
...rer Versicherung/ mit 13. Bollwercken
...Batterepen rings umher beschirmt. Un-
...ühr 2. oder 3. Meilen von dieser Insul/ da
...seinen Garten anlegte/ stunden siebentzig
...cos-Bäume in schöner Reihe daher/ und
...ren alle sehr hoch; wiewol einer höher/ als
...andre; angesehn etliche/ unten vom Stam
...biß an die Zweige/ 30. etliche 40. etliche 50.

S   Schuhe

Schuhe hoch waren; und zwar / was
mehr ist / allbereit 70. oder 80. Jahr alt.
selbe wünschte Fürst Moritz / in seinen G
zu sehen.

Ob nun gleich jedermann meynte / es
unmüglich / und würden sich so alte B
gar nicht lassen umsetzen: ließ er sie / desse
geachtet / dennoch gar artlich außgraben
lange Block-Wagen legen / und an die W
Ströme führen / folgends über dieselbe / in
sen Fähren / zu seinem Garten bringen /
demselben so glücklich einpflantzen / da
stracks das erste Jahr / reichlich Fr
trugen.

Nechst diesen Cocos-Bäumen / stun
in dem Garten / an bequemen Orten / 252
merantzen-Bäume / und noch wol sechshu
andrer Art / in einer Reihe / gleich als wie
Hecke oder Zaun: welche Bäume / mit
schönen Zier / Geruch / und Geschmack
Auge / die Nase / und den Mund sehr lie
ergetzten. Uber jetzterwähnte / sand ma
18. Bäume süsser Citronen; 58. Bäume
grossen Limonien / und 66. Feigen-Bäume

Von Americanischen / uns Europæerr
bekandten / Obst-Bäumen / imgleichen bo
fricanischen / sahe man daselbst vielerley
schled

Blumen-Pusches Zweyter Theil. 275

...lechte: auch Tamarinden-Kastaneen-Bäu-
... Datteln-Bäume/ Caryoten/ und Wein-
...te/ so alle drey Monat reiffe Trauben ge-
...: allerhand Kräuterey: nidrige Frucht-
...agende Gestäude: mancher Art an der Er-
... wachsende Früchte/ die so wol der Medicin
... Wund-Artzeney/ als der Kuchen/ dienen.
... findt man auch/ an obbeschriebenen Bäu-
...n/ das gantze Jahr durch und durch/ Kind-
...t/ Jugend/ und Mannheit/ zugleich: sinte-
...l sie/ beydes im Winter und Sommer/ alle-
...l zugleich/ und auf einmal beydes blühen/
... auch Früchte/ reiffe und unreiffe neben ein-
...der/ tragen.

Nach solcher angerichteten Garten-Lust/
...rd der Fürst mit fernerer Begierde entzün-
.../ eben dahin einen Palast/ zu seiner Hoff-
...ltung/ aufzurichten: stellete solchen Fürsatz
...ch zu Werck/ und gab dieser erbauten Burg
... Rahmen Freyburg. Dieser Palast ste-
... mitten im Lust-Garten: hat zween hohe
...ürne/ welche sechs/ oder sieben Meilen/ auß
...: See können gesehen werden. Auf einem
...selben/ stehet oben eine sehr grosse Latern:
...inn man/ bey Nacht/ etliche Liechter an-
...dt; damit die Schiffer ihren Lauff desto si-
...ter auf den Hafen richten können. Von

S ij   solchen

solchen beyden Thürnen/ schauet man a[us]
weit/ in das beste Land hinein; und in die o[ffen]
bare See / noch viel weiter. Also / d[aß]
Thürne nicht allein zierlich und lustig; son[dern]
auch zugleich nützlich seynd: weil man a[us]
das der Seerauber hiedurch bey Zeit[en]
wahr werden/ und ihnen nachsetzen kan.

Vor dem Palast / ligt eine/ aus dem [?]
Biberibi aufgemauerte Marmelsteinere [Bat]
terey/ oder Geschütz=Stellung: darauf
Stücke stunden (den ob sie noch da seyn/ z[weifel]
le ich fast sehr; nachdem die West=Ind[ische]
Compagnie so sehr in Abnehmen gerat[hen]
um den Strom frey zu halten.

In vorbesagtem Lust=Garten / seynd [auch]
drey gegrabene Brunnen/ so von beyder[seits]
meldten Strömen / nicht über 3. Meßru[then]
weit ligen / und also auf beyden Seiten
Saltz=Wasser/ als welches aus der See d[urch be]
nannte zween Flüsse hinauf steiget / umge[?]
nichts desto weniger aber dennoch süß und f[risch]
sind: da hingegen im besten Lande / ma[nche]
gegrabene Brunnen / ohnangesehn sie
dreyssig Meilen von dem Meer entfer[nt]
gleichwol saltzhafftes Wasser in sich haben.

Neben dem / hat der Lust=Garten [einen]
grosse Fisch=Weyer / so mit Fischen von a[ller]
hand Art angefüllet. Hi[er]

hieben ließ es der Fürst noch nicht beru-
sondern fuhr fort/ legte einen Wall / von
luton Vaß-Insul an / biß ans Castel
rich Henrich. Welcher Raum an sich
ein so wüster ungeschlachteter Platz war/
man nichts darinnen sahe / als Wasser-
npffe und Strauch-Wercke / auch kein
sch ihm einbilden kunte / man würde da
Stadt hinbauen können. Er aber hat es
igt/durch Kunst und Arbeit auch glücklich
geführt. Sie ist/in fein geordnete Stras-
öffentliche Plätze / schöne und stattliche
hn-Häuser / die ihre besondere Pack-Häu-
vor die Kauffmanns-Güter/ haben/ abge-
t; eine schöne Kirche / für die Reformir-
darinn aufgerichtet; und endlich/von dem
en Rath der West-Indischen Societät/
Fürsten zu Ehren / **Moritz-Stadt**
unnt.

Eben in derselben/ nach der Nord-Seiten
hat gleichfalls der Fürst noch ein schönes
Lustreiches Hauß/auf seinem Grund/Bo-
/ und Kosten / gebauet/ hart am Ufer des
roms Capivaribi: welchem / in Portugisi-
r Sprach der Nahm Boavista (Schön-
sicht) zugeeignet worden : dessen es auch
t unwürdig ist / von wegen seiner lustigen

S iij   Gele-

Gelegenheit. Wiewol es der löbliche F[ürst]
nicht allein nur zur Lust; sondern auch zur [Her]-
berge/ und guter Bewirthung reisender Le[ute/]
ingleichen zur Behauptung des Passes (a[n]
schaut/ es ein sehr starckes Mauer-Werck [hat]
dahin gelegt.

Uberdas alles seynd die zween ansehnli[chen]
Ströme/ Biberibi und Capivaribi, mit [zwo]
herrlichen Brucken/ von ihm gedeckt: d[ie]
eine/ zwischen der Moritz-Stadt/ und t[em]
Reciff; die andre/ zwischen besagter Mo[ritz-]
Stadt/ und dem vesten Lande/ gelegt: un[ge-]
achtet das/ 18. Schuhe tieffe/ Strom-Wa[sser]
solchen Brucken-Bau anfänglich hart t[rutz-]
schmähet/ und der Werckmeister/ samt [der]
West-Indischen Compagnie selbsten/ da[ran]
verzagt hat. Denn der Fürst wolte [den]
Schimpff nicht haben/ daß so viel Unkos[ten]
umsonst aufgewandt/ und man mitten in [der]
Arbeit stecken blieben wäre: ließ/ von al[len]
Orten/ vor sein eigen Geld/ nicht Steine/ s[on-]
dern Zimmer-Holtz/ und zwar von der Art/ [die]
im Wasser nimmer faulet/ sondern alle[zeit]
hart bleibet/ einkauffen/ und zusammen führe[n/]
zu solchem Ende/ in den Wäldern/ eine gr[osse]
Anzahl Bäume fällen/ und daraus solche B[al-]
cken und Stämme hauen/ deren etliche 4
etli[che]

Blumen-Pusches Zweyter Theil. 279

he 50. Schuhe lang waren / solche zwölff
uhe tieff in den Grund einschlagen; theil
id / theils / um dem Strom nachzugeben/
ig und ungleich auffetzen / und endlich die
icke darauf zimmern.   Seine persönliche
zenwart gab der Arbeit immer einen fri-
n Fortgang: also / daß die Brücke in 2.
naten / mehr denn hundert Ruthen lang/
ig war/ und so wol Pferde und Karren/als
te/ hinüber gehen kunten.

Da begehrten die Rahtherren/ welche die-
rühsame Unterfahung vorhin nicht hatten
igen wollen / es möchte die gantze Brücke/
che dennoch der rühmliche Fürst / auf eige-
Kosten/ biß zur Helffte hatte lassen bauen/
der gemeinen Rent-Kammer West-Indi-
r Gesellschafft/ samt aller Abnützung an
ll- und Brucken-Geld/ verbleiben. Wel-
s der gute Fürst bewilligte: außbedungen/
das Brucken-Geld/ so / des ersten Tages/
rde gesammlet/ vor die Armen seyn solte.
rauf ist/ gleich des ersten Tages/ eine solche
enge Volcks hinüber gangen / daß man
shundert und zwantzig Gülden davon er-
en.   Ein Bürger/ der hinüber gieng/ mu-
2. Stüber geben: ein Soldat/ oder Leib-
ner Mohr/ zween Stüber: ein Reuter 4.

S iiij   Stü-

Stüber: und ein Karrn 7. Stüber: dere[r]
einen Reichsthaler machen.

Der gantze Brucken=Bau ist/ für zw[ey]
hundert und viertzig tausend Gülden bedun[gen]
geweſt: geſtaltſam auch ein Theil derſelb[en]
ſo auf ſteinernen Pfeilern ruhete/ allein h[un]
dert tauſend Gülden gekoſtet hat. Weil [aber]
der Fürſt das übrige/ aus Holtzwerck/ mac[hen]
laſſen; ſeynd/ auf die andre Helffte/ nur 280[00]
Gülden gangen.

Die zweyte Brucke hat der Fürſt/ auf [ei]
nem eigenem Grunde und Bodem/ bauen/ [und]
an behörigem Ort/ mit nothdürfftigen Dä[m]
men/ dergeſtalt verwahren laſſen: daß/ ſo [sich le]
gend der Strom Capivaribi einen Außtr[itt]
nehme/ der reiſende Mann nicht möchte auf[ge]
halten werden. Hiezu muſte man eben [vom]
vorigen/ im Waſſer nimmer rottenden/ Hol[tz]
holen: und ward dieſe Brucke/ deren Lä[nge]
86. Ruthen hatte/ innerhalb 7. Wochen/ g[e]
vollendet.

Wie luſtig nun die neu=erbaute Mor[itz]
Stadt da ſtehet: ſo jämmerlich ward hin[ge]
gen die ſchöne und herrliche Stadt Olin[da]
deßwegen geruinirt. Die Kirchen/ Klöſt[er]
und allerhand andre ſtattliche Gebäu/ wur[den]
abgebrochen/ niedergeriſſen/ und zum St[ein]
hauf[en]

ssen gemacht; ihre zerbrochene Stücke/ an
mmerholtz und Steinen/ verkaufft/ und zur
auung der Moritz-Stadt verbraucht. Ist
die Tochter/ aus dem Untergang der
ater/ gebohren: wiewol sie derselben sehr
leich sihet. Massen dieses noch viel weit=
ftiger/ in den Brasilianischen Geschichten
læi, zu lesen.

Das II. Capitel.

Inhalt.

Religion der Guineischen Mohren.
Etliche Merckzeichen und Fußtapffen der
  weiland waaren Glaubens-Bekäntniß
  in America.
Waarsagerey in Guinea/ Angola/ Peru/
  und Brasilien.

I.

Von der Ehrerbietung und Opffer/ so
die Heyden in Guinea ihrem Fetisso
thun/ giebt Michael Hemmersam sel.
andren Capitel seiner Reisebeschreibung/ ei=
zen/ wiewol kurtzen/ Bericht. Wir wollen/
6 andren Scribenten/ einen völligern er=
tten. Vin-

Vincent le Blanc meldet/ im zweyten Th[eil]
le seiner beruhmten Reisen/ am 21. Capit[el]
daß sie ihr Opffer in den Wäldern verricht[en]
und sich hoher grosser Bäume/an stat der Te[m]
pel/ bedienen: in welchen sie viel Götzen b[e]
wahren/ denselben Reiß/ Bonen/ Gerst[en]
und andre Feld=Früchte/ opffern; wie n[icht]
weniger das Blut der Thiere/ so von ihnen g[e]
gessen werden: Imgleichen daß sie/ bey [Er]
blickung des herfürgehenden Monds/ein gra[u]
sames Getös machen.

Alexander Roß laufft ihren abgöttisch[en]
Wahn/am 169. und folgendem Blat/ summ[a]
risch durch/ mit diesen Worten:

Sie beten Ringe von Stroh an/ an Got
tes statt; von welchem sie Gottslästerlich r[e]
den/ und Jhn nennen/ böß und schwartz/ u[nd]
eine Ursach alles Elendes; sagen auch/ daß [sie]
keines weges Jhm verbunden seyn/ wegen e[i]
niges Guten/ das sie geniessen/ sondern a[l]
lein ihrer selbsteigenen Klugheit. Sie thu[n]
in ihre Ringe Weitzen/ Wasser/ und Oel
zur Speise für ihren Gott. Solche Ri[n]
ge werden von vielen getragen/ als Præserva[]
tiven wider Gefahr. Jhre Priester pfleg[en]
ihnen zu predigen an den Fest=Tagen/ u[nd]
nach ihren Predigten die kleinen Kinder m[it]
Wass[er]

asser zu besprengen. Sie consecriren ihren göttern den ersten Bissen und Trunck von er Speise und Tranck. Aber es ist gäntz= zu vermuthen / daß der schwartze Gott / von sie so lästerlich reden / der Teuffel sey / lchen ihre lose Priester dem unwissenden olck zeigen in einer schwartzen und greuli= n Gestalt; bißweilen eines schwartzen Hun= . Wann sie sich mit Kalck bestreichen/ver= inen sie ihrem Gott einen Dienst daran zu= m. Wann derselbe auf sie erbittert ist/pfle= sie den Priester mit Golde zu bestechen; gleichen thun auch ihre Fischer / wenn sie n gut Glück auf dem Wasser haben. Der riester gehet mit seinem Weibe in einer Pro= sion / schlägt an seine Brust / und klitschet it den Händen; darnach hengen sie Zweige n Bäumen um ihre Hälse/ und schlagen die rommel; der Priester wirfft Korn ins Meer/ n den zornigen Gott zu versöhnen.

Sie haben etliche Bäume / die sie gar hoch lten / und womit sie als mit Oraculen sich rathschlagen / und mancherley thörichte Ce= monien dabey gebrauchen. Sie beten einen ogel an / der Federn hat wie Sternen / und ne Stimme wie ein Stier. Der Thynnus, oder honyn, ist bey ihnen ein geheiligter Fisch/
den

den man nicht anrühren darff. Deßgleich{en}
sind auch die Berge / welcher Spitzen / od{er}
vielmehr Priester / sie täglich mit Speise u{nd}
Tranck erhalten. Wenn jemand stirbet/ m{a}-
chet der Priester Götter von Stroh / daß {sie}
den Verstorbenen nach der andern Welt b{e-}
gleiten/ auch werden mit ihm gesandt/ W{ein}
und leckere Speisen / dazu Dienstbotten/ sa{mt}
seinem Weibe; wo es ein König ist / werd{en}
dieselbe getödtet/ um den König aufzuwart{en}
und ihre Häupter werden auf Pfähle gesteck{t}
rings ums Grab herum. Sie haltens für e{i-}
ne Sünde / auf die Erde speyen. Der Die{ns-}
tag ist ihr Sabbath. Sie gebrauchen d{ie}
Beschneidung / und andere Türckische Cer{e-}
monien/ ꝛc.

Warum sie es aber vor Sünde achten/ d{aß}
man auf die Erde außsprütze; gibt Lindschott{en}
im Ersten Theil seiner Schifffarten/ unter d{en}
Erzählungen von Guinea / zu vernehme{n}
Weil sie nemlich auch die Erde anbeten/ al{s}
die ihnen Nahrung gibt. Lasst uns aber au{ch}
Bernhardum Varenium hören: Der/ in se{i-}
nem Kurtzen Religions-Bericht / vo{n}
mancherley Völckern/ folgende Erzehlun{g}
hierüber erstattet.

Die Jesuiten/ und andre Päpstliche Geist{-}
lichen

jen / haben diese am Meer gelegene Länder /
on vor längst durchwandert / und Fleiß an=
wandt/die Einwohner derselben zum Christ=
hen Glauben zu bringen. Welches denn
ch nicht allerdings ohne Frucht abgangen
: zumalen weil diese Völcker eines zimlichen
erstandes / und ihrer etliche in der Römi=
en Religion einen guten Grund geleget.
enn es erzehlt ein Niederländer in seiner
eiß=Beschreibung / daß er einsmahls/mit ei=
m Schwartzen selbiger Nation (angemerckt/
e Völcker in Guinea/ Angola/ und Congo/
f Portugallisch Negros, Nigriten, oder
chwartzen benahmset werden.) von dem
hristlichen Glauben gediscurrirt; und der=
be Mohr nicht allein die Gründe der Haupt=
ıcke Christlicher Religion / aus den Evange=
n und Episteln anzuziehen / sondern auch die
trittigkeiten / so die Römisch=Catholische
it andern Christen in Glaubens=Sache füh=
ı/ gewust habe. Jedoch klagen die Portu=
sen selbst / daß der Bekehrten nur wenig da=
bst. So sind auch die Päpstliche Ordens=
ute/ zu den inwendigen tieff im Lande lie=
nden Königreichen nicht gekommen.

Was eigentlich dieses Volck für einer Reli=
ion sey; hat meines Wissens / niemand voll=
kömmlich

kömmlich beschrieben: sondern man lieset
hin und wieder etwas davon / in den Sch
farts=Relationen / welches ich allhie bey
gen soll. Denn ob zwar etliche der Meinu
als wann diese Völcker / ohn einigen Gott
dienst / dahin leben; Andre / daß sie So
uñ Mond anbeten: (welches doch nur allein
liche thun/) Andre aber noch alberer und
verständiger schreiben / daß sie Bäume r
Thiere Göttlich ehren: so stimmen doch
Verzeichnüssen derer Personen / die mit die
Nation viel Jahrlang umgegangen seyn
nicht in allen Stücken hiemit überein.

Erstlich dienen zwar diese Leute viel
Göttern; erkennen aber einen Gott / für t
Alleröbersten / und nennen denselben Fetis
davor haltende / er sey eine Ursach / so wol
les Ubels / als alles Guten. Weßwegen s
mit vielen Opffern/ Ceremonien und Gebete
ihn trachten zu versöhnen.

Für dem Donner und Blitz/ förchten
sich hefftig / und werden hierdurch insonderh
bewogen / zu glauben/ daß ein GOtt im Hi
mel sey. Denn was den Wachsthum d
Jährlich aus der Erden herfürkommend
Früchte antrifft; schreiben sie selbige nicht d
Güte Gottes / sondern der Erden zu. Als d

Eur

Blumen-Pusches Zweyter Theil.

...ropæer ihnen die Liebe und Wolthat Got=
...gegen dem Menschlichen Geschlecht preise=
...: wurden sie unwillig/ huben an darüber
...murren/ und diesen Gegenwurff einzuwen=
...: Warum GOtt der HErr/ wenn er je so
...tig wäre/ nicht auch ihnen dergleichen Din=
...hätte geschenckt/ womit die Europæer so
...ssig wären gesegnet: Als nemlich Leinen=
...d Wüllen=Tuch/ Eisen/ Glas/ Becken/
...d andre Sachen mehr? Denn die einfälti=
...n Leute meinen/ man finde solche Sachen/
...ne der Handwercker Arbeit/ in solcher Form
...f dem Felde: gleichwie sie ihnen nichts/
...rch ihrer Hände Wirckung schaffen; sondern
...ein der Natur ihrer Gnade leben/ und sich
...n dem erhalten/ was ihnen dieselbe herfür
...nget.

Wie man nun solchem ihrem Vortwurff bege=
...ete/ mit der Antwort: Ob gleich GOtt ihnen
...ht eben dergleichen gegeben; hätte Er den=
...ch mit nichten seine Mildthätigkeit auch/ für
...nen/ verschlossen; sondern/ an stat deren/ ih=
...n andre Gaben geschenckt/ nemlich Gold/
...almen=Wein/ Hirse/ Bananas/ Inianas/
...d andre Früchte; über das Hüner/ Kühe
...d Schaafe: wolten sie nicht zu geben/ daß
...ches von GOtt herkäme/ und kuntens mit
ihrer

ihrer Vernunfft nicht faſſen / wie dergleic[hen]
Natur-Güter an den Göttlichen Segen k[nü]
gen. Denn (ſprachen ſie) das Gold ſu[chen]
wir / mit mühſamen Fleiß/ und finden es i[n]
Erden. Von dem Hirſe ſäen wir die Sa[men]
Körnlein / und erndten dieſelbe nach[dem]
reich- oder kärglich wieder ein / nach dem
Grund und das Land fett oder mager / fru[chtbar]
oder unfruchtbar iſt. Das Obſt und die Fr[üch]
te haben wir zu dancken den Bäumen / ſo
uns geſetzt uñ gepflantzet worden; deren et[liche]
auch die Portugaller zu uns gebracht.
Lämmer werden ja / von den Schaaf-M[üt]
tern getragen / und durch ſolches Mittel
Viehzucht immerzu fortgeſetzt. Das M[eer]
gibt die Fiſche: und ſo fortan. Alſo ha[t]
der armen Leute Sinn an der Erden / da[ß]
den Verſtand nicht aufrichten/ die oberſte [Ur]
ſach zu erkennen.

GOtt eignen ſie einen Leib zu/ und gr[oſ]
ſe Farbe; nemlich Schwartze: gleich wie a[uch]
ihre Leiber ſchwartz / und ſolcher Geſtalt,
ihrer Einbildung / am allerzierlichſten ſind.
welchen Wahn/ eben ſo viele Morgenländ[iſche]
Völcker ſtecken. Denn von der Geiſter N[a]
tur/ und von der unbeleibten Selbſtändigk[eit]
wiſſen ſie nichts.

Jed[och]

Jedoch halten sie auch einige Gebräuche/ aus man nicht ohne Ursach muthmassen / daß entweder etliche Mahometisten da= gelanget/ oder die berühmte und rucht= e Schiffart der Knechte Salomons und rams vormals nach diesen Ländern an= tellet sey. Welches letzte dann auch/durch Menge des Goldes und Helffenbeins/ be= sen wird: sintemal diese beyderley/ sonst einem Lande/ weder in Asien/ noch Afri= so überflüssig zu finden. Bey welcher Ge= enheit es leichtlich kan geschehen seyn/ daß Jüdische Religion von denen Völckern/ ahe am Meer gewohnet/ angenommen sey. nn sie beschneiden ihre Kinder/ und wenden siebenden Tag an/ zum Gottesdienst; sey= auch an demselbigen/ von aller ihrer Ar= t/ und kommen zusammen/ der Predigt zu= ören. Solcher ihr Gottesdienst bestehet t allein im Predigen/ sondern auch im O= rn/ und vielen andern Ceremonien. Ihr sie= der oder Feyer=Tag fällt/ weder auf unsern nntag/ noch auf der Jüden Sabbath/ oder Türcken Freytag; sondern auf den enstag.

Wiewol diese Völcker keine Erkäntniß er Seelen haben/ noch von derselbigen Un=
T   sterblig=

sterbligkeit etwas wissen: so glauben doch
meisten/ aus dem Unterricht/ welcher ih[nen]
von vielen hundert Jahren her/ von Han[d zu]
Hand gleichsam übergeben ist/ daß/ ausser [die]-
ser Erden/ noch ein andrer Ort sey/ dahin [die]
Verstorbene fahren. Und darum pflegen [sie]
wann einer verschieden/ allerhand Haußge[rät]
und Speisen ihm fürzulegen/ und mit ih[m zu]
begraben: weil sie in dem Wahn stecken/ [er]
werde dessen in jenem Leben eben so wol be[dürf]-
thigt seyn/ als wie in dieser Welt. Geschi[eht]
daß/ eine Weil nach der Begräbniß/ die [Ver]-
wandten spüren/ es sey ihnen etwas aus [dem]
Hause genommen: zörnen sie nicht darüb[er/]
zeihen es auch keinen Dieben: sondern ha[lten]
dafür/ ihr gestorbener Bluts-Freund habe [es]
weggeholt/ und in jener andern Welt von[nö]-
then. Sie thun auch den Götzen/ für [die]
Verstorbenen ein Schlacht-Opffer; und
sprützen oder bestreichen die Götzen-Bilder/[mit]
dem Blut sothanes Opffers.

II. Der Americaner Religion allhie [zu]
beschreiben/ untersagt mir die Weitläufft[ig]-
keit: angemerckt/ mehr/ denn ein besond[er]
grosses Buch/ davon zu schreiben stünde. [Nur]
der beyden fürnehmsten Nation/ nemlich
Peruaner und Mexicaner/ Religion/ sey die[ses]
kürtz[lich]

Blumen-Pusches Zweyter Theil. 291

...lich geredt: Daß der Peruaner ihr für...
...nster Gott gewesen Wiracocha oder Pa-
...:omac; wie ihn andre nennen: durch wel-
...sie verstanden haben den Schöpffer Him-
...s und der Erden. Nechst welchem sie die
...nne/ und nach derselben/den Donner ange-
...t/ auch aus grosser Ehrerbietung/die Bild-
...n dieser dreyen niemals / mit blossen Hän-
.../ angerührt haben. Die Sterne/ die Er-
...das Meer/ der Regenbogen/Flüsse/Brun-
...und Bäume / wurden gleichfalls / von ih-
.../ angebetet.

Der Mexicaner oberster Abgott hieß Vi-
iputzli: saß auf einem Himmel-blauen
...ule mit Schlangen-Köpffen an jeder E-
...l. Auf seinem Haupte trug er köstliche mit
...ld gezierte Federn: in der lincken Hand/
...n weissen Schild; und in der rechten einen
...ab: auf seiner Seiten vier Pfeile. Wo-
...ch sie vermuthlich die Natur Gottes haben
...len abbilden / und durch den blauen Stul
...euten/der Himmel sey sein Stul; durch die
...hlangen-Köpffe seine Weißheit; durch die
...ern / und das Gold / seine Herrlichkeit;
...ch den Schild/seinen Schutz und Schirm;
...ch den Stab / seine Regierung; durch die
...Pfeile/ seine Macht/ so sich/ über die vier

T ij   Theile

Theile der Welt/ Osten/Westen/ Süden/ Norden/ erstreckte. Oder sie haben viellei[cht] in selbigem Götzen = Bilde/ die Sonne fü[r] den wollen: deren Sitz in der blauen Lufft/ ihre Pfeile/ oder Stralen sich/ über die Theile der Welt/ außbreiten. Wie hievon 1744. und folgende Blätter des Indianis[chen] Lust = Gartens weitere Nachricht erthe[ilen] können.

Wer aber sonst einen summarischen [Be]richt/ von jedweder Americanischer Na[tion] Götzendienst/ verlangt: der lese hievon Alexander Roß am 178. und folgenden B[lät]tern jüngster Edition von Anno 1668. [Des]gleichen den kurtzen/von mir verteutschten [Be]richt Varenii/ so gemeldter jüngsten Edi[tion] mit einverleibet worden. Hie will ich/an deßen/ einige Kenn = oder Merckzeichen a[nzei]gen/ woraus man gespüret/ daß den Amer[ica]nern/ nach der Auffahrt CHristi/ das E[van]gelium gepredigt sey.

2. Als die Hispanier erstlich in das L[and] Cumana kamen: beteten selbige America[ner] neben ihren Götzen = Bildern/ auch ein Cr[eutz] an/ mit sehr grosser Andacht: beschirmten auch damit/ wider die Gespenster/ und Na[cht] Geister/ und legtens über ihre Neugebo[rne] Kind[er]

...der: so anders dem Gómara zu trauen ist/
...cher solches (Part. 3. c. 83.) erzehlet.

Als Ferdinandus Cortes erstmals in die
...ul Cozumel, so nicht weit von Yucatan
/ anlangte: hat er / mitten auf einem ge=
...men Platz / so mit einer steinernen Mauer
...fangen war / ein Creutz gefunden / zehen
...erch-Hände hoch: welches die Einwohner/
... einen Gott des Regens/ geehrt / und dem=
...en zu Ehren/ bey grosser Dürre/ einen Um=
...g gehalten / auch sehr andächtig davor ge=
...et: und zwar nicht vergeblich: sintemal
... auf/ entweder aus Göttlicher Krafft / so
... Creutz/ welches der Apostel Thomas/ wie
...n meynet/ dahin gestellet haben soll / einge=
...ntzt worden: oder durch Würckung des
...uffels; welcher solches Wunderwerck ge=
...n/ damit er die armen Leute/ zu abgöttischer
... betung des Creutzes/ von dem waaren GOtt
...itete: wie Brulius, ein Römisch=Catholi=
...r Scribent/ muthmasset. Und dieser Ort
... gleichsam der Einwohner allgemeine
...ch=Stäte: angesehn/ keine Stadt/ oder
...rff gewesen / so nicht daselbst einen Altar/
... ein Götzen=Bild/ gehabt hätte: unter wel=
...n gar viel Creutze/ theils von Holtz / theils
... Ertz/ waren: die sie auch auf ihre Gräber
setzten:

setzten: Inmassen angezogener Gomara (l
2. cap. 15.) und Lipsius (Lib. 3. de Cru
vermelden.

Petrus Martyr bezeugt: die Einwoh
des Reichs Yucatans haben gleichfalls
Creutz angebetet: Und / wie man sie gefro
von wem sie solchen Gottesdienst hätten /
antwortet: Es wäre ein schöner Mensch / d
ihr Land / gereiset: der hätte ihnen dieses
seiner Gedächtniß / hinterlassen. Andre
ten gesagt: Es sey / an diesem Holtzwerck /
Mensch gestorben / der heller als die S
gewesen.

Am Hafen des Stillen Meers / wel
die Spannier Mare del Sur nennen / wohr
die Völcker Chontales: welche nicht all
aus ihrer Vorfahren Bericht / sondern
aus den Gemählden / so in Neu-Hispanie
stat der Buchstaben waren / für gewiß gl
ten / es wäre / von dem H. Thoma / ein C
gesetzt / welches sie höchlich ehrten / auch
Apostels Nahmen und Bildniß in einem F
gehauen zeigten. Ob aber solches gewiß /
ertichtet sey; das mag P. Gregorius Gar
verantworten / der es (Lib. 5 c. 5.) erzeh
und noch dieses hinzusetzt: Diß sey eben da
bige Creutz / welches der Ketzer und beräh
M

Blumen-Pusches Zweyter Theil. 295

er-rauber / Franciscus Drack (also wird
selbe von ihm getitulirt) in dem Flecken
atulco, habe wollen verbrennen / und / weil
nicht angangen / mit Pech und Naphtha an-
ichen lassen; aber dennoch es nicht verbren-
könnẽ. Wo es anders nur nicht ein fei-
andächtiger Schnitt ist / die alberne einige Layen dadurch / zu abergläubischer
eutz-Verehrung anzuführen. Angemerckt /
Prœlat Johannes de Cervantes nachmals
ches Creutz nach Guaxaca versetzt / da es /
ler Wunder halber / soll geehrt werden.

Nierembergius schreibt: Es sey eben nicht
es gar gewiß / was ihrer viele / von den
puhrmalen Christlicher Religion / in West-
dien / berichten; dieses aber am allergewis-
ten: daß die Peruanische Könige / zu Cu-
o, ein marmelnes Creutz in hohen Würden
halten.

Viel andre Sachen mehr / die dißfalls /
n den West-Indischen Scribenten / beyge-
acht werden; als / daß man des Apostels
homœ Fußtapffen in Stein gedruckt / imglei-
en / mitten in den Wildnissen daselbst / seinen
uß-Steig / da er herdurch gangen / gantz kal
d dürr / hingegen zu beyden Seiten langes
ras gefunden: laß ich an ihren Ort gestellet

T iiij   seyn.

seyn. Dieses aber scheint so gar verwerffl
nicht / daß man außgiebt/ der Nahm **Thom**
sey/ in Brasilien/ noch biß auf diese Zeit/
außgelescht verblieben; ob gleich derselbe /
Zuthuung etlicher Littern / ein wenig
änderlich lautet / und Paysume außgesproc
werde: um dadurch beydes den Nahmen
Apostels/ mit Veränd'rung des Buchstabs
in S. (wie bey selbigen Völckern ins gem
bräuchlich ist) und zugleich den Titul und
spect / damit sie ihn geehrt haben / außzud
cken. Denn Pay ward genannt alles/was m
Göttlich/ mächtig/ weiß und verständig sch
te. Solchem nach / ist Paysume so viel
redt / als/ in unserer Sprach/ der **Göttlic**
oder **weise Thomas.** Andrer Orten / sp
chen sie deutlich Tume, oder auch Tunum
aus. Aber gnug hievon.

III. Man sagt / daß es / unter den G
neischen Mohren/ viel Zauberer / Schwa
künstler / und Wahrsager gebe. Und zu
ihre Priester/ oder Prediger/ seynd ins gem
Wahrsager und Zauberer / durch welche
erfragen / ob Schiffe und Kauffleute untert
gens/ oder nicht. Geschichts/ daß etwan
nig Handelsleute ankommen/ und dem Kön
an seinem Zoll / etwas abgehen will/ daß er

Hoff nicht länger zu halten getrauet: so ſickt er den Fetiſſero, oder Prieſter/ ſamt den Hof=Zauberer hin/ um denjenigen Baum/ welchen er/ als ſeinen Fetiſſo, ehrt/ und mit Opffer beſchenckt/ zu beſchweren/und zu fragen: ob noch mehr Kauffleute werden kommen/ oder nicht? Dieſe beyde Zaube= rer (denn einer iſt ſo gut/ wie der andre) ma= chen alsdenn einen Hauffen Aſche zuſammen/ in Form eines Hut=Zuckers; ſchneiden hier= nächſt von dem Baum/ ein Zweiglein/ und ſtecken ſelbiges in den Aſch=Hauffen; neh= men darnach ein Becken mit Waſſer/ trincken daraus/ und ſprützen auf gemeldten Zweig. Endlich faſſen ſie auch ein wenig von der Aſche auf/ und beſtreichen ſich damit unterm Ange= ſicht; treiben auch ſonſt viel andre Gauckel= eyen mehr; Biß ihnen eine Stimme erſchal= let/ die Zweiffels ohn des böſen Geiſtes iſt/ und eine Antwort ertheilet. Nachdem ſie die= ſelbe vernommen/ wird dem Könige ſolcher Beſcheid/ von ihnen/ hinterbracht.

Wie ſonſt ins gemein/ der Fetiſſo von ſol= chen Zauberern/ durch allerhand Opffer/ wer= de verſöhnt/ wenn ihre Fiſcher nichts gefangen haben: zeigt das zwantzigſte Capitel der Nie= derländiſchen Schiffart an. So iſt auch merck=
T b   würdig/

würdig/ was offt der argl
grausame mördliche Opff
gen fordert: inmassen a
Hemmersamschen Reise-
etliche Exempel erzehlet w
Leser weise.

Von ihren Leichbe
Schmuck/ und allerhand
remonien dabey/ ertheilet
sam/ im 2. und 14. Capi
sagte siebende Niederländ
20. Capitel außführlichen
will ich damit den Leser n
dern noch etwas weiter/ b
sagerey reden.

2. Obangezogener V
seinem Kurtzen Religions
offt/ von vielen Niederlä
den: daß die damahlige
canischen Landes Angola
einige Reise/ ohne Berat
sels/ vorgenommen; sonde
berey/ darinn sie denn fir
so viel ausgewircket/ daß
nen ihrer leibeignen Knech
cher darauf alsobald unsinn
wütender Mensch umher g

r Königin geweissaget / was sie zu wissen
begehret verlangt.

3. In den Americanischen Königreich
Peru / war ehemals eine unzehliche Menge
Schwartzkünstler und Waarsager: wurden
auch in grossen Ehren gehalten. Insonder=
heit hatten die Peruanischen Ingæ, oder Käi=
ser / sehr gern um sich eine Art von Zaube=
rern / die unglaublich schnell / entweder auf
der Erden / oder durch die Lufft / dahin flo=
hen/in waserley Gestalt es ihnen gesiel. Denn
diß Hexen=Geschmeiß brachte ihnen Bescheid/
wie es mit einer Schlacht / Rebellion / oder
andern dergleichen Vorfällen / über dreyhun=
dert Meilwegs weit abgangen/ gleich desselbi=
gen Tages / da solche Begebenheiten waren
geschehen.

Nichts gemeiners war/unter diesem Volck/
als solches Gesindlein / daß den bestohlenen
Leuten anzuzeigen wuste / wo ihre Sachen ge=
blieben / und dieselbe ihnen auch wieder schaff=
te. Was auf der Reise / einem Glück= oder
Unglückhafftes würde begegnen; das zugeiner=
ten sie gleichfalls zuvor / und zwar unbetrieg=
licher als die Zygeiner. Wer sie aber fragte/
er bekam keine Antwort / von ihnen; bevor
sie / an geheimen / verborgenen und tuncklen
Orten/

Orten / den Teuffel um Unterricht gebett
Wozu sich denn ihrer viele solcher Gestalt
reiteten und heiligten / daß sie des Tags b[e]-
her sich voll und toll soffen.

4. Unter den grausamen Brasilianisch[en]
Tapuyern / welche Hemmersam / schier [zu]
Ende seiner Reise-Beschreibung Daboy[en]
nennet/werden/ noch heutigs Tags/die Wa[hr-]
sager und Weisemeister hochgeehrt / und [um]
künfftige Dinge befragt: weil sie die bö[sen]
Geister herfürzubringen wissen; die ihnen si[ch]
in der Tapuyer/ oder Menschen-Fresser/ [Ge-]
stalt / sichtbarlich darstellen. Unterweilen l[as-]
sen sie solchen unsaubern Geist auch/ in Gest[alt]
einer Mucken / oder andern kleinen Thie[r-]
leins / in sich fahren: und geben vor/ er red[e]
durch ihren Mund / weissage / und entdeck[e]
was geschehen solle. Gestaltsam solches b[ey]
Holländer / die es selbst mit angesehen habe[n]
damals / als diese Tapuyer dem Fürsten b[ey]
Nassau / wieder die Spannier / zu Hülff g[e-]
zogen / bezeugen. Wie Marchgrafius im dri[t-]
ten Capitel seiner Beschreibung dieser Vö[l-]
cker / aus der Relation des Obersten Eli[ch]
Herckmanns/ berichtet.

Welcher Gestalt der Americanische Für[st]
Hatwey / in den Wahrsager-Spiegel [ge-]
schaue[t]

auen pflegen / und wie eine weisse Rose er=
ienen/ wenn ihm ein Glück bevorgestanden;
gegen ein finsterer Nebel / wenn Unglück
d Widerwärtigkeit obhanden gewest / auch
as sonst verwunderliche Umstände / und Ce=
monien dabey gebraucht worden; dessen kan
h der Leser/ aus dem 941. und folgenden
ättern/ Ersten Theils meines Hohen Traur=
aals/ nach Belieben ersehen.

Das III. Capitel.

Inhalt.

Von der Guineer / und ihrer Nachbarn / wie
auch der Americaner / Fertigkeit / im
Schwimmen.

VOn der Guineer Heyrathen/ hat Hem=
mersam/ im dritten Capitel / geschrie=
ben: von ihrer Gestalt / im vierdten.
Von ihrer Kleidung / besihe das eilffte Capi=
l der Niederländischen Beschreibung; im=
leichen das 3. Capitel Lintschottens Erster
Schiffart. Von ihren Waffen/ und Kriegen/
as 24. Capitel Niederländischer Beschrei=
ung / das 3. Lintschottens / und das 9. Hem=
mersams.

mersams. Von ihren Täntzen/ das 40. C[a]
pitel der siebenden Niederländischen Schiff[...]
Hülsischen Verlags. Von ihrer Fertigk[eit]
im Schwimmen/ das 45. Capitel derselbig[en]
Schifffahrt: woselbst/ unter andern/ geda[cht]
wird/ daß auch viel Weiber unter ihnen/ [im]
Schwimmen/ den Männern nichts bevor [ge-]
ben; ohn allein im Tauchen/ darinn sie es [ih]
nen nicht gleich thun/ noch sich so lang unte[r]
Wasser halten können. Dahingegen [die]
Mannsbilder in die Tieffe/ auf den Grun[d]
hinunter fahren/ auch daselbst/ wenn es [die]
Noth erfordert/ ziemlich lang bleiben. D[es]
halben sie dann auch/ wegen dieser ihrer Ku[nst]
zu schwimmen und tauchen/ in vielen Lande[n]
da man dessen bonnöthen hat/ sehr geliebt/u[nd]
zu nichts anders/ als zum Tauchen/ gebrau[cht]
werden. Wie denn sonderlich geschicht/ in t[er]
West-Indianischen Insul S. Margarethe[n/]
da es vor diesem gewaltig-viel Perlen geg[e-]
ben/ so durch die Taucher/und Wasser-trett[er]
aus dem Meer heraufgeholt werden: De[s]
gleichen in Ost-Indien/ zu Goa und Ormu[s]
da man das frische und süsse Wasser/ so t[ie]
Leute/ für etliche Schäden und Gebreche[n]
wie auch für die Würme/ so sie daselbst beko[m]
men/ trincken/ aber wol in die 20. Klafft[er]
tie[f]

ff/ unter dem saltzem Wasser/ herauf holen iß. Wozu diese/ des Schwimmens meisterlich-erfahrne/ Guineer sich dem/ um den hn/ lassen gebrauchen.

2. Ihre Nachbarn/ die Mohren im Königreich Budomel, können hierinn/ mit ihnen/ rtiren/ wo nicht gar die Oberhand behalten: assen solches erscheinet/ aus dem/ was Cadaustus (Cap. 21. Navigat. ad Terras ignotas) zehlt. Dieser Venetianischer Edelmann ar eines Tages/ in einem Schiff-Boot/ von r Flotte ab/ den grossen Strom Senega, oder enago, hinauf gefahren/ und 26. Tage/ bey nem Landherrn selbiges Reichs verharret. ls er nun endlich gern wieder zu ruck/ nach r/ auf dem hohen Meer ligenden Flotte wägefahren; wüteten beydes die See/ und ch der Fluß dermassen/ mit ihren Wellen/ aß er/ ohn augenscheinliche Gefahr des Untergangs/ solches nicht kunte wagen. Ließ derben fragen/ nach einem gutem Schwimmer/ welcher hinüber an die Flotte schwimmen/ nd seinen Leuten einen Brieff bringen muste/ nhalts/ daß sie/ mit den Schiffen/ biß an den und des Flusses/ lauffen/ und ihn abholen lten.

Ohnangesehn nun solcher Brieff drey Meilwegs/

wegs/ durch die wilde hefftig-ungestüme S[
passiren muste: boten sich doch alsobald
fünfftzig für einen an. Weil aber das [
erschrecklich tobte: kunnte Cadamustus k[
glauben/ daß diese Waghälse nicht unsi[
wären/ und mit ihrer Kühnheit zu Grunde
hen würden: sonderlich/ da er die unzeh[
viel Strudel und Würbeln/ so/ ungefehr e[
Bogen=Schusses weit vom Ufer/ hie un[
brauseten/ und wol gantze Schiffe leich[
verschlingen kunnten/ betrachtete: Zwi[
welchen häuffigen Sand=Klippen das u[
dultige Meer desto mehr rasete; je mehr
seine wilde Freyheit in die Enge getrieben [
de. Wolte einer/ der mit den schlagen[
Wellen sich müde gefochten/ etwan ein we[
auf solchem Sande/ mit den Füssen/ ruh[
so sanck es/ im Augenblick/ unter ihm weg/[
wältzte ihn mit hinab/ in die Tieffe.

Nichts desto weniger bedingte er end[
ihrer zween: welche / vor diese gefährl[
Mühe/ anders nichts/ dann zwo zinn[
Schüssel forderten; und nachdem ihnen [
selbe versprochen worden/ sich der rauhen [
anbertrauten. Wie erschrecklich sie hiera[
mit den Wogen/ gerungen/ und ihr äusser[
gethan/ aus den Strudeln und Würbeln [

Blumen-Puſches Zweyter Theil. 305

aus zu arbeiten; weiß Cadamuſtus nicht
[ſam] zu beſchreiben. Die Haare ſtunden
[ ] gen Berge / da er ſahe / wie ſie ſo offt von
[ ] Wellen verſchlungen wurden: und alle/
[ ] bey ihm ſtunden / ſchaͤtzten ſie manchesmal
[ ] verloren/ und ertruncken. Denn ſie blieben
[un]term Waſſer / eine gantze Stunde lang / daß
[ma]n gantz nichts von ihnen ſahe.

Endlich iſt einer von ihnen wieder umge-
[keh]rt: weil er die Macht der Wogen nicht
[ube]rwinden koͤnnen; ſondern zu muͤde worden.
[De]r andre aber / welcher ſtaͤrcker war / ſiegte
[der] Wuͤterey des Meers ob/ brach durch/ kam
[zur] Flotte / uͤberlieferte das Schreiben; und
[ſch]wamm / mit der Antwort / gluͤcklich wieder
[zu]ruͤck: Woruͤber Cadamuſtus ſich zum hoͤch-
[ſte]n verwunderte. Welcher daraus geſchloſ-
[ſen]/ ſelbige Nation waͤre allen andren in der
[W]elt/ mit Schwimmen/ weit uͤberlegen.

3. Den Americanern wird ſonſt auch das
[Lo]b gegeben/ daß ſie/im Schwimmen/ ſehr fer-
[tig]/ und die Weibsbilder / mit den Maͤnnern/
[um] die Wette ſchwimmen. Inſonderheit ſollen
[die] Tupin-Imbœ/und Tapuyer trefflich-gute
[Ta]ucher geben/ und laͤnger / als eine Stunde/
[un]ten in der Tieffen/ am Grunde/ mit offenen
[A]ugen bleiben koͤnnen/ um eines und anders zu
[ſu]chen.   U   Das

Das IV. Capitel.
Inhalt.

I. Wahl des Königs in Guinea.
II. Dessen jährliche Einkünffte und G[
reyen.
III. Regierung/ Königlicher Schmuck
  Hoffhaltung/ Aufzug/ Weiber/
  Aufwartung.

I.

WAnn ein König/ in Guinea/ mit
de abgangen/ und ihm eine/
Landes-Gebrauch ansehnliche L[
begängniß gehalten worden; wobey ihm/
Liebe/ mancher eines seiner Weiber (viell[
die älteste/ deren er am gernesten loß w[
oder ein Kind/ oder andren Haußgenossen/
auf die Reise schenckt/ und deßwegen ers[
gen lässt: so wählt der gemeine Mann/ d[
die meisten Stimmen/ einen neuen: und z[
nicht/ aus des Verstorbenen seinem Geschle[
oder Freundschafft/ vielweniger dessen Erb[
sondern gemeinlich einen Fremden/ der
gantz andrem Geschlecht bürtig. Ist also
König ein Wahl- und kein Erb-König.

Hiebey stehet/ an demselben barbarisch[
Volck/ dennoch diese Tugend zu loben:
  kei[

Blumen-Pusches Zweyter Theil.

...er solcher Königlichen Hoheit würdig von ...en geachtet wird; der sich dem vorigen Kö=
...e/ im geringsten widersetzet/ oder aufrührisch ...iesen hat.

Wenn nun der neue König erwählet ist; ...ührt man ihn/ in sein Königliches Hauß: ...selbst er/ nebenst dem Regiment/ auch alles ...jenige/ was sein Vorgänger/ bey der Re=
...rung erworben und verlassen hat/ einnimmt. ...ie Kinder erben davon das wenigste nicht: ...n allein/ was ihr Vater/ in das Regiment ...hinein gebracht/ und zuvor vermocht hat: ...n solches wird ihnen wieder heraus gege=
...n/ und nach Landes Gewonheit unter ihnen ...theilet.

II. Sein Ordinar-jährliches Einkommen steht/ in allerhand Früchten/ Wein und ...el von Palmen/ auch andern Essen-Spei=
...n; dessen ihm eine solche Quantität herbey ...schaffet wird/ daß er seine Hofhaltung davon ...ühren/ und seine Weiber und Kinder reichlich nehren kan.

Man säet und erndtet ihm alles sein Korn ...n; daß ihms keinen Heller kostet/ und er ein ...illes geruhliches/ wiewol eben nicht so prächti=
...es Leben führen mag/ als etwan unsre Christ=
...che Potentaten. So bald aber seine Kinder

U ij zu

zu ihren Jahren gekommen / müssen sie i[hre]
Nahrung selbst suchen: sintemal weder der [ge]
meine Mann / noch der Adel / gestattet / daß
ihnen das geringste schenckt: ohn allein / [was]
sie / zur Morgen-Gabe und Heyraths-Gu[t]
von ihm empfangen. Nebenst welchem er [ih]
nen noch einen Sclaven schenckt / der ihr[er]
diene. Wollen sie hernach nicht fleissig sey[n]
und etwas für sich bringen; sondern komm[en]
hinter sich: so wird auch ihr Ansehn u[nd]
Achtbarkeit Krebsgängig / und giebt man z[u]
letzt so wenig auf sie / als wie auf einen schle[ch]
ten gemeinen Mann. Jedoch behält er [sie]
meistentheils an seinem Hofe / und brau[cht]
ihrer / in seinen Diensten / biß sie / nach u[nd]
nach / zu höhern Ehren-Aembtern / erhab[en]
werden.

Ausser vorgemeldten jährlichen Einkün[f]
ten / hebt er gleichwol auch ein Ehrliches / b[ey]
den Zöllen / und Brüchen / oder Straffen / [die]
ihm alle heim fallen. Ausbenommen eine u[nd]
andre / als nemlich / die Geld-Busse des To[d]
schlags. Denn ob gleich ein Todschläger d[as]
Leben verwircket hat: kan er sich doch / [mit]
Gelde / abkauffen: davon denn dem Köni[g]
die Helffte zugeeignet / das übrige aber unt[er]
die Hof-Junckern ausgetheilet wird.

Blumen-Pusches Zweyter Theil. 309

…unde des Erschlagenen genieſſen nichts da=
… : dörffen auch den Thäter alsdenn nicht
…mal ſauer mehr drum anſehn.

Ob ihm nun gleich viel Einkommens zu=
…ſſt: kan er doch nicht reich werden; weil
hingegen wiederum viel Außflüſſe ſetzt; in=
… er den Unterthanen/ von ſeinen Gefällen/
… ſpendiren / ihnen bald Kühe/ bald Palm=
…ein/ zum beſten geben/ und ſehr viel Ga=
…reyen halten muß; dafern er anders/ in ſei=
…m Regiment / feſt ſitzen/ und nicht bald ver=
…eben ſeyn will. Inſonderheit geht ihm ge=
…ltig viel drauf/ in den dreyen Monaten / da
… Zöllner kommen / und ihre Rechnung ab=
…en : dann da muß er viel Viehe/ und faſt
…en Wein im Lande aufkauffen ; um ſo wol
… Adel / als das Volck zu tractiren. Die
…pffe der geſchlachteten Ochſen werden denn
…ön aufgeputzt/ mit Farben angeſtrichen/und
… ein beſonderer Zierraht / ſein ordentlich
…n in ſeine Kammer gehenckt : Zweifels
… als ſtumme Denckzeichen / und Lob-Bil=
…ſeiner Königlichen Freygebigkeit.

Vor allen Dingen/ muß er/ an den Jahr=
…iten ſeiner Krönung / wie auch am Tage
…es Fetiſſo, eine ſtattliche Gaſtung ausrich=
…; auch ſein Gebet und Opffer/ zu dem Fe-

U iij   tiſſo,

tisso, in eigener Person verrichten; und [...]
cher sein Fetisso ist der höchste Baum in [...]
Stadt. An selbigem Freuden-Tage / tre[...]
man viel Kurtzweil / mit Trommeln / S[...]
gen und Tantzen: Dabey denn das Weib[...]
Volck / sonderlich die Füsse nicht viel ru[...]
küsst.

III. An ihrem Sabbath-Tage / isset [...]
zu Nachts / mit seinen Weibern und Kinder[...]
deren kein geringer Hauffen ist. Ihre W[...]
nung haben dieselbe / bey ihm / in seinem Ho[...]
Wiewol daselbst jedwede / in einem besond[...]
Gemach / lebt: bemühen sie sich doch alle [...]
einander / ihn aufs beste zu bedienen / und [...]
seiner Huld sich zu befestigen. Jedwede [...]
auch ihren Schatz und eignes Vermögen [...]
sich allein / davon sie sich / mit ihren Kindern
muß erhalten. Doch lebt diejenige am best[...]
die am meisten geliebet wird. Ihre Kind[...]
werden / wenn sie außgehen / von deß Kön[...]
Knechten / auf den Achseln getragen: sie selb[...]
lehnen sich auf die Achsel einer ihrer leibeig[...]
nen Frauen.

Wann aber der König / aus seiner Schlaf[...]
kammer / herfür gehet: so stehen alle die We[...]
ber zu seinen Diensten bereit / und warten au[...]
daß sie ihn zuforderst waschen / baden / und m[...]

Palmer

men=Oel sein sauber anstreichen mögen.
ß solchem Bade/ geht er zum Essen/ setzet
hernach auf einen Stuhl nieder/ und führt
n Elephanten= oder Roß=Schwantz in
Hand/ um damit die Mucken abzuwehren.
ine Arme und Beine seynd/ mit Arm=Bän=
n von gutem Golde/ und mit Corallen von
rley Farben/ geschmückt; imgleichen der
ls/ mit güldnen Ketten; der Bart mit Co=
len und andern Sachen.

2. Nach ihm/ beruhet die meiste Würde
d Regiments=Bürde/ auf seinen Reichs=
chatzmeister: der alle Sachen außgiebt/ und
nimmt/ auch bey Regierung am meisten zu
zen hat. Nechst diesem/ hat er noch andre
offräthe und Edelleute; in andren Städten
er/ seine Obersten und Statthalter: welche
s Gericht hegen/ und über sein Gebot sehr
iff halten.

3. Morgends und Abends/ macht man
n allezeit ein Hoffrecht/ auf Pfeiffen von E=
Hanten=Zähnen; wozu die Leibeigene ihre
timme bequemen/ und drein singen. Uber=
Gassen/ darauf er sich doch selten lässt an=
ssen/ gehen seine Trabanten mit ihm/ und
Hoff=Guardi/ so sein Hauß Tag und Nacht
vahrt/ umgiebt ihn rings umher. Wenn

U iiij   sonst/

sonst/ des Morgens oder Abends/ die Hofflä
kommen / ihm auszuwarten: fallen sie/ zu
Zeichen ihrer Reverentz und Ehrerbietu
auf ihre Knie/ schlagen die Hände zusamm
und bleiben so lange auf den Knien ligen/
der König gleichfalls mit den Händen zusa
men platzet.

Lintschott erzehlet/ daß die Holländer/
der Guineischen Insul Gabam/ den Kö
oder Fürsten selbiges Landes (denn in Gui
viel König sind) in einer Hütten angetroffe
da man/ für sie/ eine Decke auf die Erden a
gebreitet gehabt/ um sich drauf zu setzen.
da saß er/ etliche Staffeln hoch/ in der Höh
so still/ ehrbar und steiff/ wie eine Kratzbörs
rührte sich im geringsten nicht/ gleich als o
gantz unbeweglich/ und ein stummes Götze
Bild wäre. Hatte eine Ketten von Beinle
(ist vermuthlich aus Elffenbein gewesen)
ihm wol hundert mal um den Hals/ Arm u
Beine gieng. Auf dem Haupt/ trug er ei
rauhe Haube/ so voller Federn stack. Se
schwartzes Angesicht/ und überall schwartz
Leib/gab/in solchem Schmuck/ einen erschrec
lichen Anblick: und zwar desto mehr: weil
sich/ hin und wieder/ mit Kreyden/ oder a
drer weisser Materi/ (welche ihm/ in eine
Säckle

cklein nachgetragen wurde) angestrichen. seinen Füssen lag eine Mörinn/ etliche Elenten-Schwäntze in Händen haltend; um mit dem Könige ein Lüfftlein zu machen/ die Fliegen abzuhalten. Jedoch ist zu cken/ daß dieses nur vielmehr ein König-r/ oder Land-Fürst; weder ein rechter sser König gewesen sey.

Wie man/ in Guinea/ Gericht halte; das wird/ in dem 12. Capitel der Hemmer-ischen Beschreibung / noch umständlicher r im 26. und 27. Capiteln der Siebenden ederländischen Schifffahrt gehandelt. Wel-r Gestalt sie Edelleute machen: zeiget die-e Schifffahrts-Erzehlung an/ im 39. und Hemmersam im 6. Capitel. Ich verlasse emit Guinea gantz/ und werde/ von lauter Americanischen Sachen/ nun ein wenig allein reden.

Das V. Capitel.

Inhalt.

I. Ursprung des Mexicanischen Reichs.
II. Erzehlung/ was sich unter ihren König[en]
zugetragen habe.

I.

WEil/ unter den Americanischen R[ei]-
chen/ Mexico und Peru die Poli[ce]-
sten gewest/ wollen wir hiernechst
liche Denckwürdigkeiten dieser Regimen[ter]
berühren.

Mit was für grosser Solennität die M[e]-
xicaner ihren Groß-König oder Kayser/ du[rch]
vier Chur-Herren (unter denen einer ein K[ö]-
nig gewest) zu wählen pflegen/ und allerha[nd]
zierliche Orationes dabey gehalten; imgleich[en]
wie er/ vor seiner Crönung/ eine Feld-Schlac[ht]
habe müssen gewinnen/ und endlich von d[er]
Hand des Königs zu Tezcuco, das Kayserli[che]
Diadem/ mit einer schönen Rede und Erma[h]-
nung/ empfangen habe: ist/ im letzten Th[eil]
des Indianischen Lust-Gartens/ am 170[.]
Blat/ und andren folgenden/ außgefüh[ret]
worden.

Blumen-Pusches zweyter Theil. 315

Die Mexicanische Historien berichten: daß iges Reich/ in die siebenhundert Jahre/ Democratische/ oder einer freyen Republi-n/ Weise/ hernach durch neun Könige/ re-rt sey: von denen ich hier etwas beybrin-i soll.

Die Mexicaner rechnen ihren Ursprung / von sieben Nationen: deren sechs vorher/ s siebende aber/ durch welches das Mexica-he Königreich angerichtet worden/ zuletzt sgezogen/ und von ihrem Abgott Vitzili-tzli, oder vielmehr von dem Teuffel/ welcher rch das Götzen-Bild redete/ die Verheis-ig bekommen/ er wolte ihnen/ so sie würden s ihrem Lande ziehen; ein Land geben/ dar-Gold/ Silber/ Edelgestein/ Federn/ und liche Kleidungen seyn/ und sie über alle berührte sechs Nationen herrschen solten. rauf haben sie ihr voriges schlechtes Land/ lches sie eine Höle schelten/ verlassen/ und mit allem Volck auf die Reise gemacht/ h den Abgott/ welchen vier Priester/ in ei-von Bintzen gemachten Laden/ trugen/ mit geführt.

Niemals hat man erfahren/daß irgendswo Teuffel/ mit den Leuten/ sich so gemein ge-ht/ und so viel mit ihnen umgangen; als
wie

wie dieser Mexicanischer Teuffel/ oder Ab[c
Vitziliputzli gethan: welcher bey diesem A[
zug der Mexicaner/ allem Ansehn nach/un[
HErrn GOttes Affen spielen/ und gleich[
eine Israelitische Außführung aus Aegyp[
allhie anstellen wollen. Erwehnte vier P[
ster/ die ihn/ als in einer Laden des Bun[
tragen musten/ waren gleichsam seine M[
und Aarones: sintemal er denselben heim[
offenbarte alles/ was ihnen würde/ auf [
Reise/ begegnen; ihnen auch Gesetze/ C[e
monien/ Opffer/ und allen Götzendienst [
schrieb; danebenst aber auch das marschire[
Volck dergestalt im Zaum hielt/ daß es/ [
seine Erlaubniß/ keinen Fuß durffte aus [
Stelle setzen. Er war ihr Wegweiser/ den [
stets fragen musten/ wenn und wohin sie a[
brechen/ oder sich lagern solten. Wann [
eine Zeitlang/ in einer Gegend/ verharret[
so bauten sie/ mitten im Lager/ ihm ei[
Stiffts-Hütten und Altar: besäeten das üb[
ge umherligende Feld/ mit Getreide/ zu ihr[
Unterhalt. Zogen sie denn weiter fort;
blieb das gebauete Korn-Feld den alten/ kra[
cken/ oder verzagten Leuten/ zur Nahrung[
welche sie denn freywillig zurück ließen; a[
daß das gantze Land möchte/ von dem G[
schlach[

...chte ihres Volcks/bewohnet werden. Ihr ...rster und Heerführer hieß Mexii: von ...hernach/ so wol die gantze Nation/ als das ...ich/ und die Stadt Mexico/ ihren Nah-
...bekommen.

Wie genau und streng der Teuffel sie im ...horsam habe gehalten; erscheinet/ unter ...ren/ hieraus. Sie unterstunden sich eins-...ls/ weil sie so vieler langwieriger Speisen/ ...de und überdrüssig waren/ um das grosse ...birge Coatepec sich wohnhafft niederzulas-.../ und fiengen an/ daselbst zu bauen: darü-...ergrimmte aber Vitzilipuczli hefftig/dräue-...en Priestern den Tod; und deutete ihnen ...eben an/ die Urheber des Ungehorsams ...en/ in künfftiger Nacht/ alle gestrafft wer-...t. Hierauf erhub sich/ um Mitternacht/ ...einem Ort/ im Läger/ ein grosses Getüm-...l: und/ als man Morgens dahin gieng; ...rden diejenige/ so an selbigem Ort zu blei-...n/ beschlossen hatten/ todt gefunden. Weil ...m diesen Todten die Brust aufgeschnitten/ ...d das Hertz heraus genommen war: stelle-...nach der Zeit die Mexicaner/ nach diesem ...uster/ die Menschen-Opffer an/ welche ...dem Bösewicht thäten: schlitzten nemlich ...n armen Gefangenen die Brust auf/ rissen

das

das Hertz heraus/ und warffens dem Abgott t
ters Maul.

Unter ihrem Hauffen/ fand sich eine gr[o]
Zauberinn/ die des Vitziliputzli Schwe[ster]
wolte getitulirt und zuletzt wie eine Götti[n]
angeruffen seyn/ auch/ durch ihre Hexere[y]
den Leuten grossen Schaden zufügte. A[ls]
ihr ehrlicher Herr Bruder/ Vitziliputzli, [es]
sahl endlich in geheim/ sie solten seine Sch[we]
ster/ die alte boßhaffte Vettel/ mit allem ih[r]
Hausgesinde/ verlassen/ und bey Nacht a[uf]
brechen/ und davon ziehen/ auch keine Spu[r]
lassen mercken/ wo sie wären hingezogen. W[el]
ches geschehen. Die alte Wetter-Künst[le]
rinn/ ohnangesehen sie sich also betrogen se[hen]
müssen; hat dennoch den Muth nicht verlo
ren; sondern durch die Jhrigen/ einen beso[n]
dern Flecken gebauet/ dessen Einwohner he[r]
nach alle Zauberer geworden sind. Jhr Sol[jn]
Copil/ ein Apffel/ so nicht weit vom Stam[m]
fiel/ reitzte hiernechst/ aus rachgierigem Nei[d]
alle benachbarte Völcker selbiger Gegend/ [wo]
jene waren hingezogen/ wider die Mexican[er]
an/ zur Feindseligkeit: ward aber/ aus Ra[ht]
des Abgotts Vitziliputzli, unversehns/ v[on]
ihnen/ uberfallen/ erwürget/ und sein He[rtz]
dem Abgott gebracht: der/ es in den See [ge]
werffe[n]

ffen/ befohlen. Woraus nachmals/ihrem
rgeben nach/ ein Baum gewachsen/ und da=
ſt Mexico erbauet worden ſeyn ſoll. Wel=
s entweder eine Fabel/ oder/ wie faſt ver=
thlicher/ ein Teuffliſches Miracul geweſt.
aſſen denn ſolche Teuffliſche Wunder/ unter
Heyden/ wol mehr vorgangen; wie ich/
t manchen Exempeln/ könte erweißlich ma=
n/ dafern ich nicht allem Umſchweiff hie/
t Fleiß/ außzuweichen/ geſonnen wäre.

2. Nach dieſem/ ſtiffteten ſie/ auf deß Ab=
tts Befehl/ Freund= und Gemeinſchafft/ mit
Inwohnern zu Culhuacan; aber auf ei=
n Betrug. Denn Vitzilipuczli, der ſeine
ücke nicht laſſen kunte/ gab endlich vor:
ſe Gegend wäre ihnen zur Wohnung nicht
rmeynt: Sie müſten abziehen/ und zwar
it Krieg/ wozu eine Weibes=Perſon Urſach
ben müſte. Und dazu gab ihnen der Mord=
eiſt dieſe Anleitung: Sie ſolten des Kö=
gs zu Culhuacan Tochter/ zu einer Köni=
m der Mexicaner/ und Mutter ihres Got=
s/ begehren. Der König glaubte/ und ver=
aute ihnen ſeine Tochter/ in Königlichem
ſchmuck und Kron=Geſchmeide: Welche
er der hölliſche Bößwicht zur Stunde töd=
u/ und außſchinden hieß. Die Haut ward

artlich

artlich wieder außgefüllt/mit voriger Kleid
angelegt/ solcher Gestalt neben dem Abg
gesetzt / zu einer Göttinn und Mutter
Vitziliputzli geweihet/ und angebetet.

Folgends luden sie ihren Vatter ein,
solte kommen/ seine Tochter/ die Göttinn/
suchen und anbeten. Er kam/ mit bielen G
fährten und Verehrungen: ward auch/ in e
finstere Capell/ zu dem Abgott/ und zu sei
Tochter geführt: Da er/ indem er/ auf
Glut-Pfanne den Weyhrauch schüttete/
der Todtfarbnen Haut die/ an seiner Toch
berübte/ Grausamkeit bald merckte/ und w
nend hinaus lieff; aber bald darauf die Me
caner/ mit gewehrtem Hauffen/ angriff/ u
sie dermassen befochten/ daß ihre einige R
tung/ nach scharffer Gegenwehr/ in der
tirade bestund. Gestaltsam sie dieselbige E
gend hiemit gäntzlich verliessen/ und mit ihre
Gott hefftig expostulirten/ daß er sie hätte
solche Noth gebracht.

3. Als nun endlich der Lügen-Geist sah
daß ihre Ungedult wolte überhand nehmen/
die armen abgestrapezirten Leute so bieler Un
und Aufzüge/ so mancher Mühseligkeit u
Gefahr aller müde wären: da traffen etlic
alte Priester / als sie/ durch ein mit Bintz

bewachsenes Ort / giengen / ein Silber=
:s Wasser an; bey welchem alle Bäume
Wiesen gantz weiß schienen: und erinner-
ich dabey ihres Gottes Weissagung / daß
olcher Ort ihnen zum Ruhe=Sitz wäre be-
mt: kehrten derhalben / mit solcher gu=
Zeitung / ins Lager / und breiteten selbige
/ unter der Gemeine.

Nachts darauf befahl Vitzilipoczli einem
Priester / im Traum: man solte / in die-
See / einen Tunal=Baum (ist eine Art
ianischer Feigen-Bäume) suchen / welcher
einem Stein gewachsen / und eben die
:lle wäre / wo der Zauberinnen Sohns
ils Hertz bergraben läge: auf selbigem
m / würden sie einen schönen Adler finden /
sich stets allda aufhielte / und von andren
geln ernährte: an demselbigen Orte / sol=
sie eine Stadt bauen / die durch alle Welt
de berühmt seyn.

Nachdem der alte Baals=Pfaff solches sein
um=Gesicht der Gemein erzehlt: ist alles
lck / mit Freuden / außgezogen / nach dem
ssen Wasser zu / welches aber nunmehr
:t= rot worden war; um gemeldten Baum
chen: der auch endlich / von ihnen / gefun=
worden / und aus einem Stein gewachsen
X   war.

war. Auf demselben stund ein Königl.
Adler/ mit außgebreiteten Flügeln/und re-
te seine Augen gegen der Sonnen.
umher stacken köstlich-schöne Federn von
ser/ rother/ gelber/ blauer/ und grüner Fa-
und/ in seinen Klauen/ hielt er einen tref-
schönen Vogel. Wie sie also solchen Or-
Oraculs sahen: fielen sie allesamtlich auf
Knie/ und erzeigten dem Adler grosse E-
bietung: welcher (durch des Satans Gau-
ley) sein Haupt ihnen zuneigte/ und allen
ben die Augen herum schiessen ließ. Vor
biger Zeit an/ haben die Mexicaner in i-
Wapen/ einen/ auf dem Tunal-Baum si-
den Adler/der in den Klauen einen Vogel
te/ geführt.

4. Gleich darauf haben sie allda ange-
gen/ die Stadt Mexico zu bauen/ und de-
camapixtli, des Königs zu Culhuacan, d-
Vorfahrns Tochter sie/ obertwehnter m-
hingerichtet hatten/ seinen Enckel oder S-
ter-Kind/ zu ihrem König erwählt. De-
bige König ließ sich endlich bereden/ und
tigte seinen Enckel ab/ mit diesen Wor-
Gehe hin mein Kind! diene deinem G-
sey sein Statthalter/ regiere das
schöpff dessen/ durch welchen wir leb-

Herrn des Tags/ der Nacht/ und
[...]nde! Geh hin/ sey ein Herr der Wasser
[... un]d des Landes/ so die Mexicaner be[...]
[...]n!

Also zog der junge Herr/ mit den Abge-
[sand]ten/ fort/ ward sehr frölich und Ehrerbie-
[tig] empfangen/ in einem armseligen Palast auf
[de]n Königs-Stul gesetzt/ und von einem alten
[R]edner (angemerckt/ die Redkunst/ unter die-
[s]e Americanischen Nation / sehr beliebt gewe-
[sen]/ und in voller Zier geblühet hat) also an-
geredet: Mein geliebter Sohn/ auch zu- "
[gle]ich mein Herr und König! Seyd uns/ in "
[un]ser geringen Stadt/und armen Häußlein/ "
[wil]lkommen/da wir/ in solcher Bintzen-Ein- "
[öd]e/ mit Gedult müssen ertragen/ was uns "
[un]ser Schöpffer aufladet. Seyd ein Vor- "
[ste]her und Beschirmer des Mexicanischen "
[Vo]lcks: über welches euch hiemit/ im "
[N]ahmen des Gottes Vitziliputzli, Gebiet und "
[G]ewalt aufgetragen wird. Euch kan nicht "
[ver]borgen seyn/ daß wir hie mit fremden "
[V]ölckern umgeben/ und der Begebenhei- "
[t]/ so uns können begegnen/ gantz ungewiß "
[si]nd: daraus ihr unschwer abzunehmen "
[ha]bt/ daß ihr nicht zur Ruhe/ sondern zur "
[M]ühe/ anhero gekommen/ und einen Die- "

X ij ner

„ ner werdet spielen müssen aller dieser e
„ gehorsamenden Menge / welche von a
„ umligenden Nationen gehasset und angef
„ det wird.   Wendet Fleiß an / daß ihr e
„ dieselbe zu Freunden machet/ und mit ih
„ den Frieden unterhaltet ; in Betrachtun
„ daß wir in ihrem Gebiete wohnen.

Erwählter bedanckte sich der Glück
schung; und versprach zu ihrem Schutz/
Bestes. Worauf sie ihm ihre Pflicht und
schwuren/ und ein Diadem auffetzten / wel
der Fürsten=Cron des Hertzogs von Ven
ähnlich.   Er kam seiner Zusage auch getr
lich nach ; brachte das Volck/ bald/ in
feine Policey=Ordnung ; welche alle N
barn musten loben.   Allein der König
Tepanecas, welchem sie Zinßbar waren/tr
tete nach ihrem Verderben: weil er d
Wachsthum ihrer Macht förchtete: such
derhalben Ursach/ durch Aufbürdung e
wercklichen und wunderseltsamen Tribut
fordrend / sie solten ihm hinfüro nicht al
mancherley Bauholtz zu seiner Stadt bring
sondern auch einen auf dem Wasser schwi
menden Acker mit unterschiedlichen gantz r
fen und zeitigen Früchten: welches alles /
Acker samt den Früchten / er ohn einiges
brechel

Blumen-Pusches Zweyter Theil. 325

chen/ wolte durchs Wasser gebracht haben/
r von keinem Frieden mehr wissen.

Solches Begehren verdroß die Mexicaner
t; schätzten es/ mehr vor ein tyrannisches/
mögliches Anmuthen. Aber Vizilipuzli
chte ihnen einen Muth/ und gab Anwei-
g/ wie ein solches Ackerwerck/ auf dem
asser könte gebauet werden: ließ den Grund
bielen Bintzen zusammen fügen/ Erde
uf schütten/ den Acker zurichten/ besäen und
antzen: also/ daß sie ein solches Ackerwerck
l Mays/ bielerley Korn-Früchten/ Kür-
sen/ und dergleichen/ auf bestimmte Zeit/ mit
er zu Tepanecas hohen Verwundrung/ lie-
ten. Gleichwol begnügte sich die Feindse-
keit des Tepanecischen Königs hiemit noch
ht; sondern steigerte vielmehr den Frohn-
ribut noch höher/ und befahl/ daß sie künffti-
s Jahr/ auf diesem Ackerwerck sitzende und
tende Gänse/ Reyher/ und dergleichen Vö-
/ brächten: womit ihnen ihr Tausendkünst-
/ Meister Vizilipuzli, auch zurecht gessen.

5. Nach einer fünffzig-jährigen Zinsbar-
t/ ist ihr erster König Acamapixtli gestorbē/
t Hinterlassung eines grossen Nachruhms;
d sein Sohn/ nach ihm/ erwählt worden;
r/ in kurtzer Zeit/ auch verblichen.

X iij   6. Nach

6. Nach diesem wählten sie dessen S[ohn]
Chimalpopoca, einen zehen-jährigen K[na]
ben: und gaben ihm/ bey seiner Crönung/
Königliche Zeichen/ Schwerdt/ Pfeil/ [und]
Bogen/ in die Hand. Es währte aber ni[cht]
lang/ da erhub sich/ zwischen den Mexican[ern]
und dem Könige zu Azcapuzalco, ein b[öser]
Will: welches verursachte/ daß dieses se[ine]
Unterthanen beschlossen/ dem jungen Mexi[ca]
nischem Könige das Leben zu nehmen; ohn[ge]
achtet/ er ihres eigenen Königs Tochter-K[ind]
war: massen sie es auch/ mit grossem Leid[we]
sen des Alten/ welcher auch vor Kummer d[es]
wegen hernach gestorben/ meuchel-mörd[isch]
ins Werck richteten.

Die Mexicaner wurden hierüber der[ge]
stalt erbittert/ daß sie/ wie unsinnige Leu[te]
ohne Ordnung/ mit ihrem Gewehr/ her[zu]
lieffen/ des entleibten Königs Todt zu räch[en]
Jedoch tratt ein fürnehmer verständiger [Al]
tersmann herfür/ und hielt sie/ mit einer [be]
ständigen Rede/ auf/ biß man zuvor einen n[eu]
en König gewählet hätte. Zu welchem E[nde]
sich dann unverzüglich die Reichs-Räthe [be]
sammleten/ und von einem der ältesten Red[nern]
mit diesen Worten/ encouragiret wurden:

„ Euch/ O ihr ehrlichen Mexicaner [

ht das Liecht der Augen; nicht über des „
rtzens. Denn ob gleich dem jenigen/ der „
r Liecht und Führer war/ das Leben ist „
zgeleschet: ist doch euer muthiges Hertz „
um noch nicht todt. So sind auch/ GOtt „
! noch Personen übrig/ die den Mangel „
nen ersetzen. Sehet euch nur um; so „
rdet ihr unterschiedliche Fürsten/ aus dem „
lben=Geblüt Königs Acamapixtli erbli= „
n/ und unter denselben die Wahl haben. „
edenckt/ die Sonne habe uns eine kleine „
nsternis gemacht; die aber nicht lange „
ihren werde. Mexico ist/ durch den Tod „
es liebsten Königs/verfinstert; hoffet aber „
fs Liecht/ durch eure kluge Wahl/ welche „
dasselbe wieder anzünden kan. Darum/ „
set die Sonne wieder herfür brechen! Er= „
hlt/ aus diesen/ einen König/ zu dem sich „
r Auge und Hertz neige. „

7. Nach dieses Redners Ermahnung/
ng die Wahl vor sich/ und fiel auf ihres er=
Königs Acamapixtli Sohn/ den Ilcoalt:
schon derselbe/ von einer Sclavinnen un=
lich gebohren war. Denn seine herfür=
chtende Tapfferkeit und Verstand wischten
hen Geburts=Flecken leichtlich ab.

Immittelst rüsteten sich die meuchelmör=
drische

X iiij

drische Tepanecaser / zu einem gewalti[gen]
Kriege/ der / ihrer Meynung nach / die M[exi]
caner gantz aufreiben und begraben solte. [Der]
neue Mexicanische König machte sich a[uch]
bald zum Handel fertig / und zweifelte ni[cht]
die Rachgier der Seinigen/ würde ihm hel[ffen]
das Feld gewinnen. Aber/ als sie hörten [und]
sahen/ daß ihr Gegner/ mit einer weit größ[ern]
Macht aufgezogen käme / entfiel ihnen [das]
Hertz/ und baten/ der König wolte sie doch n[icht]
wider die Unmöglichkeit fechten lassen/ n[och]
auf die Fleisch-Banck führen; sondern [den]
Feind um Gnade bitten / und den Abgott/[in]
einer Sänfften / als einen Fürsprecher / [zu]
Mittel stellen.

Aber es widersetzte sich ihnen einer/ d[es]
Könige verwandter frischer Jüngling / mit [ei]
ner hertzhafften Rede / und ermahnte den K[ö]
nig/ ein reputirlichers Friedens-Mittel für[zu]
nehmen/ und zuvor des Feindes Gemüth [zu]
erkündigen/ weder sich also schändlich zu er[ge]
ben. Welche Meynung denn stat fand: u[nd]
muste Tlacaellel, (also hieß der junge Ritte[rs]
mann) die Gesandschafft/ daran sich sonst n[ie]
mand wagen wolte/ selbst unternehmen.

Ob nun gleich die Wächter und Schi[ld]
wachten des Gegentheils befehlicht ware[n]
alle

les / was von Mexico käme / unangemeldet
niederzuhauen: beredete er sie doch / mit sonderbarer Geschickligkeit/ daß sie ihn zum Kriege führten.   Welcher sich seiner Ankunfft und Inbringens verwunderte / auch mit den Seinigen drüber Rahts zu pflegen/ und folgenden Tags / da Gesandter wieder erscheinen solte/ und Antwort holen / ihm seine Erklärung zu geben versprach.   Die Versicherung aber/ so der Legat begehrte / daß ihm immittelst keine Gewalt möchte geschehen; ward ihm rund abgeschlagen.   Darum practisirte er sich wieder/ durch die Wachten/ hinaus / die ihn desto williger passiren liessen/ weil er seine Wiederkunfft verhieß.

Nachgehenden Tages / wagte sich seine Kühnmüthigkeit/ auf Begehren des Mexicanischen Königs/ wieder dahin: als unterdessen der König zu Azcapuzalco und Tepanecas, von den Seinigen/ beredet war / ihm/ wiewol ungern / eine abschlägige Antwort zu geben. Tlacaellel hatte Ordre: Wofern der König von Tepanecas keinen Frieden würde eingehen/ demselbigen einige Mexicanische Waffen zu geben/ daß er sich damit wehrete; danebenst ihm das Haupt zu salben/ und mit Federn zu bestecken/ wie man den todten Leuten thäte;

X b   mit

mit Vermelden: Weil er keinen Frieden g‍‍[eben] wolte; so wolte man ihm hingegen/ m‍‍[it] dergleichen Waffen/ das Leben nehmen. De‍‍[r] also sagten diese Völcker einander ab. Sold‍‍[he] Ceremonien verrichtete der Abgeordnet‍‍[e] nachdem er verstanden/ daß man nicht vo‍‍[m] Frieden wolte wissen. Der König von T‍‍[e-] panecas, als ein frommer Herr/ dessen W‍‍[ille] aber jetzt seiner boßhafften Unterthanen Scla‍‍[ve] seyn muste/ ließ sich willig salben: warnete und unterrichtete daneben den Legaten/ wie durch ein heimliches Thürlein sich salbiren m‍‍[u-] ste: wie auch geschehen.

Als Tlacaellel wieder gen Merico kom‍‍[t] und die Waffen/ womit ihm der Feinde K‍‍[ö-] nig/ zur Gegen-Abkündigung/ beschenck‍‍[et] hatte/ vorweiset: läufft der kleinmütige Pö‍‍[bel] zum Könige/ und begehrt/ man solle aus de‍‍[r] Stadt weichen. Dieser aber spricht ihne‍‍[n] ein Hertz ein/ mit Verheissung vieler Freyhe‍‍[i-] ten/ so fern sie gewönnen. Ja! antwortete‍‍[n] sie: Wann wir gewinnen: aber wie wann wir verlieren. So solt ihr; versetzt der König; mich/ zur Rache/ tödten/ un‍‍[d] mein Fleisch/ aus unsaubren Schüsseln fressen.

Hierauf bestellete er den kühnen Tlacaelle‍‍[l]

zum

n Feld-Obersten/ und die tapffersten Leute/
Hauptleuten: theilte auch sein Volck in
zen Hauffen. Der Erste und Mutigste sol-
den Anfall thun; der zweyte beym Könige
ll halten/ biß die ersten würden in vollem Ge-
chte seyn.

Der König von Tepanecas war ihrer
eer-Spitzen kaum ansichtig worden/ als er
nd sein Volck/ mit grosser Furi/ zur Stadt
hnaus ihnen entgegen zog/ in köstlicher Mun-
trung/ die von Gold/ Silber/ und schönen
edern/ blinckte. König Jscoalt führte selbst/
ach Landes Brauch/ eine Trommel/ und gab
amit die Losung des Angriffs: welcher auch/
achdem sein Kriegs-Heer zweymal Merico!
Merico! geschrien/ alsobald/ und zwar mit
lcher kühnen Gewalt geschehen/ daß deß un-
leich-stärckeren Feindes Ordnung gebrochen/
nd er/ nach der Stadt zu fliehen/ gezwun-
en worden. Aber der andre Hauff war ihnen
nterdessen in den Rucken gangen; schnitte
lso den Re-paß ab/ und hieben auf des Kö-
igs Befehl/ alles nieder. Denen/ die nach
em Gebirge zu flohen/ ward gleichfalls nach-
esetzt/ und keiner verschont. Etliche aber/
ie sich auf einen Berg besonders geflüchtet
atten/ warffen ihre Waffen herunter/ und

baten

baten um Gnade: mit Erbietung/ die M[e]
xicaner für ihre Herren zu erkennen/ ihnen i[hr]
Land zu bauen/ auch Holtz und Steine zu g[e]
ben. Denen/ befahl König Jscoalt/ das L[e]
ben zu schencken: und musten sie ihre Erbi[e]
tungen mit Eydespflicht/ angeloben. Jmma[s]
sen denn folgenden Tags/ der Accord/ au[f]
neu/ endlich bestettiget ward: Krafft dessen
der Tepanecaser ihr Land/ unter die Mexic[a]
ner/ dergestalt außgetheilet ward/ daß de[m]
Könige der erste Theil heimfiel; der andre/ de[m]
Feld-Obersten Tlacacllel; der dritte/ de[m]
Adel/ und denen/ so sich im Kriege wolgeha[l]
ten. Etliche Länderenen aber/ wurden zu[m]
Götzendienst/ außgesondert.

8. Glück gebiert Neid/ fürnemlich/ den[en]
Regimentern/ die in ihrem Wachsthum no[ch]
zart sind. Also erweckte auch dieser Sieg de[n]
Mexicanern bald mehr Feinde: nemlich d[ie]
Herren zu Cuyoacan und Tacuba: von wel[-]
chen die Ergebene zu Azcapuzalco stets ange[-]
reitzet wurden/ sich der Mexicanischen Dienst[-]
barkeit wiederum zu entbrechen/ und den er[-]
littenen Verlust tapffer zu rächen. Als abe[r]
diese nicht Kräffte gnug dazu hatten/ und der[o]
halben aus Forcht in ihrer Pflicht beharreten
fiengen die Cuyocataner an/ sich gar feindse[-]
lig a[...]

/ gegen den Mexicanern / zu erzeigen: fien̄
n ihre / zu Marckt gehende Weiber auf;
mäheten auch und höneten ihre Männer.
eßtwegen verbot der König Iscoalt seinen
nterthanen/ mit den Cuyoacanern/ hinführo
ige Gemeinschafft mehr zu haben.

Hierauf verdoppelten jene den Schimpff/
rch eine solche Arglistigkeit. Sie luden die-
be / auf eine ihrer fürnehmsten Kirchweihen/
gaste; tractirten sie/mit allerhand köstlichen
peisen / und liessen/ ihnen zu vermeinter Er-
tzung / mancherley lustige Täntze anstellen.
ie es aber an dem war / daß man Obst und
licate Früchte / zum Confect/solte auffetzen:
liessen sie / an stat dessen / Weiber-Kleidun-
n/ auftragen / zwungen die Gäste / selbige
zuziehen / und damit wieder hin nach Mexi-
zu kehren; ihnen / bey diesem spöttlichem
innbilde/ ihre Weibliche Forcht gar hönisch
rwerffend / als durch welche sie (die Weibi-
je Mexicaner.) bishero verhindert wären/den
rieg anzufahen/ dessen sie doch gnugsame Urch hätten gehabt.

Solche Schmach haben die Beschümpffte/
rch einen gewaltigen Gegen-Spott/ gero-
en: indem sie unter dem Stadt-Thor zu
uyoacan, einen grossen gifftigen Rauch ge-
macht/

macht / von welchem viel Weiber mißgel[ohren]
ren / auch sonst viel Mannsbilder gestor[ben]
Welches Stücklein/ sonder Zweiffel/ ihr [A]
gott Vitziliputzli sie gelehrt hat.

Zuletzt ist / auf den bittern Schimpff u[nd]
Spott / ein scharffer und blutiger Ernst
folgt; nemlich ein feindlicher Feld=zug: [A]
bey / als es zum Treffen gerathen / der M[exi]
caner ihr heroischer Feldherr Tlaca[el]
abermal den Meister gespielt / und durch e[ine]
Kriegslist den Sieg an sich gezogen: indem [er]
seinen König / wider den von Cuyoacan, [of]
fenbarlich streiten lassen / und immittelst / [mit]
dem Kern tapfferer Soldaten / einen Um[=]
schweiff genommen / den Feind von hinten [her]
angegriffen / getrennet und geschlagen : u[nd]
als derselbe nach der Stadt weichend / sich [in]
einen grossen Tempel salviren wollen/ist er i[hm]
zuborgekommen / hat mit etlichen wenige[n]
mitten durch sie gesetzt / den Tempel ein[ge]
nommen/und in Brand gesteckt. Wodurch d[ie]
Flüchtige/ weil diese ihre Zuflucht in die Asch[en]
fallen muste / wiedrum von dannen zurück/ i[n]
Feld zufliehen gedrungen wurden : allwo si[e]
eine grosse Niederlage litten. Denn man ei[l]
te ihnen/ auf zehen Meilen/ nach ; und mac[h]
te todt / was man nur antraff. Der Uberre[st]
war[d]

Blumen-Pusches Zweyter Theil. 335

…arff endlich das Gewehr von sich / schlug die
…ände zusammen / und rieff um Gnade ; ba=
…n / mit vielen Thränen / und demütigen Ge=
…erden / man solte ihnen verzeihen / daß sie die
…Mexicaner hätten vor Weiber geachtet: und
…oten sich hingegen an / zu ihren Sclaven.
…orauf der Obsieger das Schwerdt einsteck=
… ihrer sich erbarmte / und mit reicher Beute
…ieder heim zog.

9. Bald nach diesem / seynd auch die Su-
…himilcos, von den Mexicanern überwunden:
…nd ward ihnen aufferlegt / von ihrer Stadt
…n / biß gen Mexico / auf die vier Meilwegs /
…ie Land-Strasse / mit Steinen / zu pflastern.
…enen folgten / in die Dienstbarkeit / die von
…uytlavaca und Tezcuco. Weil aber der
…önig von Tezcuco sich gutwillig ergab /
…ahm ihm König Iscoalt die Königliche Wür=
…e nicht ; machte ihn danebst zum Obersten
…eichs-Rath / und Chur-Herrn von Mexico:
…elche Chur-Würde selbigen Königen auch /
…on selbiger Zeit an / verblieben. Da nun Kö=
…ig Iscoalt zwölff Jahre regiert hatte ; befiel
…hn eine Kranckheit / und bald hernach der
…odt.

10. Da hätte nun Tlacaellel die Cron /
…elche ihm jederman sehr wol gönnete / haben
können :

können: wolte aber nicht: sondern setzte bal[d]
darauf einen Wahl-Tag an/ berufft die Chur[-]
Fürsten/ derer nunmehr sechs waren / nem[-]
lich vier Fürsten/ und zween Könige/ als de[r]
zu Tezcuco, und der von Tacuba, zusam[-]
men/ und berathschlagt sich/ mit ihnen/ übe[r]
der Wahl eines neuen Königs: da denn ent[-]
lich Morezuma, dieses Nahmens der Erste
und des Tlacaellels Schwester Sohn/ zu
Königlichen Hoheit erhoben/ und in Throni[-]
sirt worden/ mit gebräuchlichen Gepränge[/]
Opffern / Banqueten/ Tantz-Spielen / un[d]
Feuerwercken.

Bald nach der Crönungs-Solennität/ zo[g]
der junge König aus/ wider die Landschaff[t]
Chalco/ mit Rath und kluger Anführung de[s]
Reichs-Feldherrn Tlacaellel, welcher ihm s[o]
lieb war wie sein Auge. Welcher Krieg ihm abe[r]
anfangs schwer/ mühsam und zweiffelhafft fiel[.]
Deñ die zu Chalcos wehrten sich ritterlich/ un[d]
fiengen seinen Bruder: dem sie ihre Crön an[-]
boten/ mit Bitte/ ihr König zu seyn. Der
Mexicanern wird das Lob gegeben/ daß sie de[r]
Schein des Ehrgeitzes jederzeit nach Möglich[-]
keit gemeidet / und man sie zu der Herrschaff[t]
fast nöthigen und dringen müssen. Dessen lie[ß]
jetzt des Königs von Mexico Bruder/ ein un[-]
vergleich[-]

Blumen-Pusches Zweyter Theil. 337

gleichliches Exempel / an seiner Person /
...uen. Er schlug den Leuten zu Chalcos
... Bitte unterschiedliche mal ab: als sie aber
...t abliessen / um das Jawort bey ihm anzu-
...ten; erklärte er sich endlich / gegen ihnen /
... Wann sie / mitten auf dem Marckt / ei-
... hohen Baum setzen / und oben auf demsel-
...ein schönes Schaugebäu zurüsten würden /
...inn er füglich stehen / und von männigli-
...1 überall könnte gesehen werden; so wolte
... ihnen seine Entschliessung öffentlich kund
...chen.

Die Einwohner thaten / wie er hatte be-
...rt: und besammlete sich die gantze Ge-
...n auf dem Marckt / der Hoffnung / eine an-
...ehme Erklärung von ihm zu hören. Seine
...t-Gefangene / etliche andre Mexicaner /
...rden auch dahin geführet: zu denen der hin-
...gestiegene Mexicanische Herr alsobald fol-
...de Worte / von oben herab / schrie: O ihr
...lichen Mexicaner! diß Volck will mich
...zum zu seinem Könige machen: aber
... Götter werden nimmermehr verhen-
.../ daß ich ein gecrönter Verräther mei-
... Vatterlandes werde! Diese meine
...türzung soll euch lehren / daß es besser
... zu sterben / weder sich zum Feinde zu
...lagen.
Y Nach

Nach solchen Worten / sprang er aus [der]
Höhe herunter/ und brach den Hals. Welch[en]
Sprung ihm / heutiges Tages / ihrer [viele]
zum Regiment Erwählte/ nachthun; sond[ern]
wol hundert sich vielmehr um Herrschaf[t/]
Cron / und Scepter willen / in Gefahr / [daß]
manche Länder in äusserste Ruin stü[rtzen]
dörfften.

Aber dieser frembder Handel verdroß
von Chalcos dermassen/ daß sie hierauf alle
übrige gefangene Mexicaner niederstiesse[n/]
sprechende/ das Mexicanische Volck wäre [von]
einer verzweiffelt=bösen Art / und von teuf[li]
scher Boßheit gar besessen. In folgender Na[cht]
weissagten sie ihnen selbsten/ aus dem traurig[en]
Geschrey zweyer Eulen / ein grosses Unglü[ck.]
Und solcher Weissagung Erfüller ward Kön[ig]
Motezuma, des herabgestürtzten Mexica[ni]
schen Fürstens Bruder: welcher sie mit Hee[res]
krafft überzog/ und zu Grunde ruinirte.

Also nahm die Mexicanische Herrscha[fft]
gewaltig zu: und zwar durch Rath und T[ap]
pferkeit des verständigen Feldherrns Tlaca[e]
lels: dessen Klugheit insonderheit auch hier[in]
erschien/ daß er rieth/ man solte die Landscha[fft]
Tlascala nicht einnehmen / damit die Mexi[ca]
ner/ an ihren Grentzen / noch Feinde übr[ig]
hätte[n]

Blumen-Pusches Zweyter Theil.   339

...ten/ wider welche ihre junge Mannschafft
...h üben könnte. Uberdas gab er dem Könige
...n/ allerhand schöne Policey-Ordnungen an-
richten/ die den heutigen in Europa/ so viel
...eltlichen Witz betrifft/ nichts bevor gaben.
...anebenst stieg zugleich höher die Pracht der
...öniglichen Hoffhaltung: und ward dem Vi-
iliputzli ein Tempel gebauet/ der alle/ so wol
...eidnische/ als Christliche Tempel/ in der
...ntzen Welt/ an Weitläufftigkeit und Herr-
...keit übertroffen: wiewol der zu Cusco mit
...olde ihn weit überglänzet hat.

Jm 28. Jahr seiner Regierung/ verließ
...otezuma das Zeitliche: nachdem ihn so wol
...s Glück/ als die Tapfferkeit/ beydes seinen
...or= und Nachfahrern am Regiment vor-
zogen.

11. In Betrachtung aber/ daß Tlacael-
...s kluger Heldenmuth/ zu einem so hohen
...chwung/ der Mexicanischen Majestät biß-
...ro die Fittichen geliehen; ward/ nach seinem
...bscheiden/ selbiger tapffrer Herr/ durch ein-
...llige Stimmen/ erwählt. Aber hie gab die
...ugend und Generosität dieses Heidnischen
...irstens allererst den schönsten und allerhell-
...n Stral von sich: in dem sie dasjenige/ durch
...e großmütige Sittsamkeit/ von sich abwäl-

Y ij   tete/

gete / wornach viel tausen
mit Händen und Füssen / n
sernen Waffen/ringen; wa
mässige Hoffnung ihren A
gierden heuchelt. Würde
schen Fürsten die Polnisch
Zeit gleichsam mit lauter
Unruh und Gefahr umri
stimmige Wahl also angel
vielleicht/ mitten aus dem
blossen Händen / aufnehme
damit decken; unbesorgt/ o
Glut kommendes Metall
sengte/ oder nicht. Solchen
unserer Läufften beschämt
welcher den Mexicanischen
einer Haupt = klugen Red
führt / wie viel fürträglic
würde seyn / dafern er nur
halter und Reichs = Marsc
biß anhero gewesen: sie be
dem gemeinen Nutzen / m
Fleiß fürstehen / als ob er
Könige gecrönt ; und di
meiner Wolfahrt solte eine
sches seyn.

Ist trauen ein Beyspiel

ch spielen! Wo findt man einen mehr/ der
 schwere Gewicht der Cron auf sein Haupt
 mmt; den Glantz und die Majestät der Cron
 er auf eines andren Haupt versetzt? Der auf
 nen Achseln die Bürden der Reichs-Ge-
 äffte/ und die Last der Regierung trägt; aber
 en andren die Lust und Ehre/ samt dem
 chsten Gewalt und Ansehn/ zuschantzet?
 ß mir das einen Rittersmann seyn! der
 cht allein Feinde; sondern auch sich selbst hat
 erwinden können/ und seinen hohen Muth
 ber demüthigen!

Weil er denn solcher Gestalt die Wahl
 fflich von sich ableinete: fiel sie/ auf seinen
 maßgeblichen Vorschlag/ mit allstimmiger
 eliebung/ auf des verstorbenen Königs Sohn/
 icocic: welchem man/ nach gewöhnlichem
 rauch/ die Nase durchborte/ und einen
 chmaragd/ zum Zierrath/ darein setzte.

An diesem neuem König aber/ ward das
 teinische Sprichwort war: Heroum filii
 xæ, oder wie es ein andrer hat pflegen auß-
 sprechen: Heroum filii **Ochse.** Denn er
 lug gar auß der Art/ hatte weder Hertz noch
 lück: und doch das Hertz/ sich einen Uber-
 nder etlicher Rebellen zu rühmen/ ohnan-
 ehn sie ihn/ mit einer guten Schlappen/

Y iij heim-

heimschickten/ und grösseren Schaden zufü
ten/ weder von ihm litten. Er lebte aber ni
länger/ im Regiment/ als vier Jahr: und f
ten die Mexicaner/ weil sie/ mit seiner Za
hafftigkeit übel zu frieden/ ihm mit Gifft fo
geholffen haben.

12. Was er aber verderbt hatte; d
machte sein Bruder/ Axayaca, der ihm/ v
mittelst ordentlicher Wahl/in der Cron folg
wieder gut/ und hielt sich desto frischer.

Tlacaellel war nunmehr bey hohem Alte
weßwegen man ihn/ in einem Sessel/ auf d
Schultern/ in den Reichs-Rath trug/ wa
etwas Hochwichtiges vorfiel. Die Chur-Fü
sten hatten ihm/ bey Crönung des vorigen K
nigs/ die Ehre zugesprochen/ daß er eine Cro
oder Königliches Diadem tragen möchte/ we
ches nechst des Groß-Königs Cron/ in d
Würde/ folgte: als ein glorwürdiges Gedenc
zeichen/ daß er einsmals des Königlichen Ze
ters würdig geachtet/ und zum König erwäh
wäre. In solcher Cron-Hauben/ kam er nac
mals/ als Königlicher Statthalter/ und G
neralissimus des Mexicanischen Reichs/ ste
aufgezogen; biß ihn eine Kranckheit lagerha
machte. Da besuchte ihn der neu-erwählt
aber noch ungecrönte König/ und bezeugte
w

Blumen-Pusches Zweyter Theil. 343

t vielen Thränen/ wie schmertzlich wehe es
n thäte/ daß er seinen und des gesamten
eichs Vatter/ ja die fürnehmste Seule ge-
iner Wolfahrt/ solte verlieren.

Der tapffre Alte bedanckte sich/ mit schwa-
er/jedoch tugendhaffter und höfflicher Stim-
e / der gnädigen Gunst: bat danebenst/ der
önig wolte Ihm doch seine Kinder lassen re-
mmendirt seyn/ zu allen Königlichen Gna-
n; voraus aber seinen ältesten Sohn/ der
h in verschiedenen Feldzügen rühmlich hat-
berhalten.   Der König versprach solches
cht allein/ mit leutseligen Worten: sondern
zte gleich den Anfang würcklicher Erfüllung
neben: in dem er/ Gegenwarts des Vat-
rs/ alsobald dem ältesten Sohn das Feldzei-
en eines General-Obersten anhieng: über
elchen Anblick/ der alte Greyß/ vor über-
achter Freude/ zur Stunde todt blieb
leichwie beym Livio, jene Römerinn/ da ihr
e unverhoffte Botschafft kam/ daß ihr todt-
glaubter Sohn/ aus der Niederlage/ mit
m Leben entrunnen wäre/ ebener Gestalt/
r übergrosser Fröligkeit den Geist aufgege-
n hat.   Wie hoch man seinen Todt betraur-
/ gab die mehr als Königliche Leichbegäng-
ß gnugsam an Tag.

Y iiij   13. Nun-

13. Nunmehr war die Gewonheit / b
den Mericanern/ aufgekommen / daß der n
gewählte König / vermittelst eines Feldzu
ihm selbsten Gefangene / zum Opffer auf se
Crönungs-Fest/ holen muste. Weil denn ih
Waffen allbereit ziemlich weit um sich gegri
fen / und viel Länder unter ihre Botmässigk
geworffen hatten: ward dieser König bem
sigt / auf zwey hundert Meilwegs weit / ih
einen Feind zu suchen / und wider die Lan
schafft Teguantepec zu marchiren. Woselb
alle umligende Nachbarschafften sich wider ih
versammlet hatten / um eine solche gemein
Kriegs- und Herrsch-Brunst / mit gemein
alliirter Hand / außzugiessen.

Aber was Käysers Maximiliani des E
sten Feld-Oberster / Herr Georg von From
berg/ stets im Munde zu führen pflag: Vi
Feinde / viel Ehre und Glück! viel Leut
viel Beute! Das führte der Mexicanisch
König damals zweiffels-fern in Gedancken
und entsetzte sich / vor der Menge seiner W
dersacher/ im geringsten nicht: griff doc
gleichwol dieselbe mit List an / und geberde
sich/ als wolte er fliehen. Wodurch der Fein
verführt ward/ zu dem Hinterhalt / welche
König Axayaca verborgen/ und mit Stro
zuge

bedeckt hatte. Dieser Hinterhalt brach/ zu rechter Zeit/ herfür/ daß der Feind zwischen Mexicanern kam/ von beyden Seiten anfallen/ und aufs Haupt geschlagen wurde. eine fürnehmste Haupt-Stadt ward/ samt n Tempel/ verheert/ und die gantze Nachrschafft hart gezüchtigt.

Je gefährlicher nun dieser Feldzug sich anlassen; je grössern Preiß erlangte der/ mit riumph/ und reicher Beute wiederheimkehende/ König: gestaltsam alle Länder und tädte/ einen solchen resolvirten Printzen zu en/ verlangten; als er sich/ kurtz darauf/ zu exico/ mit grossem Gepränge/ crönen ließ.

Nachmals hat er noch andre Züge mehr than/ mit solchem Glück/ daß seiner Fein= Kräffte und Freyheit darüber in die Züge fallen/ seine Reputation aber immer höher estiegen ist. Nach dem er also vielen Auß= ndern seinen weit-reichenden Zaum ange= gt; trachtete er auch/ etliche Völcker/ die un= rdessen sich/ durch Abfall/ von demselben ieder abgerissen hatten/ zum neuen Gehor= m zu bringen. Die von Tlatellulco hat= n/ obberührter Gestalt/ seinen Bruder/ und Vorfahren/ den König Ticoci heßlich zuruck eputzt/ und ihnen eine eigene Haupt-Stadt

Y b   gebauet:

gebauet: Welches/ noch zur Zeit/ unge[rochen?]
chen geblieben/ aber nicht vergessen war. A[n]
fangs ließ er sie gütlich ermahnen/ sie solt[en]
sich wiederum unter seinen Gehorsam beqe[men?]
men/ und sich alsdenn eines gnädigen Kö[nigs]
zu ihm versehen.

    Aber es halff nichts: Der Fürst u[nd]
Oberste zu Tlatelulco antwortete gar h[öh]-
nisch/ und forderte den Mexicanischen Kö[nig]
aus/ zum Streit. Einen Theil seines Volck[s]
verbarg er unter die Bintzen/ im See/ und st[el]-
tete etliche an/ die wie Raben/ Frösche/ [wilde]
Endten/ und andre Wasser-Vögel/ den M[e]-
ricanern zum Spott schreyen musten: um i[h]-
nen dadurch ihren armseligen ersten Anfa[ng]
vorzurücken: angemerckt/ man sie vor diesen
aus Verachtung/ nur das Bintzen-Volck g[e]-
heissen: Weil sie in einer mit vielem Bintzen-
Riet hauffig-bewachsenen Gegend am Se[e]
ihre Stadt hatten gebauet. Die rechte Sp[it]-
ze aber dieses Stachel- und Hohn-Geschrey[s]
zielte auf einen listigen Kriegs-Betrug. Den[n]
besagter Oberster gedachte/ die Mexicaner
wenn sie hiedurch erbittert/ sich an solch[e]
Spott-Vögel reiben würden/ und ihnen üb[er]
den See nachziehen/ listig zu übereilen/ un[d]
mit dem Netze seiner außgespanneten Kriegs-
Rencke/ ihnen den Rucken zu berucken.

                                Köni[g]

König Axayaca ward / durch vorberührte
...ige Antwort / in die Rüstung gebracht /
... mit einem Rach-Eyber entzündet / diesen
...päh-Vögeln ihren Hochmut zulegen / und
...e Joch-entwöhnte Halsstarrigkeit zu beu-
... / oder samt den Hälsen zu brechen. An
...em abentheurlichen Spott-Geschrey /
...rckte er gar leicht / daß eine List darunter
...borgen steckte: beschloß derhalben Füchse
...t Füchsen zu fahen / oder vielmehr der List
...t Klugheit zu begegnen. Die hinterlistigen
...ösche / Raben / und Meer-Vögel / samt ih-
...n Ruck-halt / befahl er seinem General
...ldmarschall / dem jungen Tlacaellel, in fleiß-
...ge Auffsicht / und theilte deßwegen mit dem-
...ben / die Völcker. Er / für sich / zog / mit
...r halben Armee / durch ungewöhnliche We-
... / nach der Stadt Tlatellulco zu / und ließ
...n Stadt-Obersten / welcher ihn hatte zum
...ampff befehdet / seine Gegenwart andeuten.
...ieser erschien / mit gewehrter Hand: wo-
...rch beyde Kriegs-Heer / stillzuhalten / und
...m Zwey-Kampff ihrer beyden Häupter zu-
...schauen / berursacht wurden.

Die zween Helden griffen einander mann-
...h an; jedweder that sein Möglichstes den
...egner zu erlegen / und mit seiner Tapfferkeit

keit die Augen der Freunde und Feinde zu[...]
len. Also fochten sie / eine gute Weile/ d[...]
zweiffelhaffter / je gewisser ein jeder wolte [...]
Obermann seyn. Zuletzt blieb der Sieg d[...]
noch / bey der gekrönten Tapfferkeit / stel[...]
Gestaltsam der Mexicanische Held seinem G[...]
gen=Kämpffer so hart zusetzte / daß dieser e[...]
lich solchen Gewalt nicht länger außdau[...]
kunte / sondern das Hasenpanier ergriff / [...]
damit seinen Leuten den Weg / zu flüchti[...]
Nachfolge / wiese. Wiewol hiedurch ih[...]
eine grosse Niederlage auf den Rucken ka[...]
indem die Mexicaner eiligst nachdrungen / u[...]
mit grossem Grimm darunter metzelten.

Der überwundene Oberste von Tlatellul[...]
stieg einen Tempel hinan / in Meynung/ [...]
selbst / für dem Schwerdt / eine Decke zu fi[...]
den / und sich ein wenig zu erquicken. Ab[...]
der König von Mexico / der ihn nimmer a[...]
den Augen gelassen hatte / machte es / wie e[...]
Wind=Hund / so dem Hasen / den er am erst[...]
aufgetrieben / auch am ersten und hefftigst[...]
verfolgt / oder wie ein beleidigter Leu/welch[...]
auf den Wild=Schützen / der ihn angesch[...]
sen / gantz allein loßgehet / und alle andre J[...]
ger=Pursch vorüber laufft: Er war stets h[...]
ten ihm drein; flog demselben allenthalb[...]
nac[...]

h / wie ein Adler zum Aas / wie ein Pfeil
n Ziel: stieg ihm auch allerdings nach den
mpel hinauf / griff ihn daselbst mit Gewalt
/ und warff ihn von oben herunter / daß er
n Kopff in Stücken zerschmetterte. Folgends
eß er den unseligen Tempel / mit samt der
tadt / in Brand: und wandte sich hiemit zu
en / wie sein Feld=Oberster / mit dem Hin=
halt wäre zu recht gekommen.

Derselbe hatte sich nun / mit den Spöt=
rn / gar stattlich vertragen / sie / an statt des
aben= Geschreyes / viel einen andern Ge=
ng gelehrt. Sie vermeynten / ihn zu erha=
en: wurden aber selbst von ihm erhascht /
nd in den Sack getrieben; auch nicht ehe /
ch demütiger Bitte / zu Gnaden angenom=
en / bevor sie alle miteinander / auf Händen
nd Füssen daher gekrochen / und nachmals /
uf sein Befehl / ein Frosch= und Raben= Ge=
hrey hören lassen / denen sie sich vorhin gleich
estellet hatten. An solcher Straffe / ließ sich
er König von Mexico / dem solches über alle
assen wolgefiel / begnügen / und zog wieder /
it grossen Freuden / gen Mexico. Endlich aber
ard der Tod sein Obermann / und nahm ihn /
ach dem eilfften Jahr seiner Regierung / von
em Erdboden.

14. Ihm

14. Ihm folgte/ in der Wahl ein and[er]
Nahmens Autzol: welcher/ an Klug[heit]
und Tapfferkeit/ fast derselbige/ über das a[ber]
sehr holdselig und freundlich war; wie ein[em]
Regenten wol anstehet. Seiner Krönung [ei]-
nen sieghafften triumphirlichen Glantz u[nd]
Krantz zu geben/ fand er Ursach und Ge[le]-
genheit/ an denen zu Quaxutatlan, welc[he]
seine Steur-Einnehmer/ und andre Amt[leu]-
te überfallen/ und einen Aufruhr erweckt h[at]-
ten. Das muste nicht ungestrafft bleiben. [Ob]
sie nun zwar ihm grosse Mühe machten/ [in]-
dem sie sich/ auf einen grossen/ von der S[ee]
Herausgehenden/ Arm begaben/ da ihnen [die]
Mexicaner nicht beykommen kunten: besa[nn]
sich doch König Autzol auf einen Fund/ sie [zu]
bezwingen: ließ von Erdreich/ Reisern/u[nd]
anderer Materi/ eine schwimmende Insul z[u]
richten/ und erreichte mit solchem/ wiew[ol]
mühsamen Arm/ seinen Feind/ lieferte demse[l]-
ben eine Schlacht/ und band ihm den Dien[st]
Zaum wiederum auf; kehrte hernach wieder
mit Triumph und reicher Beute/ nach M[e]-
rico/ da man ihn hierauf/ mit grosser Pracht
crönete.

Nach der Crönung/ schlieff er auch nicht
sondern wachte/ für die Vermehrung seine[s]
König-

Blumen=Pusches zweyter Theil. 351

[...]nigreichs / so getreulich / daß er selbiges / [...] unterschiedliche Heer=Züge / auf drey= [...]ndert Meilen weit / außbreitete.

Gleichwie nun / in seinen Kriegs=Hän= [...]ln / ein heroischer Muth herfür blickte: also [...]uchteten gleichfalls in andren Dingen / man= [...]e Königliche Tugenden / an ihm / darunter [...]onderheit die Freygebigkeit den Vorpreiß [...]tte. Denn wann ihm sein Tribut ward ge= [...]ert: ließ er das Volck / auf einen besondern [...]rt versammlen; ließ den Tribut herbey brin= [...]n / theilte Essen=Speise / Gewand / und der= [...]leichen / den armen Leuten / aus; andre Waa= [...]n aber / von höherm Werth / als Gold / Sil= [...]r / Kleinodien / köstliche Federn und Waf= [...]n / unter die Haupt= und Kriegs=Leute: ver= [...]ß auch dabey deß übrigen Volcks nicht; [...]achdem es eines jedweden Wolverhalten [...]ien verdient zu haben.

Deßgleichen hat er die Stadt / mit vielen [...]euen Gebäuen geziert / und von Cuyoacan [...]inen Arm des Wassers nach Mexico geleitet. [...]ierinn wiedersetzte sich ein gewaltiger Hexen= [...]eister zu Cuyoacan, und vermeynte ihn ab= [...]uschrecken / mit Verwarnung / er würde / [...]urch Abgrabung des Wassers / die Stadt [...]erschwemmen. Er aber schickte hin / den

unzei=

Gulneischen und Americanischen

unzeitigen Rathgeber zugreiffen: und als d[er]
selbe sich / in mancherley Gestalt verwan[d]-
te; dräuete er / die Stadt zu vertilgen/ [so]
fern sie ihm nicht den Zauberer lieferte. A[lso]
muste dieser sich endlich ihm gestellen/ und [zur]
Stund an sterben.

Hierauf ließ er den Canal fertig mach[en]
und in die Mexicanische See führen. D[em]
selben begleitete die Mexicanische Bürg[er]
schafft / mit vielen Heydnischen Ceremon[ien.]
Die Priester räucherten ihm/ am See-Stra[n]-
de. Etliche bestrichen den Rand des Fluss[es]
mit ihrem Blut. Andre bliesen auf Zincke[n]
und Hörnern / und bewillkommten das W[as]-
ser mit allerhand Seiten-Spiel: Unter w[el]-
chem frolockendem Hauffen der Groß-Pr[ie]-
ster/ wie eine Wasser-Göttinn / bekleidet/ [er]-
schien.

Aber ihr Jauchtzen verkehrte sich bal[d in]
Furcht und Wehklagen. Denn das Wass[er]
floß / mit solchem Ungestümm/ gen Mexi[co,]
daß es bey nahe die gantze Stadt / besage d[er]
Warnung des Zauberers/ hätte überschwe[m]-
met: immassen denn ein grosser Theil der G[e]-
bäu umgerissen/ und in den Grund gesenc[kt]
wurden. Welchen Schaden aber der König
durch seine gute Vernunfft/ wiewol mit gross[er]
Mühe

Ruhe ersetzet/ und dem überschwemmenden Platz einen vesten Grund wieder gegeben hat. Mit der Weise stund nachmals die Königliche Haupt-Stadt Mexico/ im Wasser/ wie Venedig/ und war trefflich-schön und prächtig gebauet.

15. Der allerprächtigste/ mächtigste/ und letzte/ unter den Mexicanischen Königen/ war Motezuma, der Zweyte des Nahmens: und kam/ durch ordentliche Wahl/ zur Regierung/ nachdem sein Vorgänger/ im eilfften Jahr seines Regiments/ der Welt abgedancket. Diesen hat man/ um seiner hohen Klugheit willen/ zum Könige erlesen: denn er wuste/ wenn es/ im Reichs-Rath/ botirens galt/ in wenig Worten/ einen grossen Verstand/ Nachdruck/ und wichtige Meynung/ vorzutragen: und was er redte/ das war lauter Kern. Von seiner Crönung/ grossen Herrlichkeit/ und hochrühmlichen Qualitäten; imgleichen von seinem/ und der gantzen Mexicanischen Herrschafft Untergange/ melde ich hie weiter nichts; nachdemmal solches umständlich/ im Indianischen Staats-Garten/ von mir beschrieben worden: sondern wende mich hiemit/ zu den Peruanischen Königen.

Z   Das

Das VI. Capitel.

Inhalt.

**Erzehlung der Peruanischen Käyser/ und d[er]-
selben denckwürdigster Thaten.**

Je Herrschafft der Könige in Pe[ru]
hat sich noch viel weitläufftiger [er]
streckt: nemlich über tausend Hisp[a-]
nische Meilen. So viel man / aus ihren Qu[i-]
pos, oder Register=Knöpffen/ (womit sie vi[el]
fertiger gerechnet / weder unsere beste Reche[n-]
meister mit Zahlen) vernehmen können; h[a-]
ben selbige Ingæ oder Käyser ungefähr vie[r]
hundert Jahre regiert / und ihre Herkunfft a[us]
dem Thal Thusco / genommen; nachmals ab[er]
alle nahe und fern=ligenden Landschaffte
bestritten / und zu ihrer Botmässigkeit g[e-]
zwungen.

Der erste Stiffter und Anfänger solch[er]
Peruanischen Monarchie/ hat / laut ihrer H[i-]
storien / Mangocapa, das ist / **ein Herr un[d]
reicher Fürst**/ geheissen / oder vielmehr / vo[n]
seinen Schmeichlern / solchen Nahmen / zu e[i-]
nem Ehren=Titul/ bekommen; da er sonst a[n-]
fangs Ayarmango hieß. Von diesem/ gebe[n]

e Peruaner/ abentheurliche Fabeln aus: wo-
it ich Papier und Zeit nicht mag verderben.
ewiß ist unterdessen/ daß er ein grosser und
ächtiger Monarch geworden/ der mit seinen
Zaffen weit und breit um sich gegriffen; noch
st weiter aber/ mit seiner Freundlichkeit/
irch welche er ihm viel Nationen geneigt und
rbindlich gemacht/hernach durch Hülffe der-
lben viel andre überwunden. Man will sa-
n/ er habe einen grössern Schatz gesammlet/
eder alle Europæische/ Asiatische und Afri-
nische Könige zugleich/ solten aufbringen
nnen. Er bauete die prächtig-grosse Stadt
usco; in welcher vierhundert öffentliche
aht- und Gerichts-Häuser gewesen; und
irb endlich/ in hohem Alter/ Lebens und Re-
erens satt.

2. Ihm folgte unter seinen Söhnen (denn
s Peruanische Käyserthum fiel allezeit auf
s nechste Blut) Chinchiroca oder Ingaroca,
elchen à Costa aus einiger/ jedoch ungegrün-
ter Ursach/ für den ersten dargiebt. Der-
be hat dem Vatter eine überaus Hertzliche
ichbegängniß gehalten; folgends die Regie-
ng angenommen/ und das Reich/ in kurtzer
eit/ noch um ein gutes vergrössert/auch dane-
nst mit allerhand schönen Ordnungen ge-
Z ij ziert.

ziert. Unter andren / verbot er den Müssi[g]
gang/bey Lebens-Straffe: zu welcher Schär[f]
fe/ ihn die/ zum Faullentzen sehr geneigte/ N[a]
tur der Peruaner bewogen. Er ließ Erd[e]
vom Gebirge Andes, holen/ und damit di[e]
bey der Reichs-Haupt-Stadt ligende Thä[ler]
überschütten; damit sie fruchtbar würden.

Sein Vatter hatte den Gottesdienst so[l]
cher Gestalt angerichtet/ daß man die höchs[te]
Ehr und Andacht dem Pachacamac, als S[chö]
pfern der gantzen Welt; die nechste der So[n]
nen und dem Mond/ erweisen solte: solch[en]
Gottes- und Götzendienst machte er/ dur[ch]
allerhand Gepränge/ noch viel berühmter.

3. Nach vielen nützlichen Anordnung[en]
und statlichen Verrichtungen/ legte er sich [zu]
die lange Ruhe des Grabes/ mit Hinterlassu[ng]
vieler Söhnen und Töchter: aus denen Li[o]
qui Yupangi, das Peruanische Käyserlic[he]
Diadem (welches eine rothe Feder/ oder/ w[ie]
andre wollen/ ein zartes purpur-rothes Tüch[-]
lein gewesen/ so den Ingis vom Haupt biß [an]
die Ohren herab gehangen; gleichwie sie / a[n]
stat des Scepters/ einen schönen seidenen/ od[er]
Baum-wollenen Quast und Dollen/ in d[er]
Hand geführt) erbte; aber darum nicht z[u]
gleich das Glück seiner Vorfahren auch erbli[ch]
besa[ß]

saß. Denn seine Feinde haben ihn über=
unden/ und gefangen bekommen. Welches
m dergestalt zu Hertzen gangen/ daß er/ vor
:ossem Leid/ Blut geweinet/ und daher den
ley=Nahmen Yacarguaque, das ist/ der
Blutweinende/ bekommen.

Weil ihn der Todt/ in der Blüte seiner
ahren/ hinweg raffte: setzte er seinem Sohn/
:m Königlichem Erb=Printzen und Infanten/
veen Hoffmeister/ oder Pfleger; die Käyserli=
je Regiments=Zeichen aber/ in den Tempel
aracanche, nieder. Und ob er gleich/ im
:riege/ desto mehr Unglück/ je mehr Lust und
ortgang in statlichen Bauwercken/ gehabt:
aben ihn doch seine Unterthanen/ so wol als
ie vorigen Käyser/ schmertzlich beweinet; ja
hr viel Weiber und Knechte sich selbsten er=
:ordet; um nur bald in den Himmel zu kom=
en/ und ihrem frommen Inga allda auf=
:dienen. Die meisten beschoren ihre Häu=
er: welches/ in der Liebs=Pflicht=und Treu=
zeugung/ der andre Grad war.

4. Als Maitacapa, der junge Cron=Printz/
 seinen vogtbaren Jahren gekommen/ und
ır Käyserlichen Hoheit erhaben war; erhub
zugleich sein Hertz/ und ließ nicht allein Gö=
n=Bilder/ samt den Opffer=und Rauch=Ge=

Z iij schirr/

schirn / von klarem Golde machen; sonde[rn]
macht sich auch selbsten zum Götzen / und nen[n]-
te sich Viracocha. Womit die Unterthane[n]
weil solches / des Gottes aller Götter Nahm[en]
übel zu frieden waren. Aber er besann s[ich]
auf eine List: gab vor; Viracocha, der S[chö]-
pfer aller Dinge / hätte / im Traum / solch[es]
von ihm begehrt.

Er ward zuletzt / als einer / der sich selbs[t]
viel erhöhet hatte / billig erniedrigt / und / dur[ch]
seinen Absalonisirenden jüngsten Sohn / d[es]
Regiments beraubt: wie à Costa schreib[t]
Brulius aber meldet / er sey / unter der Krieg[s]
bereitschafft wider die Condesuyos, gestorbe[n]

5. Pachacuti-Inga Yupangui, sein Soh[n]
war ein glückseliger Kriegsmann / hat na[ch]
ihm sechzig Jahr regiert / und durch seines ä[l]-
testen Bruders Unglückseligkeit sich zur Cro[n]
wiewol nicht ohne grosse List / gedrungen. J[e]-
ner hatte / noch bey Lebzeiten des Vatter[s]
das Kriegs-Gubernement / mit des Alten B[e]-
willigung / erlangt; aber von den angefocht[e]-
nen Völckern Changis eine grosse Niederla[ge]
empfangen. Da der jüngste Bruder Yupa[n]-
gui solches vernommen / baute er / auf solch[es]
Unglück / sein Glück / und sprengte aus: V[i]-
racocha, der Schöpffer Himmels und der E[r]-
den

n/ wäre ihm/ da er einsmals allein gewest/ schienen/ und hätte sich/ gegen ihm/ beklagt; ß / ob er gleich ein allgemeiner Herr und Schöpffer aller Dinge wäre/ der Himmel/ Sonne/ Mond/ Sterne/ Menschen/ und alles ndre erschaffen / und in seiner Gewalt hätte/ an ihm dennoch seine gebührliche Ehre nicht wiese; sondern die Menschen/ Sonne/ und ndre Dinge/ ihm gleich halte/ so sie doch ihre Crafft und Würckung von ihm hätten: darum olte er ihm hiemit angedeutet haben; daß an den GOtt im Himmel/ da Er sey/ Viracha Pachayachachic, das ist/ **einen allgemeinen Schöpffer**/ nennen solte.

Dieses zubeglauben/ hätte derselbige Schöer ihm versprochen/ ob er gleich allein wäre; lte er doch/ mit solchem Titul/ Volck aufingen/ und die Changos, ob derselben gleich el wären/ überwinden: ja! Er wolte ihn ich zu einem Herrn machen/ und Volcks ug schicken.

Ich/ meines Theils/ halte dafür/ diß könja so leichtlich ein waares Gesicht/ als ein edicht gewesen seyn; und werde durch die rfüllung alles dessen/ was ihm war versproen/ zu solcher Meynung bewogen. Denn hat/ mit Nennung dieses grossen Nahmens/

Z iiij   ein

ein grosses Volck versammlet/ auch den Sieg
erlangt; auch/ nachdem die Changos, in unterschiedlichen Treffen/ durch ihn/ gedämpfft
ein Gebot lassen außruffen: man solte hinfür
den Viracocha, für einen allgemeinen Herrn
halten; dessen Bildniß er auch/ über der Son-
nen/ Donners/ und aller Creaturen Bilder
erhaben.

Als er auch einsmals / mit den Changos
ein gewaltiges Treffen gethan/ und obgesie-
get; soll er/ zu seinen Kriegsleuten/ haben gesagt: Sie hätten keines weges/ durch ihr
Kräffte/ diesen Sieg erlangt; sondern etlich
Männer/ welche ihm Viracocha zugeschickt
diese hätte niemands/ ohn er allein/ gesehn
sie wären aber endlich in Steine verwandel
worden. Gestaltsam er/ zum Denckmahl/
einen Hauffen Steine/ auf dem Gebirge/ su-
chen/ von selbigen einen Altar bauen ließ/ auch
darauf opfferte/ und anbetete; nachmals auch
mit sonderbarer Andacht/ solche/ im Kriege
bey sich herum führte; gäntzlicher Einbildung
sie hülffen ihm den Feind überwinden.

Er richtete ein grosses Bild auf/ und setzte es auf einem Stul/ von lauter klarem Golde. Daß er aber obangefügtes Gesicht solt
erdichtet / und vermittelst dessen sich selbsten
zun

ı Herrn solte gemacht/ hernach Vatter und
uber vom Thron gestürtzt haben/ nachdem
ie/ in einer Schlacht/ überwunden/ wie
osta berichtet; lautet der viel richtigern
zehlung Joachimi Brulii gantz zuwidern:
lcher diese Könige/ aus dem P. M. Antonio
la Calancha, einem sehr fleissigen Außgrüb-
der Peruanischen Antiquitäten/ beschrie-
ı/ und vermeldet/ er sey allererst/ nach sei-
Vatters tödtlichem Hintritt/ durch erbli-
Folge/ zum Regiment gelangt; habe dar-
f den Condessuyis, als sie nach Erfahrung/
ß sein Herr Vatter todes verfahren/ ihn
h/ ehe er das Käyserliche Diadem außge-
t/ von freyen Stücken angegriffen/ die
er-Spitzen geboten/ und nachdem er sie
ffer geklopfft/ sein Crönungs-Gepränge
to freyer und triumphirlicher angestellet.
as aber die Anmassung des Regiments/
d das außgesprengte Gesicht betrifft; hat sich
osta, zweiffels ohn/ in der Person geirret:
d muß solches alles von dem zehendem Inga,
lcher gleichfalls Yupangui geheissen/ ver-
nden werden. Wie unten wird folgen. Die-
Käyser Pachacuti-Yupangui aber hat mei-
ns/ wider die Condessuyos gestritten.

Als besagte Condessuyi, nachmals/ mit
Z b einer

einer frischen Armee angezogen kommen; [
er ihnen frische Stösse gegeben / ihr gan[
Land erobert; jedoch selbiges nicht verwüste[
noch die Einwohner vertilget; sondern sich [
ihrer Ergebenheit begnügen lassen.

Don Philippo Caritopa, dieses Ing[
oder Peruanischen Käysers/Enckels Sohn/
endlich ein Christ geworden / hat den Spa[
niern angedeutet / daß er unglaublich = v[
Schätze hinterlassen. Welches desto leich[
zu glauben: in Betrachtung seines übera[
grossen Geitzes. Angemerckt er / aus kein[
andern Ursach/ angeordnet/ man solte/mit d[
Todten / alle ihre Haab und Güter begrabe[
ohn/ damit er hernach heimlich ihre Gräb[
öffnen / und den todten Mammon wieder au[
wecken liesse. Welches/ an einem so edlen u[
höfflichen Printzen/ ein sehr unedler und gars[
ger Flecken gewest.

Seinen Leichnam hat man / wie a[
dre wollen / nach zweyhundert Jahren / [
Cusco, als man die Pfarr=Kirche S. Bla[
stifftete/ gefunden: und zwar noch so gar[
und unverfehrt/ als ob er allererst des vorig[
Tages wäre gestorben. Welchen darauf L[
centiat Polus / auf Befehl des Königliche[
Spannischen Statthalters / Marchgrafen[

Cannete, alsobald / nebenst zweyer andren
 ̅pserlichen Leichnamen / von dannen nach Li‐
 führen lassen: Damit die Peruaner kei‐
 Anlaß zur Abgötterey davon nehmen.

5. Der Sechste Käyser in Peru / war deß
 ̅igen Sohn / Nahmens Incaroca, oder / wie
 etliche benamsen / Topayupangui. Als
 sem / bey seiner Crönung / nach Gewonheit /
 Ohren durchgebort wurden; schmertzte ihn
 Wunde so hefftig / daß er eine weil aus der
 tadt / auf das Gebürge Chaca, entwich / in
 esellschafft seines Frauen-Zimmers. Da‐
 bst soll er / wie die Peruaner vorgeben / den
 ott Viracocha, imgleichen die Sonne / und
 ne Vorfahren / die nunmehr Göttlich ver‐
 rt wurden / demütig haben angeruffen / ihm
 ch zu offenbaren / welcher Gestalt man doch
 r Stadt Cusco Wasser könte zu wegen brin‐
 n: unter welcher seiner Andacht / ein jäher
 onnerschlag geschehen / daß jedermann da‐
 r erschrocken / und er / der Neu-gecrönte
 ga, selbst darüber zur Erden gefallen / auf
 s linckere Ohr / daraus ihm ein Hauffen
 luts geflossen: Indem er nun / also / in sol‐
 em Schrecken / da gelegen; soll er ein Ge‐
 usch / als eines unter der Erden lauffenden
 assers / gehört haben; nachmals daselbst
 graben

graben laſſen / und Waſſer gefunden: welc[
von dannen in die Stadt / zu groſſem Nu[
derſelben / geleitet worden. Scheinet ei[
Geſchicht / die / von den Peruanern / vielle[
einen ertichteten Zuſatz bekommen. So [
aber je alſo ſolte vorgeloffen ſeyn; müſte entf[
der GOtt / aus allgemeiner Gnade / Kr[
welcher er alle ſeine Geſchöpffe unterhält / o[
(wie faſt vermuthlicher) der Teuffel / zur B[
ſtettigung der Abgöttiſchen Anruffungen / [
ches haben gewircket.

Seinen Feind / den Pomatambo beſie[
er auf zweyerley Art: durch Gewalt u[
Gnade: zog hernach mit prächtigem Trium[
zu Cuſco ein / in Begleitung einer groſ[
Schaar von Trabanten und Hatſchirern / [
alle ſämtlich gantz güldne und ſilberne Hell[
parten führten. Wie lange er gelebt / und g[
herrſcht habe; davon finde ich keine Nachric[

7. Sein Sohn Inga Yupangui, welch[
an ſeine Stat / Käyſer worden / hat ihm z[
forderſt eine hoch herrliche Leich-Begängn[
gehalten / ſeinen todten Leichnam / nach alte[
Gebrauch / in eine beſondere Capelle / bey g[
ſetzet / und einen weit gröſſern Schatz mit hi[
eingelegt / weder jemals / bey eines Ingæ B[
gräbniß / vorhin war geſehn. So hatte ma[
auc[

noch nimmer eine so grosse Schaar von
[M]anns= und Weibs=Bildern geschaut/ die
selbst umbrachten/ um dem verblichenem
[Kay]ser/ in jenem andrem Leben/ zu dienen/
jetzo.

Denn weil diese Heyden in dem Wahn
[stun]den/ daß die unsterbliche Seelen/ in der
[and]ren Welt/ zusammen kämen/ und sich mit=
[ein]ander/ in allerley erdencklichen Wollüsten/
[frö]lich erzeigten: so erwuchs daraus/ bey ih=
[nen] die Gewonheit/ daß sie einen zierlichen
[Sch]muck anlegten/ und sich die Weiber und
[Kn]echte/ nebenst ihren Herren/ lebendig be=
[gr]aben liessen. Waren etwan ihrer zu viel/
[als]o daß sie in einem Grabe nicht Raums gnug
[ha]tten: so machten die meiste unter solchen
[leb]endigen Grab= und Sterb=Gefährten/ auf
[de]n Aeckern/ oder in den Gärten/ da der Ver=
[sto]rbene sich am meisten zu erlustiren pflegen/
[et]liche Gruben/ und liessen sich daselbst mit Er=
[de] überschütten.

Insonderheit rasete das Weiber=Volck/
[al]s welches von Natur leid=mütiger und stöl=
[tze]r/ denn die Mannsbilder/ an solcher unsin=
[ni]gen Sterb=Sucht am allermeisten: ange=
[m]erckt sich die Närrinnen/ offtermals bey ih=
[re]n eignen Haaren/ erhenckten; damit sie sich

ja

ja nicht möchten verspäten / noch andren
Vorpreiß der Liebe einräumen.   Um deß
len ist einsmals eines Peruanischen Fürst
Knecht / als sein Herr Acoia verschieden /
schwinde außgerissen / und zu den Spanni
entloffen: damit man ihn nicht lebendig
begrübe.

Ich wende mich aber wieder / zum Käy
Yupangui. Wie derselbe Kundschafft erh
ten / daß das Volck von Aruncolla, wi
ihn/ einen Krieg in Schilde führte; machte
sich mit einer Gegen-rüstung verfasst. A
twas geschicht? Die Condessuyi so sich in
Dienstbarkeit annoch übel wusten zu schicke
stiffteten einen heimlichen Anschlag/wider se
Leben: damit er nicht / nach siegreicher W
derkehr / auch ihnen das Joch bester anbünt
Indem er nun eben sein Kriegs-Heer wol
marschiren lassen; da sprang der Zusamm-G
schwornen einer unversehns auf ihn zu/und g
ihm / mit einer Kolben / einen Streich an de
Kopff. Worauf gleich andre mehr herbey g
loffen/ und so wol ihm/ als bielen Hoffdienern
den Rest gegeben.

Hierüber entstund zu Cusco ein solch
Schrecken / daß jedermann / aus der Sta
zu fliehen / gedachte / auch die Condessuy
zweifel

eifels fern sich derselben hätten bemächtiget/
ern nicht ein gählinges Donnern/ Blitzen/
Brausen/ sie daran verhindert/ und abzu-
ichen gedrungen.   Sein Leib ward/ ohn
ige Ceremonien/ begraben.

8. Weil er nun keinen Männlichen Er-
hinterlassen hatte : neigten die Oreiones,
r Stände des Reichs / ihre Meinungen
auf eine Adel-Regierung/ und kunten der
achen lang nicht eins werden. Endlich/ wie
in vollem Rathschlagen begriffen ; kommt
bersehns eine Frau in die Versammlung ge-
sen/ und rufft : *Warum wählt ihr nicht*
tapffern und redlichen Viracocha *zum*
Äyser? Diß geredt; laufft sie gleich wieder-
davon/ und lässt einen Becher voll Perua-
ches Weins hinter sich stehen. Solches ha-
die Abergläubischen Reichs-Räth/ als ei-
von GOtt kommenden Außspruch/ aufge-
mmen / und darauf einen ansehnlichen
ann dieses Nahmens gewählt / auch also-
rt etliche abgefertiget/ ihn zu suchen.

Dieselbige fanden ihn; als er sich eben mit
sten kasteyete ; welches sie für das andre
eichen einer glücklichen Wahl gehalten/ ihn
sofort mit sich fortgerafft/ und mit gewöhn-
her Ceremony gekrönt.

Hierauf

Hierauf hat der erwählte Käyser / au[f]
liche widerspenstige Provintzen / einen [Feld]
zug gethan / und in offenen Treffen gar [lang]
mit ihnen gefochten / biß an den Mittag : [da]
ihm der Sieg zu Theil worden / und der [Fein]
de sehr viel erschlagen. Solche grosse Nie[der]
lage hat diesen dennoch den Muth nicht gä[ntz]
lich niederlegen können : Gestaltsam aus [der]
Rede / so nach der Flucht / einer unter ih[ren]
Abgefertigten / vor dem Käyser gehalt[en]
gnugsam abzunehmen : Welche dieses Inh[alts]
war :

„ Erhebt Euch ja nicht / O Käyser! [die]
„ ses über uns erlangten Siegs! Das G[öt]
„ liche Geschick hat uns geschlagen. Jed[och]
„ wann gleich der Himmel Euch / und den [Re]
„ genten zu Cusco das Reich über die W[elt]
„ bestimmet ; so hat er uns dennoch twe[der]
„ Recht noch Courage benommen / die Fr[ey]
„ heit / welche uns angeboren und angeerbt i[st]
„ standhafft zu verfechten. Weil wir denn
„ tzo eurer Herrschafft unsre Unterthänigk[eit]
„ nicht versagen : so laßt uns gleichwol nich[t]
„ wie Knechte oder Sclaven tractiren / s[on]
„ dern euren Zorn fallen / und auf euren [Be]
„ fehl das Schwerdt von fernerem Blut=v[er]
„ giessen / aufhören.

Als der Redner solches außgeredt; baten seine Gefährten eben dasselbige/ mit lauter Stimme.

Der Käyser antwortete ihnen darauf gantz ründlich: Lieben Leute! den Schaden/ so ich/ in diesem blutigen Treffen/ mein Schwerdt zugefügt/ habt ihr nicht meinem Zorn/ sondern eurer Ubertrettung zu beweisen. Wer die Rebellen nicht züchtiget; der schadet ihm selbsten/ und dem gantzen Reich. Hättet ihr bedacht/ daß mich die Götter zu einem mächtigen Printzen/ ja zu eurem Käyser gemacht/ und mir den schuldigen Gehorsam geleistet; so würde ich meinen Käyserlichen Nahmen nimmermehr mit eurem unschuldigem und getreuen Blut besudelt haben/ noch euch dieses Unglück widerfahren seyn. Anjetzo aber will ich nicht eurer Verbrechen/ sondern die Käyserliche Wolständigkeit bedencken/ und mich an der Victori begnügen lassen. Alle eure Güter/ imgleichen die Gefangene/ schencke ich euch/ danebenst auch eurem Caciqua (oder Fürsten) seine Jurisdiction, oder oberherrlichen Gerichts-Zwang wieder. Jedoch müst ihr mir Tribut geben/ und zween Paläste bauen; einen in der Stadt/ den andren auf

Aa dem

„ dem Lande/ an Ort und Stelle/ da man e
„ wird Anweisung geben. Uberdas werde
„ euch einen Landpfleger zuordnen: nicht z
„ Schrecken/ oder einiger Uberläßigkeit;
„ dern zum Schutz und Sicherheit.

Hiernechst ließ er die Caytomarcacos, d
einen Legaten/ freundlich ermahnen/ sich se
Oberherrschafft gütlich zu untergeben: sv
aber schimpfflich und grob beantwortet: (
der Käyser/ müste je närrisch seyn/ daß er i
einbildete/ sie/ an so zarten Fäden gelinder
liebkosender Worte/ unter seine Herrsch
zu ziehen.

Solche unhöfliche Antwort schürte bey i
eine gewaltige Rach-Glut an/ und brachte
bald/ mit einem Heer/ ins Feld. Beyde
meen kamen/ an dem Fluß Yucay, gegen ein
der zu stehen/ und stritten/ des ersten Tag
nur mit der Schleuder; weil der Fluß den (
brauch andrer Waffen verhinderte: und sol
Schleuder-Gefecht währte/ biß an den Abe
mit grossem Geschrey zu beyden Seiten.

Als aber die Nacht eingebrochen; legte
Käyser/ in seine gantz güldne Schleuder/ ei
glühenden Stein/ und warff denselben hinü
auf ein Stroh-Dach: welches davon alsob
angieng/ und anzubrennen hub. Die Feind

ht wusten / wovon solche Brunst herrührte / wunderten sich derselben höchlich. Endlich t ein altes Mütterlein hervor / und zeigt an / habe einen feurigen Stein durch die Lufft gen / und auf das brennende Hauß fallen n. Daraus besorgten diese / der Zeichendeu- g vorhin sehr ergebene Narren / die Götter ten ihnen ein solches Zornzeichen vom Him- l zugeworffen / und würden sie straffen / dar- / daß sie dem Ingæ widerstünden. Schätzten halben die Rede der Alten für eine Sibyl- ische Warnung / und wurden / durch solches meynte Wunderwerck / bewogen / ohn einige ffer-schauung / oder Befragung der Orackel / dem Inga Friede und Protection zu bit- : da sie doch sonst bißhero allen Königen cklich hatten widerstanden / und ihre Sou- ainität / oder völlige Freyheit redlich behau- t. Also werden offt die Allertapffersten ih- igene und stärckste Feinde; indem sie ihre assen mehr nach dem Wahn / weder nach Vernunfft / reguliren.

Da sie sich nun / vor dem Käyser / gedemü- et; hat derselbe ihnen einen gar leutseligen scheid ertheilet / und / sie ihm desto bester zu bindē / ihrem Fürsten ein fürnehmes Weibs- von Cusco zur Gemahlin gegeben. Ange-

A a ij   merckt/

merckt/die Peruanische Käyser einem jeden
ne Weiber zuzueignen pflegten/ welche man
heyrathen begehrte: denn/ ohn ihre Auth‍
tät dörffte keiner sich ehelich einlassen. Die
Volcks Ergebung gab vielen andren Prov
tzen ein Exempel/sich freywillig dem Käyser
unterwerffen.

Indem er aber in solcher Expedition u
Kriegszügen begriffen; empört sich wider i‍
in seiner Abwesenheit/ des verstorbenen K‍
sers Bruder Acapaco, welchem etliche fürn‍
me Hertzen auch nicht ungeneigt waren: u
strebte nach dem Käyserthum. Er hielt/ n
etlichen seines Anhangs/ eine Zusamenkunf‍
und erwürgte den zu Cusco hinterblieben
Käyserlichen Statthalter des Viracocha, r
benst vielen andren Personen/ im Tempel d
Sonnen; da sie eben ihre Heydnische Andac‍
Opffer/ und Gebet/ verrichteten: ungeacht
die Priester/ und keusche Kloster-Jungfrau
daselbst/ hefftig dagegen protestirten/ und i‍
außschändeten.

Solcher Tumult erregte die gantze Burge‍
schafft. Indem aber der gemeine Hauff zwei
felt/ welchem Theil er solle anhangen; nimn
der Rebell die gantze Stadt ein/ und erwür‍
alle des rechtmässigen Käysers hinterlasse‍

eweiber. Als er aber eben das Käyserliche
adem wolte auffsetzen; verliessen ihn alle sei=
Beypflichter und Würg-Engel: weßwegen
vor Bestürtzung/ sich selber mit Gifft tödte=
zu welchem Selbstmord/ die Verzweiff=
ig auch seine Weiber und Kinder trieb. Der
yser ließ/ nach seiner Ruckkunfft/ den Son-
-Tempel wieder heiligen/ alle noch lebende
frührer grausamlich hinrichten/ und so wol
e/ als des Urhebers Cörper/ aufs Feld/ den
lden Thieren vorwerffen.

Nach diesem/ ward Käyser Viracocha, von
een gegeneinander kriegenden Königen/ um
ilffe angeruffen: weßwegen er das Orackel
igen ließ / welchem Theil er solte beystehen:
lches ihm den König Cari recommendirte.
ls solches der andre/ der sich Capanac nann-
erfahren; hat er geeilet/ mit seinem Gegner
schlagen/ bevor das Käyserliche Heer ankä-
. Welches ihm jener auch nicht versagt/ son-
n des Käysers unerwartet/ getroffen/ und
en blutigen Sieg erstritten hat. Der Er-
lagenen sollen dreyssig tausend/ und König
panac mit darunter gewesen seyn.

Nach gehaltener Schlacht/ zog Cari dem
anmarchirendem Käyser entgegen: welcher
en Sieg nicht gern hörte: sintemal er/ als

Aa iij   der

der Stärckere gehofft hatte/ nachdem sich di
Könige würden beyderseits / durch den Krie
haben geschwächt/ sie alle beyde unter sein
Gewalt zu bringen.   Jedoch simulirte er/ (
ob ihm die Victori lieb wäre / und wünsch
dem Cari Glück; vermählte ihm gleichfalls/
Bestättigung immerwährender Freundschaf
seine Tochter. Hiemit kehrte er wiederum na
Cusco; stellete daselbst einen Reichstag a
erklärte seinen erstgebornen Sohn/ so wol
Ungeschicklichkeit/ als andrer einem Prin
gar übel = anständiger Laster halben/ der Na
folge in der Cron/ unwürdig; und vermey
auf den andren Sohn Yupangui das Regim
zu versetzen. Weil aber die Oreiones, oder P
ruanische Reichs-Fürsten best an der Gru
Satzung hielten/ und er ihre Bewilligung h
zu nicht erlangen kunnte: überließ er endl
dem Aeltesten die Regierung/ und begab s
in das lust = reiche Thal Yuay, zu einem ruh
men Leben.

9. Urco, der wol billiger hätte Lurco h
sen mögen/ führte ein übles und unglückseli
Regiment: weßwegen ihn die Peruaner n
gewürdiget/ ihren Lob-Liedern/ wie die an
Ingas, einzumischen: ohnangesehn/er sonst
dentlich gecrönet worden. Man sahe mi
                                    Kön

önigliches an ihm; sondern alle Untugenden. ẽer Unzucht war er dermaſſen ergeben/ daß ch die klöſterliche Sonnen-gewidmete Jung-uen von ihm nicht ungeſchändet blieben.

Solcher Gelegenheit bedienten ſich die ölcker Chanches, zum Abfall: und fiengen n Martis-Spiel an/ indem er mit der Venus itte. Sie bezwungen unterſchiedliche Land-hafften/ und giengen zuletzt/ ehe mans hätte rmuthet/ gerade auf die Käyſerliche Reſi-ntz Cuſco zu/ um ihre daſelbſt verhafftete Souverainität zu befreyen/ und abzuholen.

Das ſetzte die gantze Stadt/ ſamt dem Käy-rl. Hoff/ in groſſe Furcht und Beſtürtzung. ẽer Printz Yupangui aber/ des Käyſers jün-erer Bruder/ ein friſcher muthiger Hertz/ rach den Peruaniſchen Fürſten und Reichs-Ständen ein Hertz ein: und ward/ bey ſo ge-ährlichem Zuſtande/ ihm/ von den Oreionen/ er höchſte Kriegs-Gewalt aufgetragen. Man erieff eilends ſo viel Kriegsvolck/ in die Stadt/ ls die Eile leiden wolte. Indeſſen zog der feind gegen die Stadt an/ und ſetzte ſich auf inem nechſt dabey ligendem Hügel. Die von Cuſco fielen heraus/ und ſchargirten den gan-en Tag/ mit ihm/ bald glück-bald unglücklich.

Folgenden Tags ſtellete der Völcker Chan-

A a iiij   cas

cas ihr Feld-Oberster/ welchen/ bey so zweiff
halter Kriegs-Fortun/ die Ungedult am erst
überwandt/ sein gantzes Heer in Ordnung/ u[nd]
lieferte/ dem Printzen Yupangui eine rech[te]
Haupt-Schlacht: lag aber unter/ und entka[m]
schwerlich/ mit fünffhundert Mann/ das Fe[ld]
voll Todten hinterlassend.

Nach solcher heroischen That/ hielt Yupa[n]
gui an/ um die Cron/ und erlangte sie auc[h]
wider seines protestirenden Bruders/ des Kä[i-]
sers/ Danck und Willen. Ist demnach dies[e]
derjenige Yupangui gewesen/ welcher zwa[r]
nicht seinen Vatter/ wie oben irrig/ aus de[m]
à Costa, vermeldet word[en]/ sondern seinen Bru[-]
der vom Thron gespielet. Hieher gehört auc[h]
das Gesicht/ oder Gedicht/ von dem höchste[n]
Gott Viracocha, welches dem fünfften Ing[a]
gleiches Nahmens/ von dem à Costa zuge[-]
schrieben wird: gestaltsam ich durch solche[n]
Irrthum dieses Authoris verleitet/ gleichfall[s]
unter die Geschichte und Thaten des Fünfften
solches gesetzt habe; aber weil es allbereit de[r]
Presse untergeben gewesen/ anders nicht mehr
dann nur am Ende/ mit einer kurtzen Erinne[-]
rung/ wiederruffen können.

Bey solchem Schimpff der Verstossun[g]
vom Regiment/ blieb es nicht: sondern de[r]
Urc[o]

...rco fürnehmste Gemahlin scheidete sich auch/ ...ner Zaghafftigkeit halben/ von ihm/ und ...ppratete seinen Bruder/ den neuen Käyser.

Denen/ die vor ihre Reichs- und Vatter- ...stadt ritterlich waren gestorben/ verschaffte ...käyser Yupangui eine ansehnliche Leichbestat- ...ng. Man muste auch ein grosses Hauß auf- ...uen/ darin/ auf sein Befehl/ die Häute/ so er ...n erschlagenen Cörpern der Feinde abziehen/ ...d mit Stroh und Asche außfüllen ließ/ auf- ...stellet wurden/ in mancherley Postur/ Ge- ...lt/ und Geberden. Theil schienen auf den ...auch/ wie auf eine Trommel zu schlagen; an- ...e/ eine Pfeiffe oder Zincke zu blasen; andre/ ...e Schleuder zu schwingen. Immassen ...trus Carrasco, und Joannes de Pancorbo, ...elche unter den Spanniern waren/ so am er- ...n nach Cusco gekommen/ solches selbst noch ...lda/ in solcher Postur/ gefunden.

Den General der Uberwundenen aber ...bte er / um seiner verspührten Tapfferkeit ...llen / und nahm ihn in seine Dienste. Zog ...rnechst wieder die Condessuyos, mit sol- ...er Pracht / wie vor ihm noch kein Käyser ge- ...an hatte. Man trug ihn/ auf einen gantz güld- ...m/ mit Edelgesteinen versetzten Sessel. Sei- ...Hoffstadt war auch viel grösser/ weder seiner

A a b   Vor-

Vorfahren. Die Hoffleute titulirten ihn/ de Allergroßmächtigsten Herrn / einen Sohn d Sonnen / und Monarchen oder Allein-Her aller Herzen. (König aller Könige.) Allentha ben / da man herdurch zog / räumten die v hergehende Hof-Diener und Trabanten / al Steinlein / Stroh / Stoppeln / und dergl chen / gantz sauber aus dem Wege.

Er führte/ nach der Zeit / noch viel Kri ge / die ihm grosse Reputation / und Ehrerbi tung / bey seinen Unterthanen/ brachten : a gesehn ihn / in der Wiederkunfft / allezeit d Triumph begleitete. Es vermehrte aber de glantz seiner Majestät noch vielmehr die schar se Justitz so er hielt. Niemand durffte sein A gesicht schauen / noch zu ihm eingehen/er trü dann eine Bürde / sie möchte auch so gerin und leicht seyn/ wie sie wolte. Edelgesteine z tragen / oder sich/ in einem Sessel / tragen z lassen/ war keinem erlaubt. Er setzte ein Ge bot/ daß auch niemand das Gold/ so einmal i die Stadt gebracht / wiederum hinaus bräch te: imgleichen / daß alle Landschafften de Reichs sich der Hof-Sprache zu Cusco ge brauchten.

Er setzte auch die Mitimaes ein : welche gleichsam geheime Räthe / Cammer-Herrn
Reichs

eichs-Schatzmeister/ Truchsessen/ General
robiantmeister/ und Oberauffeher über die
ölle waren.   Gleichwie die von der Ritter-
hafft/ zu Gesandschafften/ Statthaltereyen/
Gubernamenten/ Kriegs-Aembter/ und dergleichen Würden/ gebraucht/ und so wol/ als
alle Stände/ und Reichs-Fürsten/ Oreiones
tituliret wurden. Er machte gleichfalls in den
Posten eine gewisse Ordnung und Abtheilung
der Reisen. Auf jedwede anderthalb Meilen/
ließ er zwey Hütten bauen/ und bestellte darin/
aus den nechsten Dorff an/vier Männer/welche
alle Monat / durch andre vier wurden abgelö-
set/ und so wol ihre mitbringende Sachen/ als
Gewerbe / von Hand zu Hand lieferten. Diese
Läuffer postirten so schnell/ als flögen sie/ von
einem Ort zum andren; also gar/daß der Käy-
ser/ in zweyen Tagen/ zu Cusco, frische See-
fische haben kunte : ohnangesehn selbige
Stadt hundert starcke Meilwegs davon lag:
ungemerckt/ diese offt abwechslende Rehleichte
Läuffer/ in einem Tage / bey scheinender Sonnen funfftzig Meilen lieffen.

Den Vestalischen Sonnen-Jungfrauen
erweiterte er ihre Wohnungen/und unterschei-
dete dieselbe mit vielen Zimmern und Gemä-
chern; schaffte danebenst/ daß nicht allein die
Nonnen/

Nonnen / sondern auch seine Hof=Damen / daselbst allerhand schöne Tücher neheten / ode wirckten; damit eben so wenig die Frauen / al die Manns=Bilder hätten zu feyren. Uberda bauete er etliche grosse Tempel der Sonnen.

Endlich / da ein Krieg / wieder die rebellirende Collaones, obhanden war / er aber / hohen Alters halben / nicht wol mehr fort kunte forderte er den Hohenpriester / und die Reichs Stände zusammen; führte ihnen zur Betrachtung / wiebiel an diesem Feld=Zuge wäre gelegen / und ersuchte sie / der Regiments=Bürde ihn zu entheben; hingegen seinem Sohr Tupac, oder Topa Yupangui wiederum aufzulegen / dessen Courage und Resolution ihnen bekandt / und mehr / als bey einer Occasion, von ihnen selbsten / gerühmt wäre.

10. Als Topa Käyser worden; hat er die Rebellen vor allen Dingen / mit gütlicher Ermahnung / und gnädiger Erbietung / zur Reu leiten wollen: aber / weil solches nichts bey ihnen angeschlagen / sie mit Heers=Krafft bezwungen / hernach einen Theil der Einwohner in andre Landschafften / und hinwieder andre Getreue an ihre Stelle versetzt; auch / weil seine Ruhm=entzündte Jugend nicht ruhen kunte / ein Volck nach dem andren / zwar offt
blutig

...utig und gefährlich / jedoch allemal glücklich ...berwunden / und mit einem Kriegs-Heer / ...n zwey biß in drey hunderttausend Mann / ...lerdings die weitentlegene Länder bezwun=
...en. Ja! der glückliche Progreß macht ihn ... kühn / daß er über das grosse ungeheure Scheide-Gebirge Andes, mit dreyhundert ...usend Mann setzte / und die Chilenser/wel= ...e / unter allen Americanern / die Allertapf= ...rsten / und noch niemals überwunden waren/ ...it seinen Waffen unter sich gedemütiget: mit ...enen doch gleichwol weder die Spannier/noch ...iederländer / biß auf den heutigen Tag sol= ...er Gestalt haben fertig werden können / daß ... diese streitbare Nation völlig überwunden / ...nd nicht vielmehr manche tapffre Feld-Strei= ...e von ihnen bekommen hätten. Daraus denn ...nschwer zu schliessen / wiebiel weniger sie/mit ...rem geringem Häufflein / gegen der Macht ...on Peru/würden bestanden seyn; wenn GOtt ... nicht sonderbarlich also geschickt hätte / daß ...eyde Käyserliche Printzen / Guascar und ...thabalipa / eben wieder einander Krieg ge= ...ührt / da die Spannier ins Land kamen / auch ...es Athabalipa Feld-Oberster Ruminagui, ...it dem bestelltem Hinterhalt / zu rechter Zeit ...ngelangt wäre: auf welchen Fall ihre Stücke

und

und Geschütze es nicht außgemacht hal[ten]
würden.

Dieses ist aber ein recht Königliches We[rck]
von ihm/ deßgleichen man sonst in keinen Hi[sto]
rien findet / daß er zween herrliche Wege pf[la]
stern lassen / so von Quito biß Cusco, auf [fast]
fünffhundert Meilen; von Cusco aber weit[er]
biß in Chili , und also in allem über tause[nd]
zweyhundert Meilwegs / gangen: wie Br[e]-
lius, aus bewehrten Scribenten/ bezeug[t.]
Daher im dritten Theil des Indianischen Lu[st]
Gartens / am 1699. und folgendem Bla[tt]
woselbst diese Wege recht beschrieben stehn/b[il]-
lig gezweifelt worden/ ob dieses Käysers Na[ch]
folger Guaynacapac allererst / und nicht vie[l]
mehr ein andrer vor ihm schon/ daran gebau[et]
habe. Eben daselbst wird zwar gemeldet/d[aß]
es schwerlich eines Käysers Werck sey: we[il]
es in eines Menschen Lebens=Zeit nicht hat[te]
können außgeführt werden. Einer von di[e]-
sen Wegen lieff durch die Thäler und Flächen[/]
und war hie und da mit irdenen Wällen gefo[r]-
tificirt: der andre über geebnete Berge / un[d]
war künstlich von Steinen gelegt / oder i[n]
Stein gehauen.

Dieses streitbaren und Helden=müthige[n]
Käysers Tod ist/vom gantzen Reich/ lange un[d]
schmertz

ſmertzlich betraurt/ auch ſehr viel Weibs-Bilder/ und Diener/ ſamt einer Million Goldes/ mit ihm begraben worden.

11. Sein Sohn Guaynacàva, oder Guaynacapac, bekleidete wiederum den ledigen Thron/ mit überaus groſſer Herrlichkeit beydes an Reichthum/ und Pracht; jedoch nicht weniger mit Klugheit und manchen andren Käyſerlichen Tugenden. Unter welchen Sternen aber dieſer ſchändlicher Nebel mit unterlieff/ daß er/ wie etliche ſeiner Vorfahren/ die leibliche Schweſter zur Ehe hatte. In gantz Peru/ iſt faſt kein Thier/ Vogel/ oder Fiſch geweſt/ deſſen Bildniß er nicht hätte laſſen von Golde machen: gleichwie auch alle Geſchirr/ in ſeinem Käyſerlichen Palaſt/ ſamt allem Geräthe/ auch ſo gar die Stricke/ uñ Koch-Häfen/ aus Gold geweſen. Was für Baum- und Kraut-Gärten von Golde/ Perlen/ Edelgeſteinen/ und köſtlichen Federn/ er habe zurichten laſſen/ nebenſt andern prächtigen Dingen mehr; das habe ich/ in dem Indianiſchen Staats-Garten/ am 1698. und folgenden Blat/ ausführlich erzehlet: derhalben ich ſolches hie nicht wiederhole; ſondern nur berühre.

Gleichwie nun jenes die Gold-Narren und Geitz-Hälſe/ an ihm verwundren und rühmen

men mögen: Also schätze ich dieses viel w[ürdiger], daß er seine Unterthanen/ bey[den] ren Rechten/ fleissig gehandhabet; auch [ge]wisse vertraute Leute/ in alle Landschaff[ten] außgeschickt; um zu untersuchen/ wie sich [die] Regenten/ Land-Obersten/ Statthalter/ u[nd] andre hohe Beamten/ gegen denselben/ bezei[g]ten: auf daß jedermann/ unter seiner Her[r]schafft ruhig/ sicher/ und unbeleidigt/ leb[en] möchte.

In seinen Feld-Zügen/ derer nicht wen[i]ge waren/ trug ihn die Fortun gleichsam a[uf] ihren Flügeln; führte ihn stets glücklich hin und wieder her; also gar/ daß ihn auch die u[n]wegsamste tieff-verschneyte Wege nicht muste verhindern/ die von seinem Vatter/ in Chi[li] gelegte Grentzen/ Peruanischer Herrschafft z[u] erweitern. Hinter seinem Rucken/ wurde[n] zwar manche Nationen inzwischen treulo[s] und abfällig: aber er verwandelte ihnen/ mi[t] grosser Heers-Krafft/ solche Kühnheit bald wiederum in Reue und Demut.

Von den Oravalis und Quiyapipis, war[d] er gleichwol zweymal in die Flucht getrieben[.] Nichts destoweniger versuchte er/ durch gütli[ch]e Ermahnungen/ sie zu gewinnen. Weil si[e] aber nicht allein halsstarrig blieben; sonder[n] noch ch) darzu seiner schimpfflich spotteten: entrüste er / der vorhin jäh-zörniger war / weder ne Vorfahren gewesen/ sich hefftig darüber/ d kam endlich ihnen / mit einer so starcken acht/ auf den Halß/ daß/ als/ nach einigen ück- und unglückhafften Scharmützeln / die ache zum Haupt-Treffen gerieth/ ihre grosse iederlage bezeugte/ wie übel grosse Herzen chimpff leiden können. Gleichwie aber der ieg eine Ehre; also gab die Grausamkeit sselbigen ihm eine üble Nachrede / und verckelte den Glantz der vorigen Thaten nicht nig. Denn er befahl alle Gefangene niederzuhauen/ und in den nechsten Fluß zu werffen: welcher davon Blut-roth worden: ließ rnach den Kindern den / mit ihrer Aeltern lut gefärbten/ Strom spöttlich weisen: gealtsam derselbe davon den Nahmen Yaguarcha, das ist/ Blut-See/ oder Blut-Fluß/ kommen.

Er hat viel statliche Gedächtnissen von gelasterten Wegen / Gebäuen / Vestungen / Schlössern/ Tempeln / und andren trefflichen Bercken/ aufgerichtet.

Er ist / zu Quito, welches Königreich sein er Vatter erobert hatte/ an einer Seuche/ so nter die Armade daselbst kommen war / gestorben.

storben. Als er merckte / daß sein Ende na[he]
wäre: ließ er die fürnehmsten Reichs-Rät[he]
und Kriegs-Obersten zu sich fordern / und [re]-
dete sie/ dieser Meynung/ an:

„ Ich habe/ aus den Orackeln und Antw[or]-
„ ten unserer Götter / verstanden / daß di[e]
„ Monarchia/dieses Käyserthum/so ich im be[sten]
„ Flor jetzo euch hinterlasse/ mit dem zwölfft[en]
„ Inga sich werde endigen. Daß ich nun d[er]
„ zwölffte sey; ist euch unverborgen: Wir w[is]-
„ sen zwar/ noch zur Zeit/ Danck sey den Gö[t]-
„ tern! von keiner Gefahr. Daher niema[nd]
„ ihm eine so plötzliche Veränderung wird ei[n]-
„ bilden können: angeschaut/die Reichs-Gli[e]-
„ der alle / bey guter Gesundheit und Krä[ff]-
„ ten/ aneinander hangen/ und keine innerlic[he]
„ Spaltungen oder Risse sich ereignen. S[o]
„ sehe ich auch nicht / was ihr euch/ vor au[s]-
„ ländischen Feinden/ sonderlich groß zu befa[h]-
„ ren hättet: sintemal alle umherligende Vö[l]-
„ cker/ für unserer Macht/ zittern. Ihr müß[t]
„ aber bedencken/ daß dennoch / beydes unse[re]
„ Leiber und Königreiche den Göttern unte[r]-
„ worffen/und durch ihren Winck plötzlich fa[l]-
„ len können. Ihren Satzungen und Schlü[s]-
„ sen kan man sich nicht entreissen. Darum b[e]-
„ sorge ich/dieses Reich werde nicht lange meh[r]
best[ehen]

estehen. Ist/ in der Nähe/ kein Feind; so "
werden sie einen von weitem erwecken/ und "
anhero schicken. Ja! ihr werdet bald ein "
gantz unbekandtes Volck zu sehen bekommen/ "
daß die Bildnissen unserer Götter samt den "
Tempeln/ und Einwohnern/ verwüsten/ "
und verheeren wird. Solchem nach rathe "
ich euch/ hiemit zu guter letzte: ergebt euch "
demselbigen Volck/ mit williger Unterthä= "
nigkeit; und hütet euch/ daß ihr ihm nicht "
mit Waffen/ sondern mit Geschencken/ und "
dienstwilligen Erbietungen/ unter Augen "
gehet; auch ihren Gesetzen/ die besser und "
heiliger seyn werden/ dann die unsrige/ ge= "
horchet.

Sonst erzehlt auch Antonius Herrera
Dec. 5. lib. 5. c. 1.) daß/ nach vielfältigen Opfern/ ein Orackel erfolgt sey: wann in der Landschafft Tacungo, so im Königreich Quito ligt/ die Erde sich aufthun/ und ein verborgenes Feuer herauß führe; alsdenn würde ein frembdes Volck kommen/ und selbige Länder bestreiten. Welches auch/ kurtz vor Ankunfft der Spannier/ geschehen. Von etlichen andren Vorzeichen mehr/ soll bald hernach weiter Meldung erfolgen. Jetzt kehren wir uns wieder/ zu dem Guaynacava.

Bb ij Damit

Damit dennoch gleichwol das Reich ni[cht]
ohne Regenten bliebe: recommendirte er hi[er]
nechst ihnen seinen ältesten Sohn Guasca[r]
als rechtmässigen Erben der Cron/ und se[tzte]
dessen Jugend zum Hoffmeister/ seinen Bru[der]
Collatopa.

Nachdem er verschieden/ hat man ihm de[n]
Leib/ vermöge seines letzten Willens/ geöffne[t]
mit köstlichen Specereyen gebalsamirt/ u[nd]
das Eingeweide/ samt dem Hertzen/ zu Qui[to]
begraben; den Leichnam aber nach Cusco g[e]
bracht/ in einem Sargk von klarem Gold[e]
auch in ein mit Golde gantz außgefüttert[es]
Gewölbe gesetzt. Tausend Personen wurde[n]
unter seinem Hoffgesinde/ getödtet; ihm in d[er]
andren Welt zu dienen. Rechnet man ab[er]
andre Leute dazu/ die theils zu Quito, thei[ls]
zu Cusco, lebendig begraben/ oder sonst s[ich]
deßwegen freywillig umgebracht haben; so b[e]
laufft sich die Zahl solcher Lebens-Verächte[r]
in allem/ auf vier tausend. Da denn oh[ne]
zweiffel/ die bösen Geister/ an diesen Kinde[rn]
des Todes/ einen guten Jahrmarckt geha[lten]
Noch vielmehr haben sich/ zu solcher Uns[in]
nigkeit gedrungen: die man aber zuruck [ge]
wiesen/ und zu leben gezwungen hat.

12. Unter seinen dreyhundert Kinde[rn]

nd Kindes-Kindern/ männliches Geschlechts/ denn so viel hat er zu Cusco hinterlassen) hat der allerälteste/ Cusi Guascar, das Regiment gekostet; wiewol ein herbes Vißlein daran gehabt/ welches mit seinem Nahmen gar nicht überein kam.   Denn Cusi Guascar heisst/ auf Peruanisch/ so viel/ als ein Band/ **der Seil der Wollust.**   Welchen Nahmen der Vatter ihm darum gegeben; weil/ bey seiner Geburt/ die Goldschmiede in Peru einen gantz güldnen Strick verfertigt/ davon man im gantzen Reich zu sagen wuste: angemerckt/ derselbe so lang und dick war/ daß sechshundert Fürsten/ Grafen/ und Baronen/ ihn nicht kunnten aufheben.   Selbigen haben die Peruaner hernach/ damit er den Spanniern/ weil diese so tyrannisch handelten/: nicht zu theil würde/ in den See Chucuito versencket; desgleichen viel andre grosse Käyserliche Schätze/ samt den güldnen Bäumen Käysers Guaiacava, aus Abgunst/ in grosse Seen und Ströme geworffen.

Nachdem zu Cusco die Käyserliche Leiche/ mit grossem Pracht/ bestattet worden: hat sein Stieff-Bruder Atagualpa, der ins gemein/ wiewol irrig/ Athabalipa genannt wird/ und von des Königs zu Quito Tochter geboh-

gebohren war / die meiste Herzen zu Quito
auch so gar des Guascars seinen Hoffmeister
mit reichen Verheissungen auf seine Seite
gebracht / und an den Bruder gen Cusco Legaten abgefertigt / mit dem Anbringen / dieser
solte ihm das Reich Quito abtretten / welches
ihm der Vatter im Testament beschieden hätte. Denen Guascar aber geantwortet: Atagualpa solte die Kriegs-Völcker abdancken
und persönlich zu ihm nach Cusco kommen
denn wolte er ihm eine Provintz zueignen /
seinem Königlichem Herkommen gemäß wäre
Quito aber müste / um wichtiger Ursache
willen / seiner eigenen Disposition vorbehalten
bleiben; sonderlich wegen der angrentzende
fremden Nationen: würde er aber nicht erscheinen; so wolte er ihn für einen Feind des
Reichs halten.

Etliche behaupten / Quito sey dem Atagualpa gar nicht vermacht / auch nicht gütlich
durch ihn / von dem jungen Käyser Guascar
begehret worden. Hierin aber stimmen all
Scribenten überein / daß Athabalipa (oder A-
tagualpa) nicht allein Quito, sondern auch Cusco, samt dem gantzen Käyserthum / an sich zu
ziehen getrachtet / und hiezu so wol einen grossen Anhang / als den Vortheil in Händen gehabt.

abt/ daß des Vattern Armee/ darinn die älesten und besten Soldaten waren/ im Reich Quito, ihm zu Diensten gestanden. Er fieng die Rebellion alsobald/ mit grosser Tyranney/ an: ließ seiner Brüder drey und vierzig erwürgen/ imgleichen alle Kinder seines Bruders/ Käysers Guascar (wiewol zu unterschiedlichen Zeiten) schonte auch die Früchte derer Mütter nicht/ welche er meynte/ vom Guascar schwanger zu seyn: und blieb des Saamens niemand übrig; ohn allein eine Tochter/ die von der Mutter/ für dem Tyrannen versteckt worden. Er soll auch nachmals die Weiber des Guascars/ weil sie einige Freudenblicke/ über der Spannier Ankunfft mercken lassen/ caput gemacht haben.

Als dem Guascar die Botschafft kommen/ daß sein Bruder/ mit bewehrter mächtiger Hand/ nach der Cron greiffe: schickt er/ auf Gut-achten/ seiner Getreuen/ ein eilig zusammen geraffetes Heer/ unterm General Leutenant Atôca, wider ihn aus. Derselbe versuchte/ den jungen hitzigen Printzen/ zuforderst/ mit guten Worten/ von seinem Vorhaben abzuleiten: und fertigte gewisse Personen ab/ so ihm Käyserlichen Perdon anbieten solten/ dafern er sich/ zum Gehorsam/ bequemte.

Bb iiij

quemte. Die beantwortete Athagualpa a[ls]
daß ihnen Rede und Gehör vergieng: sie [mu]
sten/ ihrer Würden ungeachtet/ (angemerc[kt]
es lauter Stands-Personen waren) alle a[n]
gesichts sterben. Solcher schändliche Mo[rd]
der Legaten spornete den Feld-Obersten d[es]
Guascars / ohn ferners Bedencken / zu[m]
Marsch: um den gefährlichen Krebs dieser R[e]
bellion/ mit dem Kriegs-Schwerdt wegz[u]
schneiden/ ehe er mehr Fleisches wegfrässe.

Aber er eilte seinem Tode und Verderbe[n]
in den Rachen. Denn Athabalipa ruckte ih[m]
kühn unter Augen / schlug nach scharffen u[nd]
langen Gefecht / die Käyserliche Armade a[us]
dem Felde; und bissen beyderseits über 1[0]
tausend Mann ins Gras. Der General Atoc[c]
kam den Feinden in die Hände / ward auf de[s]
Tyrannen Befehl / an einen Pfahl gebunden
und erwürgt. Seine Hirn-Schaal ließ Ata
gualpa/ auf Angeben des Feld-Obersten Chia
liquichiama, in Gold fassen/ und einen Trinck[-]
Becher daraus machen.

Vor diesem Treffen / hatte Athabalip[a]
versucht / die streitbare Nation der Cannari[-]
ten/ von seinem Bruder abzureissen / und a[n]
sich zu hencken; sie aber/ als redliche Leute/ ih[m]
solches abgeschlagen / und sich vielmehr den
Guascar[n]

Huascar/ mit einem neuen Eyde/ verpflichtet.
Als nun diese Feld-Schlacht dem Athagualpa so wol gelungen; erschracken sie/ und befürchteten/ er dörffte sie entweder grausamlich tödten/ oder in ewigen Sclaventhum werffen: suchten derhalben solchem Ubel vorzukommen/ und Gnade zu erwerben. Solche desto ungezweifelter zu erlangen; schickten sie etliche tausend kleine Knäblein/ mit Zweigen in den Händen: der Hoffnung/ es würde ihn solcher Jungen Unschuld jammern. Aber seine Grausamkeit gab keiner Erbarmung stat: ließ vielmehr alle solche Kinder umbringen/ ihnen die Hertzen aus dem Leibe reissen/ und selbige nach gewisser Ordnung pflantzen: sprechend; er müste sehen/ was die falsche und verrätherische Hertzen doch vor Früchte bringen würden.

Wie hefftig Guascar/ über der gehörten Niederlage erschrocken/ kan man leicht erachten. Dennoch ward ihm gerathen/ Cusco nicht zu verlassen. Also samlete er/ in Eile/ ein frisches und stärckeres Krieges-Heer/ befand solches/ bey der Musterung/ auf die achtzig tausend starck/ setzte auch die älteste und tapfferste Obersten drüber zu Generalen. Aber/ vor dem Verhängniß muß auch die Tapfferkeit selbst vol verzagen. Atagualpa begegnete diesem

Bb b ansehn-

ansehnlichen Heer / mit einem nicht geringer[n] aber noch wol kühnerm Hauffen / und tra[ff] beyde Armeen / in der Proving Paltas auf ei[n]ander / so scharff und grimmig/ daß/ an beyd[en] Seiten / viertzig tausend Männ im Streit f[ie]len: Atagualpa hielt / auf dem nechsten H[ü]gel / gab von dannen den Seinigen immer f[ri]sche Ordre / Succurs / und Muth. So ma[n]gelte auch Käyserlichen Theils / weder de[n] Obersten noch Soldaten/ Resolution: sonder[n] allein das Glück / oder vielmehr ein gnädig[e] Geschick von oben: als welches/ aus hohe[r] Vorsehung / diese Heidnische Heers=Krafft sich also selbst untereinander schwächen ließ damit künfftig der Schall Christlichen Glaubens desto wenigern Wiederstand fünde: o[b] dieser gleich anfänglich / mit Tyrannische[r] Trompeten außgeblasen wurde/ verstehe/ durc[h] solche Leute / die mit den Unchristen sehr un[ch]ristlich umgiengen. Endlich hatte Atagualp[a] mehr Glück/ als Recht: gewann das Feld, und bekam mächtig=viel Gefangene. Wo[r]durch ihm der Muth immer höher wuchs/ sam[t] dem Vorsatz/ seine Victori/ biß nach Cusc[o] zu verfolgen; wiewol sich derselbe änderte/ un[d] er hernach gen Cajamalca, oder Caximalca sich wandte; um auf der Spannier Beginne[n]
ein

Auge zu haben: von welchem das Gerücht
 immer/ durch Peru/ je länger/ je mehr sich
 ßbreitete.

Zu Cusco machte man sich/ dieser außlän=
schen Völcker halber/ wunderliche Gedan=
en: nemlich/ daß es diejenige seyn dörfften/
on welchen so manche Orackel hätten geweis=
gt. Und solche Meynung ward noch mehr
 :stärckt/ durch die Wunder-Geburt/ so in sel=
ger Haupt-Stadt vor wenig Wochen/ war
 ır Welt gekommen. Denn eine Peruane=
 nn hatte Zwillinge geboren/ deren eines
 hneeweiß von Haut/ und liecht=gelb von
 aaren; das andre schwartz und krauß=häricht
 ar. Da man nun deßwegen/ das Orackel be=
 agte: antwortete der Teuffel; es wären all=
 :reit weisse und schwartze Völcker aufs Meer
 efahren/ das Reich Peru zu bezwingen. So
 he man auch gegen Aufgang/ viel Tage lang/
 nen Cometen/ und eine Feuer-Seule. Als
 ıch die Peruaner/ in selbiger Stadt Cusco,
 n sehr feyerliches Opffer gethan/ ist ein bun=
 :r Vogel herbeygeflogen/ und hat angefan=
 en/ zu reden: Es würden bald alle ihre Opf=
 er ein Ende haben.

Die Betrachtung solcher Wunder-Zei=
 en/ nebenst den erlittenen Niederlagen beweg=
ten

ten den Guascar durch eine Legation die e[r]
angelangte Spannier/ um Beystand zu begr[üs]
sen. Worauf jene eine gute Vertröstung g[e]
geben/ sie wolten ehester Tagen den Atagua[lpa]
im Lande Caxamalca (denn selbige Pro[vintz]
und Stadt führen einerley Nahmen) [be]
suchen.

Ehe aber dieser sich/ obberührter masse[n]
dahin/ mit der Arme gewandt; hat er zuvor [die]
Insul Puna/ so noch an Guascar hieng/ ang[e]
griffen: welche ihm aber unerschrocken d[en]
Kopff geboten/ und einen solchen Kehr-ab g[e]
geben/ daß er viel Todte davor liegen/ und [ih]
nen sechshundert Soldaten für Gefangene la[s]
sen müssen. Aber diese nur kleine Wund[e]
brach ihn darum das Hertz nicht/ sein Glück
nach wie vor/ wieder im blancken Felde zu s[u]
chen/ und sich aller Probintzen/ biß nac[h]
Caxamalca zu bemächtigen. Als ihm inzw[i]
schen/ von den Spanniern/ etliche Abgesand[]
ten entgegen kamen; avancirte er/ mit unge[]
fähr fünff und zwantzig tausend Mann/ nad[]
Caxamalca zu/ woselbst das Spanische Läge[r]
stund: ließ die Haupt-Armee gegen Cusc[o]
marschiren; welche nochmals/ von dem Gua[]
scar/ mit einem gewaltigem Volck begegne[t]
ward. Weil denn nun/ an diesem dritte[n]

Haupt

aupt-Streich das Käyserthum hieng; ge=
brauchten beyde Theile ihr äusserstes/mit gros=
ser Verbitterung/ und grausamer Blut-stür=
tzung. Man schreibt/ daß/ in diesem Geme=
tzel/ Hundert und funfftzig tausend Menschen
geblieben. Wobey zugleich Guascars Herr=
hafft und Freyheit liegen blieb: sintemal ihn
eß Athagualpa Leute fiengen / und nach
Lauxa führten: da man ihn sehr übel tractirt/
Würmer/ zur Speise/und Seiche (mit Gunst)
zu trincken gepræsentirt hat.

Gegentheils ist unterdessen Atagualpa/
mit seinem andrem Hauffen / von den Span=
niern geschlagen/ und ihr Gefangener wor=
den. Wie er nun daselbst heimlich seinen Leu=
ten befohlen/ den Bruder Guascar umzubrin=
gen (massen solches auch geschehen) er hinge=
gen auch endlich selber / von den Spanniern/
wider gegebene Parol/ mit dem Strange er=
würgt/ und in der Person dieser beyden Brü=
der zugleich die Macht und Herrlichkeit der
Peruanischen Käyser erblichen sey; davon gibt
die 51. Traur-Geschicht Ersten Theils mei=
nes Hohen Traur-Saals / und das 1703.
Blat des Indianischen Lust-Gartens/außführ=
lichen Bericht.

13. Nach ihrem Untergange / hiengen
sich

sich theils Peruaner / an deß Guascars Brüdern / und machten ihn zum König. Der retirirte sich ins Gebirge Andes, und fiel von dannen offt auf die Spannier heraus: biß endlich ihm einen Frieden anboten. Als er aber einmals mit einem Spannischen Kriegsmann, der lange Zeit an seinem Hofe gewesen / kugelte; wurden sie/ im spielen uneins / und gab der Spannier dem Inga solche unhöfflich Reden / daß jener ihm eine Maul=Schellen versetzte. Worauf aber dieser die Kugel ergriff / und ihm damit einen Schlag in der Schlaff gab / davon er zur Erden sanck / und zum Tode entschlieff.

14. Sein ältester Sohn Sayritupa hat sich, unterm Gehorsam des Königs in Spannien, bequemt / als ein Königlicher Vasall. Da ihn der Ertz=Bischoff de Loaysa zum ersten gastirte: verwunderten sich die Spannier über seinen heroischen Muth und Verstand; womit er seinen Vorfahren ähnlicher / als mit dem Glück / war. Seine Hofleute erzeigten ihm auch/ bey der Taffel / allen Käyserlichen Respect und Aufwartung. Als aber der Spannische Statthalter / nach aufgehobenem Taffel=Tuch / die Vergleichungs=Artickel lesen / und ihm verdolmetschen ließ ; faste er die auf

der

ſ Taffel liegende Sammet-Decke/ bey den
antzen/ an/ und ſprach : Dieſes gantze
ich war mein; und ſihe! nun wird dnrch
dre mir und meinem Königlichen Hau-
kaum ein Faden/ oder Zipffel davon zu-
eignet.   Hiemit ſchwieg er ſtill/ ſtund auf/
t groſſer Gravität/ und verbarg ſeinen Zorn
klüglich/ daß es männiglichen wunderte.

15.   Zu Cuſco, iſt er endlich getaufft;
er der letzte Inga, nach ihm/ Nahmens Ama-
to, daſelbſt/ mit dem Schwerdt/ gerichtet
worden. Damit hatte der Perua-
ner Käyſerthum ein

ENDE.

Register

Der fürnehmsten Sachen / so in diesem Blumen-Pusch begriffen.

A.

Ackerbau in Guinea. 13. seq
Adler in Guinea und America. 16
   Mexicanische Adler / die so groß / wie ein W
   der. 177. Andre / die noch viel grösser. 17
   Der alten Mexicaner Wapen. 32
Africa / wie es abgetheilet werde.
America / dessen Gelegenheit / wird kürtzlich b
                            schrieben.
Anhyma, ein gehörneter Vogel. 187. se
Aracari, ein Brasilianischer Vogel 183. se
Armadillo, S. *Tatou*.
Auras, ein Geschlecht Americanischer Raben. 17

B.

Bäche / so wie Gold geglänzet 4
Bäume / von seltsamer Gestalt. 4
Bergwerck zu Potosi in Peru. 33. seq. Wir
   in Brasilien / vergeblich gesucht. 37. seqq
Berg in Brasilien / da sich der Teuffel soll haben un
   geschaut. 4
Berg-Huner in America 182. se
Bezoar-Böcke / in Peru 6
Bienen / in America / mancherley Geschlechts 154. seq

Register der fürnehmsten Sachen.

In Guinea. 153. Brasilianische 155. seq.
Mancherley Honig- und Wachswirckung der
Americanischen Bienen. 160. seq.
--nen ohne Stacheln. 164
--nen/ unterm Meer-Wasser. 165
--sem-Geruch/ der Schlangen in America. 105
--lutroter Safft einer wunderbaren Brasilianischen Stauden. 44
--rucken/ so der Fürst von Nassau in Brasilien
   gebauet. 278
Brucken-Geld so davon eingesamlet. 279
--runn in America/ von den Riesen erbauet. 228
süsse Brunnen/ hart am Meer. 276

C.

--mel-Schafe/ in Peru und Chili. 67
--poverde wird/ mit aller seiner Gelegenheit/ beschrieben. 2. seq.

D.

--attelnbäume/ in Guinea. 17
--örffer/ der Brasilianischen Menschen-fresser. 268. seq.
--rachen/ in Guinea/ und America. 115. seq.
--rach/ von einem Römischen Jäger getödtet. 117
Streit eines Schweitzers/ mit dem Drachen/ 119.
--rachen-Stein/ zu Lucern/ in der Schweitz. 121.
--gender Drach/ beym Pilatus-Berge. 122
--rfüssiger Drach/ in der Schweitz. 122

E.

--id/ mit welchen Ceremonien/ er von den Guineern/ geschworen wird. 254
--idexen in Guinea grosser Art. 133

Register der fürnemsten Sachen

In Nicaragua 134. In Brasilien/ seq.
Menschlicher Dicke.

Elias Herckmann/ thut eine mühsame Rei
nach Bergwercken in Brasilien 38.

Falcken/ Mexicanische Tauben-Falcken.
mit einem Gänse-Fuß.

Fasanen und Feld-Hüner in Guinea und B
silien 176. seq.

Festung del Mina. S. Mina.

Fetisso der Guineer Abgott. 286. Wie er/ von de
Könige/ um Raht/ gefragt werde.

Feurige Schlangen in Mexica.

Fisch-fang in Guinea 222.
Mit der Music.

Fische in West-Indien 234. seq. Mit Hörner

Flattermäuse in Guinea und America. 190
curiren einen Patienten.

Flüsse in America.

Freyburg/ Fürstens Mauritii Lust-Palast/
Brasilien. 27

Frösche in Mexico.

Fruchtbarkeit des Guineischen Erdbodems.
seqq. Deß Americanischen. 22. se

G.

Garten/ Lust- und Baum-Garten Fürstens Ma
ritii/ in Brasilien angerichtet. 273. seq

Geitz verführt den Witz. 38. seqq.

Gewächst und Früchte in Guinea 16.

Geyer/ auff dem Gebirge Andes, die das Rin
vieh zerrissen.

Gol

so in diesem Blumen-Pusch begriffen.

old Guineisches. 28. Wie es werde verfälscht. 29
old-bergwerck in Guinea.   27. seq.
Reichthum desselbigen/ in Peru.   32
raß-Meer bey West-Indien.   230. seq.
unea wo es lige. 1.   Ursprung dieses Na-
  mens 5.   Kurtze Beschreibung dieses Landes. 5

H.

äuser der Könige in Guinea. 243.   Andrer gemeiner Leute.   241. seq.

J.

irsch-Camel in Peru.   71
irsch-Schlange in Mexico.   97
olländer werden von den Guineischen Mohren/
  häßlich geputzt.   250
onig mancherley Gattungen. S. Bienen.
ttres Honig.   158
orn-Fisch in West-Indien.   295
orn-Vogel. S. *Anhyma*.
unde Guineische.   60
yacynthen/ wie sie in den Edelgestein-Gruben
  wachsen.   31
nsuln/ so da schwimmen. 7. seq.   Ursprung derselben. 11. seq. Durch Kunst und Arbeit von
  einem Mexicanischem Könige zugerichtet. 310

K.

lippen in Brasilien/ so wie Thürme.   48. seq.
önige in Mexico und Peru. S. Mexicanisch-
  und Peruanische Könige.
önigs in Guinea Einkomen. 307. Gastereyen 309
Frauenzimmer. 310. Regierungs-Bedienten. 311
Auffwartung und Hoffhaltung.   ibid. & seq.
Kleider-Zierraht.   312

Königs

Register/der fürnemsten Sachen

Königliche Wahl/ in Guinea. 306. se
Krebse in Guinea. 23
Kreutze/ so man unterschiedlicher Orten/ in America/ gefunden. 292. se
Krocodilen in Guinea und America. 124. se
  Brasilianische. 120
Krocodilen-Steine. 129. Streit der Floridaner mit den Krocodilen. 130. seq. Wag-Stücklein eines Americaners/ an einem Krocodilen. 13
Kühe in Guinea. 60. se

L.

List des Thierleins Maritacaca. 8
Löffel-Gänse/ in Mexico. 185. se
Lust-Häuser Fürstens Mauritii/ in Brasilien. 27
 27

M.

Maritacaca ein Thier/ von seltsamer Eigenschafft. 8
Maya die Insel.
Meer-voll Kraut. 23
Meer-Blumen unterm Wasser. 23
Meer-Bienen bey Brasilien. 16
Meerwasser in West-Indien Farbe. 229. se
Mexico/ wo und wann es erbauet worden. 32
Mexicanischen Königreichs Ursprung. 315. se
Mexicanischer Könige denckwürdige Geschich und Thaten. 323. seqqq
Mexicanischen Königs Bruder stürtzt sich zu tod daß er nicht möge König seyn. 33
Mina/ die Haupt-Festung in Guinea/ von wem erbauet. 245. Gelegenheit derselben 247. Wie von den Niderländern bezwungen/ und eingenommen. 250. sege

Mo

so in diesem Blumen-Pusch begriffen.

Joritz Stadt/ in Brasilien/ von Nassauischen Fürsten erbauet. 272. 277.
Josse ein wunderlich Thier in Virginen. 77
Mühl-Steine von ungeheurer Grösse. 45. seq.

N.
Nachts-Eulen/ Americanische. 196

O.
Olinda eine Stadt in Brasilien. 271. Würd ruinirt/ von den Holländern. 280.
Oracul des *Fetisso*, in Guinea. 297. In Angola. S. Wahrsagerey. In Peru/ wegen der Spannier Ankunfft. S. Weissagung.

P
Palast im Brasilianischen Lust-Garten Fürstens Mauritij. 275
Palm-Bäume in Guinea 17. seq.
Pantzer-Thierlein in America. 51.
Pantzer- oder Harnisch-Schlangen/ in America. 105.
Papageyen in Guinea. 179
Peruanischer Könige Auffkommen/ Regierung/ Thaten und Untergang. 354.
Pfauen in Guinea 183.
Post-Läuffer/ im Königreich Peru. 379.
Puschwerck in Brasilien/ dessen Safft blutrot. 43. seq.

R
Rede eines alten Mexicaners/ an den ersten König dieses Volcks. 323. Nachdenckliche Rede des Letzsten Ingæ in Peru 386
Regen in Guinea ist höchst schädlich. 14
Rehebőcke/ in Brasilien. 63

Reich-

Reichthum des Königreichs Peru / an Metallen
31. seqq
Religion der Völcker in Guinea. 281. seqq. derer in
Peru und Mexico. 291. MerckZeichen der weiland
Christlichen Religion in America. 292. seqq.
Riessen-Brunn in Peru. 221

S.

Säue / in Guinea. 62. Wilde in Brasilien 84
    Wasser-Säue daselbst. 86
Schafe in Guinea. 62
Schildkröten Americanische 139. Wie sie ihre
    Eyer legen. 140.
Wasser-Schildkröten in Guinea. 141
Schlacht der Guineischen Moren / mit den Nider-
    ländern. 257. Der Mexicaner/ mit den Tepane-
    casern. 331. Mit andren Nationen 334. 344.
    346
Schlangen: ob sie beissen/ oder stechen. 113.
    Geflügelte Schlangen. 114. seq. Gehörnte. 97
Schlangen in Guinea. 87. seq. In den Ameri-
    canischen Wassern. 90
Wasser und Land-Schlangen mancherley Art/ in
    America. 91. seqq.
Hauß-Schlangen. 112
Schnabel-Fisch / im Brasilianischem Meer. 238
Schwimmen. Fertige Schwimmer/ in Guinea. 301
Schwimmen / mit Briefen / etliche Meilen durchs
    Meer. 303. seq
Schwimm-Kunst der Americaner. 305
Schwimmender Acker. 324
Schwimmende Inseln. S. Inseln.
Scorpion in America 142

See-Fische unterschiedlicher Art/bey West Indie 234
See-Igel in Brasilien. 237.
Spinnen in America / von mancherley Gattung
    144. seqq.
Spinnen/die ein Gewebe/ von mancherley Farben
    wircken. 151.
Stachel-Spinnen in Mexico. 150.
Goldgleisende Spinnen / in den Philippinischen In-
    seln. 151
Stachel-Schwein in America. 78
    Auff der Insul bey Capo d'E Sperance. 81. bringt
    einen Leuen um. ibid.
Städte und Häuser/ in Guinea. 240. seqq.
Stadt Guacachula, in Mexico. 267
    Städte der Brasilianer/ S. Dörffer/ und
        Moritz-Stadt.
Strick von unmenschlicher Grösse/aus klarem Golde
        385

T.

Tatou, ein wildes Thier/ in Brasilien. 5
Thiere unterschiedlicher Art in America / und Gui-
        nea 50. 59. seqq.
S. *Thomæ*, deß Apostels/ vermeynte Fußstapffen /in
    America. 295. Dessen Nahm annoch daselbst
    nicht gantz außgelescht. 296
Tiger streitet mit dem Crocodil. 132
Tlacaellel, ein tapfferer Mexicanischer General/ was
    für Siege er erhalten. 331. seqq. Seine sittsame
    Tugend. 335. Weigert sich der Königlichen Kron/
    339. seq. Stirbt/ vor Freuden. 343
Tücher/ von köstlicher und mancherley Art/ aus
    Palm-Blättern gewirckt. 20. seq. Auß der
    Wolle der Cameel-Schafe gewebt. 73

Vicunnas

Register der fürnehmsten Sachen.

Vicunnas, eine Art Peruanischer Hirsche.
Vitzilipuzli, deß Mexicanischen Abgotts/ Bild. 291. Wie er die Mexicaner/ in ein gelobtes Land geführt. 315. seqq. wird in einer Laden getragē. 317. Hält strenge Ordre/ unter den Marschirendē. 317. Gebeut/ eines Königs Tochter zu schmiden. 319. Weiset den Mexicanern den Ort/wo sie wohnen sollen. 316.
Vogel/ so auß einer Mucken geboren wird. 204. Stirbt/ und wieder aufflebt/ ibid.
Vögel in Guinea und America/ unterschiedliche Geschlechte. 169. seqq.
Vögel mit Säge-Schnäbeln. S. *Aracari*.
Mit Löffeln/ S. Löffel-Gänse.
Gehörnte Vögel. 187. Kleine Vögel in America. 198. seqq. In Guinea. 219. Der kleinste/ aber schönste Vogel in gantz America. 199. seqq. dessen mancherley Gattungen. seq.
Sing-Vögel/ in America. 215. seqq.
Vogel-Mist/ womit man die Felder düngct. 196.

W.

Wachs in America/ mancherley Art. S. Bienen.
Wahl/ S. Königliche Wahl.
Wahrsagerey der Völcker in Guinea. 297. Der Königin in Angola. 298. In Peru/ und Brasilien. 299.
Wapen der alten Mexicaner. 328.
Wasser-Igel in America. S. See-Igel.
Wege in Peru/ von verwunderlicher Arbeit. 382.
Weissagung in Peru/ von der Spannier Ankunfft. 387.
Widder in Guinea. 61.

Z.

Zäuberinn gibt sich/ für deß Vitzilipuzli Schwester/auß. 318. Wird aber von ihrem Herrn Bruder/ betrogen. ibid.
Zwey-kampff eines Mexicanischen Königs. 347.
Zwillings-Geburt/ in Peru/ von seltsamer Gestalt. 395.

ENDE.